中田英寿 誇り

写真　半沢　健
装幀　山本知香子

中田英寿　誇り

小松成美

目次

第三章　ワールドカップ・ドイツ大会一次リーグ　二敗一分け

序章

スタジアムの照明に浮かび上がる芝生は目に刺さるほど鮮やかだ。こんな緑の上をどれくらい走ったことだろう。滑り、倒され、何度その匂《にお》いを間近で嗅《か》いだことだろう。

視界に広がるピッチがいつもとは違って見える。ＦＩＦＡワールドカップスタジアム・ドルトムント。このフィールドはなんと広く果てしないのか。目指すはずのゴールはすぐそこに見えるのに、ボールは遥か彼方《かなた》にある。

押し寄せる孤独と絶望から逃れるためにはまた走りだすしかなかった。ぜいぜいと聞こえる激しい息遣いと痛いほどの心臓の鼓動が、朦朧《もうろう》とする意識を覚醒《かくせい》してくれた。

ブルーとカナリア色のユニフォームが目の前で交錯し、スタンドを埋める人々が線になって流れていく。銀色《しろがねいろ》に輝くボールは、目の前を通り追いすがってもなお届かない。

足を止めるな、ボールを奪うんだ――。

中田英寿《なかたひでとし》は頭の中で響く自分の声を頼りに無限に感じられるフィールドを走り続けながら、自分のその姿が道化師のように見えていることも分かっていた。

負けは確実だった。後半三十六分にロナウドが決めた四点目のゴールは、ブラジルの強さを見せつけただけでなく日本代表の息の根を止めてしまった。ボールさえ奪えない日本代表に、残り十数分で三点差を逆転することなどできるはずもなかった。

しかし、無理だと諦《あきら》めてしまえば積み重ねてきた戦いが無意味なものになってしまう。これまで、どんなに無様《ぶざま》な試合であろうとゲームオーバーの笛が鳴るまでは諦めずにきた。そう自負している中田は、醜態をさらそうとも走らなければならなかった。敗者であることは覆らない今、自分にだけは負けるわけにいかなかった。

体が焼けるように熱い。ライン際にあるボトルをとって水を勢いよく流し込んでも喉《のど》の渇きは一向に癒《い》えない。突き指をした左親指の痛みは遠のいていたが、その渇きが全身を火照《ほて》らせ体を硬くしていた。

やがて、脚の筋肉が痙攣《けいれん》し筋が攣《つ》って背中と腹にまで痛みが這《は》い上がった。脱水症状のせいであることは分かったが、限界まで運動を強いた筋肉の悲鳴を今さら止めることはできなかった。

全速力で走っては倒れ、重い体を芝生に沈める。やっとの思いで重力に逆らって立ち上がり、また走る。鉛のように重くなった足は上がらず、どんなに腕を振っても前のめりになってしまう。中田は両腕を回し必死にバランスをとった。

目を凝らして電光掲示された時計を見る。残り十分。あと少しでこの戦いも終わる。

スタンドから滑り落ちてくる日本サポーターの声は一段と大きくなっていた。ひと塊になった日本人の声だけが中田の背中を押していた。

こんな不甲斐《ふがい》ないゲームしか見せられなかったこのチームに、なんで声を嗄《か》らして応援を続けるんだ……。

そう思った刹那《せつな》、視界がぼやけ中田は辺りを見回した。朦朧とする頭を振った中田は、歯を食いしばりながら目を閉じた。次の瞬間、彼は瞳《ひとみ》にたまった涙が溢《あふ》れたことを知ったのだった。

突き上げる火の玉のような感情が抑えられない。それまで覚えたことのない複雑な気持ちが胸の深いところで爆発していた。サッカーやファンへの愛情、スタッフやチームメイトとの絆《きずな》、パスをつなぎボールを蹴《け》ることの楽しさ、勝負にかけた執念。そして、ピッチに別れを告げることの寂しさ――。張り裂けそうになる心を抱えながら、中田は流れる涙を汗で隠した。

主審の吹く甲高い笛の音が夜空に響いた。後半の十数分、ボールに触ることも、スルーパスを送ることも、ましてシュートを放つこともできぬままに、ゲームは終わった。日本代表を相手に好き勝手にボールを回し、三連勝で一次リーグ突破を果たしたブラジル代表の選手たちは、抱き合い笑い合って祝福の儀式に興じている。

小さく上を向いた中田の喉からは「ああ」という声が漏れていた。筋肉が痙攣し、思わず右手をついた。終わった、という安堵《あんど》はなかった。ふらふらになった体が、まだボールを追って動きだそうとする。火花が散るほどに熱せられた全身の神経は、すべてが終わったことをすぐには察知できなかった。

その中田に、一人のブラジル人が近づいてくる。ディフェンダー（ＤＦ）のルシオだ。彼は弾む声で言った。

「ヒデ、ユニフォームを交換して欲しいんだ」

中田はこくりと頷《うなず》いてユニフォームを脱いだ。白いテーピングをした左手を空に伸ばし、右腕だけでめくり取る。

ルシオのユニフォームを手にしたアンダーシャツ姿の中田は、硬直した筋肉の痛みと痙攣で上手《うま》く歩けなくなっていた。腰を折り、静かに屈伸をしてみる。が、症状は変わらない。センターサークルの内側に入ったところで、腰を落とすともう立ち上がれなかった。

がっくりと肩を落とした日本代表の選手たちも憔悴《しょうすい》しきった顔で立ち尽くしている。顔を両手で覆う者もいる。座り込んで膝《ひざ》を抱える者もいる。累積警告による出場停止のためベンチで観戦していたキャプテンの宮本恒靖《みやもとつねやす》が選手に駆け寄り、それぞれの肩を抱き、声をかけて回っていた。

ようやく立ち上がった選手たちはファンへの挨拶《あいさつ》をするために力ない足取りでスタンドへと向かい始める。宮本が座り込んでいる中田にも駆け寄って「一緒に行こう」と誘った。しかし、赤い目をした彼は起き上がれない。

今は無理だ。先に行ってくれ。

力ない声と身ぶりでそう伝えた中田はそのまま芝生に倒れ込み、天を仰いでしまった。

遠くで歓声があがった。スタンドのファンたちが敗れ去った日本代表の選手を声と拍手で激励している。

心の中で爆発した感情はマグマのように噴出し、中田を戸惑わせた。喜怒哀楽という言葉では説明のできない気持ちが次から次へと溢《わ》れ出す。湧き上がる思いを抑えなければ子供のように泣きじゃくってしまうかもしれない。

自分の肘《ひじ》やルシオのユニフォームで顔を隠した中田に駆け寄ったのは、サポーターへの挨拶を終えた宮本と代表のトレーナーである並木磨去光《なみきまさみつ》、そして、スーツを着て黒いファイルを手にした日本代表総務の湯川和之《ゆかわかずゆき》だった。

中田は彼らの顔を見ても返す言葉がなかった。十代の頃から中田を知っている彼らに対しては、流れる涙を取り繕うことなどできなかった。

消耗し倒れ込んだ中田を覗《のぞ》き込んだ並木はそっと後ろを向いた。決して感情を露《あらわ》にしない中田の涙に並木も涙を誘われていた。

そのとき、一人のブラジル人選手が全力疾走で中田のもとへやって来た。ベンチ前で仲間たちと喜びを分かち合っていたフォワード（ＦＷ）のアドリアーノだ。パルマのチームメイトとしてともに戦った中田が動けなくなっていることを目にした彼は、それをやり過ごしてロッカールームへと引き上げることができなかった。腰を折り、中田の耳元に口を近づけたアドリアーノは、明るい調子のイタリア語でこう言った。

「Hide, Nella vita c'è sono un momento di piangere e quello di ridere.（ヒデ、人生には、涙を流すときもあれば、笑うときもあるさ）」

五つ年下のアドリアーノ。彼の思いやりのある言葉に中田はうんうんと頷きながら手を差し出した。その手をしっかりと握り締めたアドリアーノは親しみをこめて中田の肩をさすり、また走ってチームメイトのところへ帰っていった。

中田は、プロとして戦う最後のゲームが終わり、改めて自分がどれほどサッカーを愛し、ピッチに立つことを望み、パスをつなぐことに懸命になっていたかを思い返していた。

弾力のある芝生の感触と土の匂いを忘れたくない。もう少しここから離れたくない。そんな気持ちを中田は抑えられなかった。

他の選手たちがスタンドに向かっての挨拶を終え、ロッカールームへと通じる通路へ消えていく。インタビューブースで足を止め、差し出されるマイクに向かってインタビュアーの問いに答える選手もいた。

それでも中田は動けない。彼には、暴れ狂う感情を鎮めるための時間が必要だった。

泣いている意識はなかったが涙はあとからあとから流れ出た。感情を露にすることを頑《かたく》なに拒んできた自分が真逆の態度をさらしている。中田はそのことに狼狽《ろうばい》しながら、気持ちをコントロールする術《すべ》を失っていた。

ピッチでは、ゲームに出場しなかったブラジル代表の控え選手たちが、パイロンを置いて心拍数を上げるために全力疾走を繰り返している。この先も続くワールドカップでの戦いに挑むブラジル代表の躍動感は辺りの空気を刺激し熱くする。彼らがいるピッチには、中田を包む静寂とはまるで別の世界があった。

中田がU―17に選出された時代から、彼の理解者であり信頼を交わしてきた湯川は、宮本と並木に小声で告げた。

「ここはもういいよ。あとはおれが見ているから」

湯川は中田からワールドカップを最後に引退の意思があることを数日前に聞かされていた。湯川は中田に囁《ささや》いた。その声は、明るくおどけているようでもあった。

「お疲れ、長い間、本当にご苦労さん。でも、おれたち、かなり目立っているよ。だからそろそろ行かないか」

中田は嗚咽《おえつ》を堪《こら》えながら語気を強めた。

「どうして？　なんでそんなに急ぐの？　ゆっくりさせて。もう少しここにいさせてよ」

湯川は中田の気持ちを察してまた黙り、中田の側《そば》にしゃがんで彼を見守った。

中田が倒れて十分が経《た》とうとしていた。湯川は子供のように感情を露にする中田に、出会ったばかりの十六歳の頃の彼を重ね合わせていた。喜びや悔しさをむき出しにしてゲームを戦っていた少年は、大人になり瑞々《みずみず》しい感情を内に秘めるようになった。その彼が、最後の瞬間に本当の自分をさらけ出している。湯川はそれが嬉《うれ》しかった。

「分かったよ、もう行くよ」

ようやく上体を起こした中田は、立ち上がりながら日本代表のウインドブレーカーを素早く羽織った。

湯川は、中田がピッチに立つこの最後の日に、首根っこを押さえてでも両サイドのスタンドで待っているファンに挨拶をさせよう、と思っていた。

日本のゴールサイドに陣取るサポーターに向かって歩きだすと、ゲーム終了時から席を離れずじっと待っていてくれたことが分かった。近づく中田が手を挙げると、スタンドからは大声援と拍手が沸き起こる。誰もが身を乗り出し両手を挙げて中田に向かって声を発していた。

敗者であるおれに、なぜこれほど温かい気持ちで声をかけてくれるんだ……。

自分の名を呼ぶ声を聞くと、決勝トーナメントに勝ち上がれなかった後悔が大きくなった。

本当に苦しい道のりだった。楽なゲームなどひとつもなかった。それでも自分が日本代表のメンバーでいられたのは、ピッチに降り注ぐ激しいサポーターの声に支えられたからだ。このワールドカップにすべてを懸けていた中田は、そのことを嚙《か》み締めていた。

みんながいたからここまでサッカーをやってこられた。

みんなのために、ドイツで勝ちたかった。

普段は照れくさくて胸の奥にしまい込んでいた言葉を心の中で繰り返す。また涙が溢れ、噴き出してくる激情を抑えられない。これ以上無様な顔は見せたくなかった。泣きはらした中田の赤い目を見た湯川も、このままいれば、また彼は倒れ込んでしまうかもしれないと思った。湯川は、反対側のスタンドに中田を導くことなくピッチから降りるように促した。

中田は遠いサイドのスタンドにも手を掲げ小さく拍手した。そして、黙って先導する湯川の背を見つめながら、静かにロッカールームへと続く通路へ姿を消したのだった。

ひんやりとした通路を歩きロッカールームへと向かった。しかし、すぐには中へ入らなかった。気持ちを落ち着かせるために壁に寄りかかり、大きく息を吸い込んで呼吸を整えた。背中に残った芝の感触と耳の中で渦巻くサポーターの声が彼を揺さぶり続けている。

中田は、感謝の気持ちを胸の中で呟《つぶや》きながら、サポーターとともにスタンドにいるスタッフやエージェント、それに父と母と兄のことを思い起こしていた。

新たな扉を開け、まだ見ぬ道を歩み始められるのは、自分を信じ理解してくれた人々のおかげだ。汗と涙にぬれた顔は真っ赤になっていた。腕で顔をぬぐう中田に、誰ひとり声をかける者はいなかった。

ようやくロッカールームに入ると、自分と同じように疲れきった選手たちの姿があった。うなだれ俯《うつむ》く者たちの精気は完全に失われている。

こんなサッカーをしていては絶対に世界に太刀打《たちう》ちできない。日本代表は勝利から見放される。ゲームを戦っている間、途方もない怒りに身をまかせるしかなかった中田は、それでもこの敗戦から日本代表が立ち上がることを信じていた。このメンバーの中に日本のサッカーを形作りその魂を未来へ継承する者がいるはずだ。

今大会、スーパーセーブを連発した川口能活《かわぐちよしかつ》の荒々しい闘志は、世界を舞台に戦うためにはなくてはならないものだ。ゴールマウスから発せられる選手たちへの激しいコーチングの声はチームを奮い立たせるはずだった。中田は、次の代表を牽引《けんいん》していく一人は川口だと思っていた。

もう一人、中田はある選手の輝きに満ちた目を思い出していた。その選手は、スタメンから外れ一次リーグの間に三十五分あまりしかピッチに立っていなかった。ブラジル戦も後半十一分から出場し、一人気を吐いてファウルや怪我《けが》を恐れない激しいサッカーを続けたのだ。彼には失うものは何もないという覚悟が見えた。中田はその選手に歩み寄り、声をかけた。

「浩二《こうじ》、今日みたいな激しさを忘れるなよ。絶対に負けないんだという覚悟を持って気迫あるプレーを続けていけよ」

中田浩二は、その言葉に黙って頷いた。

ジーコもまたロッカールームで俯いていた。お互いを見てジーコと中田は歩み寄り、名前を呼び合って握手を交わした。すべてが終わってしまった今、ゲームについて話す必要はなかった。中田は、自分の決意をジーコにはどうしても自身の口から伝えたい、と思っていた。ジーコが日本代表の監督に就任して四年、友情を育《はぐく》んできた二人は監督と選手という関係を超えた特別な絆でも結ばれていた。中田はいつものようにイタリア語で話しかけた。

「今日でサッカー選手を辞めます。引退するんですよ」

ジーコは動きを止め中田をじっと見た。ジーコはときおり、自分と中田を重ね合わせることがあった。現役時代の自分もチームメイトと馴染《なじ》めず幾度か孤独を味わうことがあった。しかし、サッカーのプレーはそれを凌駕《りょうが》する特別な感動を与えてくれた。だから自分は四十歳まで現役を続けたのだ。

「どうして？　どうしてそんなこと急に言いだすんだ。引退の時期など、今すぐに決めなくてもいい。もっと時間をかけて考え、それから答えを出せばいいじゃないか」

ジーコは畳みかけるように中田に言った。

「私はこのあと、海外のクラブチームの監督に就任するつもりだよ。よかったらそのチームに一緒に行かないか。これから先も一緒にサッカーをしよう。チームが決まったら正式なオファーを出すよ。ヒデがプレーしてくれるなら大歓迎だ」

中田は笑顔で首を横に振った。

「ありがとう。あなたがそう言ってくれただけで嬉しいです。でも、引退は突然決めたことじゃない。ずっと前から考えて、決めてたことなんですよ」

ジーコは引退についてはそれ以上何も言わなかった。

「そうか……、それなら自分の決断を信じるしかないな。でも、忘れないでくれよ。私たちが友人であることを。いつでも連絡をしなさい。リオデジャネイロの自宅にも遊びに来て欲しい。私の妻も息子《むすこ》たちも、ヒデを待っているよ」

再び握手した二人は笑顔を交わした。

ジーコは、中田から聞いたその衝撃的な決断を誰にも告げることはなかった。

ドルトムントからバスに乗り、日本代表の本拠地であるボンのヒルトンホテルに戻った中田は、サニーサイドアップのスタッフと顔を合わせ、ねぎらいの言葉を受けた。

ようやく自室に帰ったのは明け方だった。倦怠感《けんたい》に身をゆだねながらも眠ることができなかった。ライン川の湖畔にあるホテルは静けさに包まれていたが、中田は浮かび上がる映像に心をざわめかせ目を閉じることができなかった。彼の視界に広がっていたのは、サッカーと出会った日の光景だった。

あれは、一九八五年の十二月一日。八歳の冬、小学校の校庭で初めてサッカーボールを蹴った。先にサッカーを始めていた兄のあとを追ってボールを追いかけることに夢中になった。あれから、もう二十一年半が過ぎようとしている。

さまざまな場面が目の前に浮かび上がり、過ぎ去ったゲームが思い起こされた。

過去に引き戻されそうになる中田は、長い航海を終え明日になれば新たな港に降り立つのだ、と自分に言い聞かせた。

中田は信じていた。

新しい世界が広がり、新しい出会いが待っていることを。

しかし、サッカーという船から一人で去る寂しさが、彼に眠ることを許さない。

みんな、ありがとう。

そう呟くと、スタジアムで聞いたあの歓声が、耳の奥でひときわ大きく響くのだった。

第一章

引退告知

1 引退告知

中田英寿のマネジメントを一手に引き受ける社長の次原悦子《つぎはらえつこ》から連絡が入り、東京・千駄ヶ谷《せんだがや》にあるサニーサイドアップのオフィスビルに赴いたのは二〇〇六年三月六日のことだった。午前十時、秘書の案内を受け社長室に入る。ミーティング用の大きなデスクにシステム手帳を置き椅子《いす》に座って待つと、スケジュール帳を小脇《こわき》に抱え忙しそうに社員のデスクの間を走る次原の姿が見えた。会うのは二カ月ぶりだった。

六本木ヒルズで昼食をともにしながら、まだ半年も先のワールドカップの取材について語り合ったのは年明け早々のことだ。次原はこう言った。

「中田がイタリアへ移籍してから八年。ワールドカップへの出場はドイツで三度目よ。そろそろ『鼓動』の続編を書いていただけないかと思っているんです」

一九九八年に出版したその本には、中田が最初に挑んだワールドカップとACペルージャへ移籍するまでの記録を克明に記した。その後も私は中田の取材を続けた。それはいつの日か、ペルージャから始まった欧州での中田の戦いを書くためであった。

日本人サッカー選手としては未知の領域にまで昇り詰め、〇二年日韓大会を戦い、ドイツ大会への出場を決めた中田。二十九歳になった彼が、自らのサッカーとどう向き合い、どんな未来への展望を描いているのか。私自身、彼の胸の内を知りたいと思っていた。

日本人サッカー選手の代名詞にもなった彼の真実を記すには今年は絶好の機会だ。これは、彼自身の、そして日本のサッカー界のためでもある。私は次原の提案を受け入れ、次原は綿密な取材ができる環境を作ると約束してくれた。

三カ月後に迫ったワールドカップ本戦に向けて、何かが動きだしたのかもしれない。呼び出された私は、思いを巡らせ静かに呼吸を整えた。

間もなく社内ミーティングを終えた彼女が小走りで社長室に飛び込んできた。が、もう少し待ってと人差し指で合図をし、自分のデスクで何本かの電話を受けている。スポーツ選手やアーティストのマネジメントに奔走するだけでなく、本業のPR業務でも多忙を極める次原は、一日中分刻みのスケジュールに追われていた。

そこへ、マネジメント本部の部長であるフジタ・ミナが現れた。次原とともに中田のすべてを掌握している彼女は、現場の責任者として頻繁にイギリスへも出張していた。お茶をすすめてくれたフジタと、後半戦に入ったプレミアリーグや中田のプレーについて雑談をした。

「ぜひマンチェスターに行ってください。イタリアのサッカー界とはまったく違う雰囲気が分かってもらえると思うから」

フジタの短い言葉に、セリエAからプレミアリーグへ移籍することが容易ではなかったことがうかがえた。

ようやく、電話を終えた次原が会話に加わった。

「ごめんなさい、お待たせして」

華やかで張りのある声だ。しかし、いつもの晴れやかな笑顔ではない。挨拶も早々に私の前に座った彼女は、身を乗り出してこう言った。

「時間もないから本題に入りますが……、今日は、大切なことを伝えなければならないんです」

手元に目を落とし、やがて顔を上げた次原は声をひそめた。

「今から言うことは、ある時期が来るまで絶対に黙っていただけるかしら……。もちろん、約束を守ってくださることは分かっているけれど『分かった』という一言を直接、聞きたいの」

フジタが社長室の外で忙しく働くスタッフに視線を送っている。その目は、外に声が漏れないかどうか気にかけているようだった。

「社内のスタッフもまだ誰も知らないんですよ」

フジタの静かな声に次原が頷いている。喉元《のどもと》を摑《つか》まれたような息苦しさを感じながら、私は答えた。

「分かりました」

そう告げた私の脳裏に、ある光景がフラッシュバックしていた。あれは一九九八年の五月九日、ワールドカップ・フランス大会直前の御殿場《ごてんば》合宿の二日前のことだ。次原からかかってきた深夜の電話。彼女の第一声は切羽詰まっていた。

その話は衝撃を伴って耳に響いた。ストレスに苛《さいな》まれた中田の全身に湿疹《しっしん》が出て、その夜、緊急入院したという。食べることも寝ることもできず衰弱した中田は、次原に「日本代表の最終合宿には行かない」と言った。そして、そのまま日本代表を辞退し、今日限りですべてを終わりにしたい、と告げたのだ。引退まで口にした中田の苦しみを理解した次原は、中田の望むようにしてやりたい、と言っていた。

あのときの中田は数日して湿疹が治まると気力もみるみる回復し、御殿場の合宿に四日遅れで合流することができた。ワールドカップ・フランス大会への出場を見合わせ、サッカーをやめると言った中田の揺れる思いが、マスコミに伝わることはなかった。

今度も、中田の身に何か起こったに違いない。私は次原の言葉を注意深く待っていた。

「中田が……、引退するの」

その明瞭《めいりょう》な一言の意味を、私はすぐには理解することができなかった。

「引退？　日本代表からの引退ですか」

次原はゆっくりと首を振る。

「いいえ、プロサッカー界から引退するという意味です。本人は、ドイツでのワールドカップが終わったらもうプロとしての生活を終わりにしたい、と言っているの」

ドイツ大会が終わったら日本代表からは引退する。そうした中田の意向は、ドイツ大会への出場を懸けたアジア地区最終予選を戦っている頃から、たびたび聞いていた。

欧州のクラブチームでプレーすることと合わせ、日本代表の一員としても戦うことの過酷さは、ときに集中力を奪い肉体的なコンディションを極端に低下させる。クラブでも代表でも常に百パーセントの力を出し切ることに腐心してきた中田は、その限界を感じ取っていた。

「スケジュールがきつくて疲れるとか、時差に苦しむとか、そんなことはたいしたことじゃない。求められている以上のプレーが九十分を通してできるのかどうか、そこが問題なんだよ。完璧《かんぺき》を望めないのなら、最初からピッチに立たないほうがいい。日程の厳しさを満足のいかないプレーの理由にするつもりはないんだ」

強行日程であっても代表に招集されれば、中田は必ずそれに応《こた》えた。格下の相手であろうとなかろ

う と絶対に手を抜くことができない。アウェーの過酷な条件すら、闘志を燃やす材料だった。だからこそ限界がある。中田は、そろそろ活動の場をクラブチームだけに限定し、その中で最高のパフォーマンスを見せることに専念しようと考えていた。その時期がドイツ大会終了後であることは、彼の身近にいる者にとって周知の事実だった。

しかし、目の前の次原は、中田がプロから引退すると明言している。

「まさか、本当に……」

私は、その後に続く言葉を呑《の》み込んだ。中田が遠からず引退することは予測できたことではないか。十代の頃から人生と真剣に向き合い、「サッカーだけしか知らない人間になりたくない」と発言し続けた青年は、それを実践する生活を送っている。プロサッカー選手でありながら各国の元首やローマ法王にも会ってその名を知られ、企業の事業に参画し、インターネットやテレビ番組など自分のメディアを持ち、人知れず福祉やボランティアにも力を注いでいる。そんな中田が、三十代を目前にサッカー選手とは違う生き方を選択することはごく自然なことのようにも思われた。

しかし、一方で中田のプレーがこの世界から消えてしまう現実に私は恐れをなしていた。中田を取材して十年、彼のゲームは欠かさず観《み》ていた。彼が欧州に渡ってからはそのほとんどが衛星中継か録画した映像だったが、それでもピッチの上でプレーする彼を見つめると、内なる魂が雄弁に語られていて楽しかった。中田はどのチームでも、どのポジションについても前を向いていた。ゴールを目指し、「あのスペースへ走れ」と自らのパスでもって仲間へ伝えていくのである。

毎週末、そんな彼の表情やプレーをノートに記すことが習慣になっていた。それを、本当に六月で終えなければならないのか。

困惑する私に、次原も苦しい心境を明かしてくれた。

「驚くのも無理はないわ。私たちも中田から引退を聞いて、ずいぶん混乱したんですから。もちろん中田は、近い将来引退を決断するだろうと思っていた。その覚悟もあったのよ。でも、いざ彼から実際に話を聞いた私たちでさえ、最初は容易には受け入れられなかった。でも、立ち止まっている時間もない。もし、本当に引退するなら、契約のあるスポンサーにも説明を始めなければならないし、クラブとの契約交渉も中止しなければならない。そのほか、中田を中心に動いているプロジェクトはいくつもあって、その行く先も考えなければならない。とにかく、今は中田の意思を受け止めて、できることを始めなければならないの」

ワールドカップ開幕まで三カ月。次原は中田の引退に向けて動きだす決意を固めているようだった。

「彼の決断が変わることはないのですか」

私の問いかけに次原はフジタと顔を見合わせた。

「私自身、葛藤《かっとう》はあったわ。今でも、ないと言えば嘘になる。でも、何度も中田と話をしてその気持ちを理解した。今の段階では、ワールドカップが終わったら引退する計画は揺らがないでしょう。彼の気持ちはそれほど固いものなのよ」

中田の気質を知り尽くした次原は、彼が一度言ったことを覆さないことを知っていた。

「引退の事実は、いつ発表するんですか」

私の問いかけに次原は答える術がないというふうに下を向いた。

「本当に何も決まっていないんです。中田は、このまま何も話さず引退するつもり」

日本サッカー界のスターであり日本代表を牽引する中田がこのまま黙って去ることなど、本当にできるのだろうか。疑問と焦燥が合わさり、得体の知れない不安が渦巻いていく。

次原は気を取り直したように、私を呼んだ理由を説明し始めた。

「相談は一月にも話した本のことです。引退を決めた中田が挑むワールドカップを、そしてこれまで欧州で戦ってきた八年間を、記録として残すべきだと思うの。これは中田のため、そして中田に続くこれからの日本のスポーツのためだと思うから」

次原とは、中田が欧州で移籍を繰り返し、また日本代表に招集されるたび「いつか『鼓動』の続編を書きましょう」と語り合ってきた。

「最後に彼の集大成を綴《つづ》ってもらいたい。どんな取材の手配もするし、必要な資料も集めます。だから、中田が引退したそのあとに彼の戦いの日々を活字で発表してくださいね」

中田の決して平安ではなかった八年間を綴ることの高揚感と、何かを失ったことの絶望感が水と油のように分かれて私の心を半々に満たしていた。

次原とフジタは、その場で今後の中田のスケジュールを話してくれた。私は取材の手順を思いついたまま列挙した。

中田に関するあらゆる資料や映像に目を通す、マンチェスターへ行って中田本人や一緒に過ごしているスタッフにも会ってインタビューをする、プレミアリーグのボルトン戦を観る——。

ノートにその項目をメモしたフジタは、さっそく中田に連絡を取ってみると言ってプレミアリーグのスケジュールを広げ見渡した。

「いつでも大丈夫だと思うけど、一応、いつがベストか中田に確認してみます」

顔を上げたフジタの鳶色《とびいろ》の瞳には寂しさが宿っていた。

「ぜひ直接会って、中田がなんと言うか聞いてください。気のおけない私たちに、中田は引退するとまくし立てたけど、インタビューではまた違った気持ちが聞けるかもしれませんから」

私は、次原とフジタからもぜひ話を聞きたいと申し出た。

「そうね、私も話したいことがたくさんあるし、これから連絡を取り合って何度も話をする機会を作りましょう。とにかく、どんなふうに引退のドラマが始まったか、その最初から聞いて欲しいわ」

後日連絡を取り合う約束をすると、私はサニーサイドアップを後にした。イギリスで中田の話が聞ける。ワールドカップでプレーする中田を取材できる。そんな喜びと、引退という途轍《とてつ》もない秘密を持ったことの重さが絡まり胸の中で回転していた。

六月までこの重さに耐えることができるのだろうか。答えは出なかった。


私はその帰り道、近所の文房具屋で分厚いノートを五冊買った。中田の取材ノートは、十年で七十冊ほどになった。彼のためにノートを買うのは、これで最後になるのだろうか。そんなことを考えながら、その夜、中田にメールを書いた。次原に会って引退の意思を聞いたこと、『鼓動』の続編を書くために本格的な取材を開始すること、シーズン終了までにイギリスでインタビューを受けて欲しいことなど、短い文章にした。

翌日、中田からメールの返信が来ていた。九時間の時差があるイギリスで中田がそのメールを書いたのは六日の夜だった。

中田のメールは普段と変わらなかった。友好的な言葉に続き「ワールドカップが終わったらプロの世界から離れる。もう決めたこと」と続いている。文面からは特別な高揚感も悲壮感も読み取ることはできない。引退はいろいろ考えた末に出した結論で思いつきではないこと、急に言い出したことではなく昨年末から考え始めていたことなどが、むしろ気軽な調子で書かれていた。最後の戦いの日々を綴って欲しい、久しぶりにゆっくり話ができることを楽しみにしている。そう結ばれたメールを読んで、私はなおさら不安定な気持ちになった。

次原が中田の引退を現時点で隠さざるを得ないのは、何よりもチーム、ファン、そしてスポンサーへの配慮があるからだ。しかし、その中に、中田がいつでも引退を撤回できるようにという気持ちが隠されていることも感じられた。中田自身にその決断をいま一度考え直す、もしくは覆すつもりはまったくないのだろうか。事態が一気に逆転することがあるかもしれない。

しかし同時に、私はそれが九十パーセント以上の確率で定まっていることも知っていた。曖昧《あいまい》な気持ちは決して言葉にしない中田が、躊躇《ちゅうちょ》しながら人生の節目となる決断を下すわけもなかった。

中田英寿、引退――。その日に向けた取材は、こうしてスタートしたのだった。

翌日は朝から中田の古い資料やファイル、ゲームを録画したビデオなどを取り出した。それからほぼ一カ月、九五年にプロデビューしてからこれまでの戦績や記録などを読み返し、記憶に残るゲームのVTRを観ることに徹した。そして、中田が戦ったおびただしいゲームの詳細を眺めながら、彼はこの十一年を、二十年にも三十年にも感じていたのではないだろうか、と思っていた。

大学進学を取りやめ韮崎《にらさき》高校からベルマーレ平塚（現・湘南《しょうなん》ベルマーレ）へ入ったのは、単にプロサッカー選手に焦がれていたからではない。自分の可能性や生活の糧《かて》を考えた結果だった。大学ならいつでも行ける。しかしスポーツ選手は年齢との戦いでもあり、サッカーは今しかできない。そんな判断が彼を動かした。自分の能力を発揮し、その代価として年齢には不釣合いな高収入も得ることができる。

サッカー選手になったのは計算ずくだ。そう言った十代の彼の顔にはプロとしてのプライドが滲《にじ》んでいた。

二十歳で日本代表に選ばれたときも中田には確固たる目的があった。選ばれたからにはすべてのゲームでピッチに立ち、ワールドカップ出場を目指す。彼には自分の思い描く日本代表のサッカーがあった。九八年のフランス大会でも、〇二年の日韓大会でも、それが実践できさえすれば、世界の強豪と渡り合うことができるという強い信念を持っていた。

二十一歳でセリエAへの移籍を実現すると、貪欲《どんよく》に理想のサッカーを求め安住することを拒絶した。レンタル移籍も含め中田がプレーしたチームは六つになる。セリエAとプレミアリーグに広がる深遠で複雑な世界を知る日本人は、ただ一人中田だけだった。

この青年は、なんという濃密な時間を過ごしたのだろう。時代を席巻《せっけん》するアーティストやスポーツアスリートは、ときに熱狂と喧騒《けんそう》の中で実際の年齢より老成した表情を見せる。若く鍛えられた肉体を持つ中田もそうだった。静かな横顔に、すべてを呑み込んでじっと耐える真摯《しんし》で物悲しい面持ちが浮かぶことがあり、それが彼を実際の年齢よりずっと上に見せていた。

しかし、これまでの中田はどんな困難に阻まれようと前進を止めなかった。自分の存在価値を見出《みいだ》したいという強い気持ちが、挑戦者であることを拒まなかった。

だが、中田の挑戦もついに終わりを迎えようとしている。資料に埋もれた自室で中田のサッカー選手としての力を改めて見つめ直していた私は、三カ月後の中田の引退がどんな状況をもたらすのか、想像もできなかった。

四月に入り、次原とフジタは忙しい合間を縫って取材に応じてくれた。会うのはいつも新宿のホテルだった。レストランで朝食を食べながらのときもあれば、仕事が終わった夜半に集合し部屋を取って一晩中話したこともあった。

私が次原と出会ったのは中田に会った翌年、九七年の十二月だ。マルセイユで行われたワールドカップ・フランス大会の組合せ抽選会に先立って欧州選抜対世界選抜のゲームが開催されたのだが、そのとき滞在先のホテルで中田が次原を紹介してくれたのだ。そして、その翌年になると中田担当のヘッドマネージャーとなったフジタを次原が紹介してくれた。

私たちはこの十年近い歳月を振り返り、まるで劇画か映画の一シーンのような出来事を思い出しては溜息《ためいき》をつき、ときには笑い合った。新聞に掲載された中田のコメントがきっかけで思想集団に脅迫されたこと、ワールドカップの最中に素晴らしい移籍話があると言って現れた男がインターポールに指名手配された詐欺師であったこと、中田が何カ月間にもわたり記者へのコメントを拒否してマスコミとの全面対決になったことなど、話題は尽きなかった。

彼女たちに会うたびに、激動の日々は中田だけのものではなかったことを思い知らされる。次原は、普段はあまり言葉にしない中田との絆を話してくれた。

「十年前に中田と知り合ってから、私と中田が話さなかった日はほとんどないわ。どんな瞬間も支え合った。もちろん、口喧嘩《くちげんか》はしょっちゅうしたけど、中田が目指すサッカーのためにできることはすべてやろうと思ったし、中田がいたから私も会社もここまで成長できた」

八五年の設立から二十二年、サニーサイドアップは急成長を遂げていた。社員は百三十人にもなり、スポーツの聖地・国立競技場の近くに自社ビルを建て、本業であるPR事業も中田を中心にしたマネジメント部門も十倍にまで規模を拡大した。現在の契約アスリートには、テニスの杉山愛《すぎやまあい》、陸上の為末大《ためすえだい》、水泳の北島康介《きたじまこうすけ》、ゴルフの福嶋晃子《ふくしまあきこ》ら、十数名がいる。

「中田が所属する前にうちで預かっていた選手は、前園真聖《まえぞのまさきよ》と〇四年に亡くなったプロウインドサーファーの飯島夏樹《いいじまなつき》、それにトライアスロンの宮塚英也《みやづかひでや》だけだった。前園の紹介で中田に会ったときにも、まさかここまでになるとは思わなかった」

中田のマネジメントを始めて十年、欧州へ移籍してから八年。次原の生活の中心は中田というアスリートと彼に付帯する事業への取り組みだった。

「十年は本当にあっという間に過ぎてしまった。でも、中田や私たちを取り巻くものすべてが変わったでしょう。そのことを思うと時間が流れたのだなとつくづく感じるのよ」

本当にそうだった。時間は水のように流れ、同じ光景を留《とど》めることはない。その象徴ともいうべき事柄に、ガウチ一族の逮捕があった。

ペルージャを所有するガウチ一族が権力をふるっていた頃、彼らに対抗するため、中田は欧州一のエージェントであるジョバンニ・ブランキーニと契約した。

変化はそれだけではなかった。中田の側で彼を助けるマネージャーも替わっていた。前園や中田の友人だった前任者は、さまざまな行き違いがあり、中田のもとを去っていった。

そこで、パークハイアットでコンシェルジュをしていた小林雅之《こばやしまさゆき》がマネージャーとして中田についた。小林がペルージャへ入ったのは九九年の七月のことだ。スケジュール管理から、運転、食事の用意まで中田の生活全般を助けることが仕事の小林は、その後イギリスへ渡っても中田と行動をともにしている。

さらに、チームとのコミュニケーションを図り日本のマスコミに対応するため日本語が堪能《たんのう》なイタリア人のマネージャーを置くことになった。次原が知り合いを通じて選び出したのはミラノ出身のマウリッツィオ・モラーナだ。彼は自らもプロを目指したサッカー選手であった。怪我によりプロ入りを断念した彼は、八〇年代に日本語を学ぶために東京へ留学し、エルメネジルド・ゼニアというイタリアのメンズブランドのプレス担当となって東京やミラノで勤務していた。そこへ、中田のマネージャーにならないかと話が持ち込まれ、九九年七月にゼニアを辞めて中田のもとへ来たのだった。

当初、日本人のイタリア語通訳をつけていた中田は、ペルージャの二年目になると日常会話なら通訳なしで話せるようになっていた。もはや単なる通訳は必要なかった。そんな中田に、モラーナというサッカーの知識のあるイタリア人がついたことで、彼の思いはよりクラブや監督、個々の選手に届くようになったのである。

プロフェッショナルなスタッフに守られた中田は、煩雑なことに気を取られることなく前にも増してサッカーに集中できるようになる。そんな彼が最も欲していたのは、パートタイムではなくずっと側にいて体調を管理し、疲労や怪我の回復に助力してくれるスポーツトレーナーの存在だった。

二〇〇〇年を迎えてすぐに、中田はイタリアから気心が知れたトレーナーに国際電話をしていた。J2に昇格したばかりのアルビレックス新潟で専属トレーナーをしていた山本《やまもと》孝浩《たかひろ》である。山本は九六年、九七年と、ベルマーレ平塚で選手たちのマッサージを担当していた。Jリーガーになったばかりの中田は、山本には子供のように無邪気に接し、どんなときも心を開いた。

中田は、山本の携帯にかけると前置きもなく、「専属トレーナーとしてローマへ来て欲しい。チームではなく、おれ個人と契約して欲しいんだ」と、頼んだ。山本は、専用グラウンドも持たずスタッフも少ないアルビレックスの選手たちのことを思うと、簡単には決断できなかった。しかし、最後は、日本人として見果てぬ夢に挑む中田のもとへ行くことを選ぶ。山本もまた中田の才能に魅せられた一人だった。

中田に携わる日本人スタッフは年々増えていった。中田プロジェクトを中枢で推し進めたプロデューサーの矢柄亮直《やがらあきなお》は、中田の輝く才能を戦略に従ってPRし、そのブランディングに手腕をふるった。また次原やフジタのアシスタントたちは、中田や次原の意思を受け止め誠実に実行する中田ブランドの担い手だった。

次原はスタッフへの感謝を繰り返した。

「このチームを発足できてから、中田はサッカーだけを考えればいい状況をやっと手に入れたんです。今考えれば、ペルージャへ移籍したあの当時は私たちは何も知らない素人《しろうと》だった。アマチュアもいいところよ」

イタリア人のサッカーファンをも魅了した中田のプレーが、彼をここまで前進させた。だが、次原やスタッフが中田に注いだ情熱もまた中田の成功には不可欠だった。

以前、次原からこんな話を聞いたことがあった。十九歳の中田に出会った彼女は、ある野心を抱いたという。

「九六年のアトランタ五輪に出場し、日本代表の一員として九八年のワールドカップへ初出場を果たした。その大会後イタリアへの移籍を遂げた頃から、私は本気でこう考えていたの。中田がプロとして活動している間に、生涯暮らせるだけの有形無形の財産を作ってあげたい、と。どんなに活躍したスポーツ選手でも必ず若くして引退しなければならない。第二の人生を歩むときに、経済的な心配が皆無である状態にしてあげたかった」

経済観念は生きていくうえで最も重要なことのひとつだと考えている中田も、次原に頼っているだけではなかった。既成概念にとらわれない彼は、自らアイディアを出し、企画を立て、それを実現することを厭《いと》わなかった。

「困難があるたびに私たちのチームは力を合わせ、越えられないと思う壁を破っていったんです」

そう言ったフジタは、その激闘の日々を懐かしむような顔をする。

「彼が必要とするものを得て、疑問に思うことを解決する。そのすべてが私たちの仕事につながっていきました」

中田はプロスポーツ選手として戦いながらも、常に社会とリンクし既成概念の改革者でありたいと思っていた。そんな中田を次原は無条件にサポートしていた。

自分から情報を発信し、ファンと直接コミュニケーションが取れるパーソナルメディア、nakata.net を九八年に開設したのも、自分の媒体を持ちたいという中田の強い希望が実現したものだ。スポーツ選手の肖像権などチームが持って当たり前と考えられていた八年前、中田がそのことに疑問を持ち、その意向を受けた次原が彼個人の肖像権を管理する部署を社内に設けたのも画期的なことであった。

中田のアイディアはとどまるところを知らなかった。日韓大会が開催されるときには世界の人たちに情報と親切なもてなしを提供したい、と考え、その気持ちを具体化させた。パソコンを駆使したホスピタリティーセンターやサッカーファンの拠点となるカフェを設営したのである。大好きなスナック菓子を通して社会や企業に触れ、日本経済の活性化に自分のアイディアを活《い》かしたいという中田の願いが、〇三年の東ハト執行役員就任にもつながっている。

次原はつとめて明るく言った。

「中田もこの十年で人生を大きく展開させた。私も、彼に出会った二十九歳からこれまでに人生が大きく変化したと思う。お互いの信頼はこれからも変わらないし、どんなことがあっても損なわれることはない。そう信じられるわ」

一見、中田は人嫌いに見える。しかし、実際の中田は、人と向き合うことをいつも求めている。サッカーというスポーツを囲む人々からさまざまな直感を受け、感動を授けられ、自分もまた第三者へ何かを与えられる人間でありたいと願っていた。長い時間、中田を取材していた私も、その姿勢こそが彼の真髄であると思っていた。

プレミアリーグの〇五―〇六シーズンを戦う中田の体は万全だ。技術はさらに円熟味を増し、ピッチでの存在感は他のスター選手にも引けを取らない。二十九歳の中田がサッカー選手としてのピークを迎えていると見る者がいて当然だった。現に私もそう思っていた。しかし、中田は彼にしかない感覚で世の中を見ていたのである。

次原も次のように証言する。

「三十代になってもプレーできることは彼自身も分かっている。でも様々なことがあり、プロとしてのサッカーを離れ、違う世界を見たいと思っているのでしょう。これまでも中田と手を携えてきた私は、サッカーを続けさせるための説得を試みるより、そんな彼の気持ちを受け止めなければならないと思っているの」

次原とフジタが、こうした考えに至るまでには三カ月という時間が必要だった。

彼女たちは中田から〇五年十二月に引退を知らされていた。

日に一度は中田と国際電話で連絡を取っていた次原は、中田が電話をよこす時間が不規則なことが気にかかり、何かがあると感じていた。

「いつもはイギリスの時間で朝か、練習が始まる前の午前中にかかっていたんです。日本時間では夕方頃。ところが、年末には向こうの夜中、つまり日本での朝や午前中にかかってくるようになった。ミーティング中だったり、接客中だったりして、電話を受けられないことも多かったの」

フジタも同じだった。何度か仕事中に電話がかかり、それを受けたフジタは、中田の様子が普段と違うことを察知していた。

「話したいことがあるのはよく分かっていた。でも、年末で業務が集中していてゆっくり話すことができない日が何日か続いたんです」

〇五年十二月十日、深夜に鳴りだした携帯電話。発信者はイギリスにいる中田だった。不満そうな留守番電話の声を思い出した次原は、朗らかな声で詫《わ》びていた。中田は次原に話したいことがある、と言ってすぐに核心に入った。

「おれが引退したら会社は困る？」

聞き返す次原に中田は短く言った。

「ドイツでのワールドカップを戦い終えたらプロ生活から引退したい」

「本気なの？」

次原は中田の真意を計りかねていた。これまでも、辞めたい、いつ辞めるか分からない、と事あるごとに甲高い声で口走った中田が、ある出来事に憤慨しそう言っているのかもしれない。

「何かあったの？」

中田の声はいつになく低かった。

「いや、何もない。いろいろ考えて出した結論なんだ。でも、悦子とミナの意見を聞きたい。二人にはおれの考えを認めてもらいたい。二人に理解してもらわないと辞められないからね」

中田の静かな口調は強い意志の表れだった。

次原への電話の直前、中田はフジタにも引退を考えていると伝えていた。

「私が抱えているプロジェクトのことで悩んで、イギリスの中田に相談しようと電話をかけたんです。怒って声が大きくなる私をなだめた中田は、『今度はおれの話を聞いてくれる？』と言いました。そして、引退を考えているが、どう思うか教えて欲しいと言われたんです」

中田からの電話を受けた次原とフジタは連絡を取り合い、中田の気持ちをどう受け止めたらよいかを話し合った。フジタは言った。

「私たちはそんなに慌ててはいなかった。中田が、次なる人生について考えていることを知っていましたから。でも、本当にワールドカップ直後に引退するとなれば大変なことになる。すぐに中田と話し合う必要があると思いました」

次原は、〇五年六月に行われたニューヨークでのミーティングの詳細を思い出していた。

「そのときニューヨークでは私とフジタ、中田とジョバンニが集まって、ボルトンへのレンタル移籍について話し合いました。中田は『もうフィオレンティーナに残るつもりはない。次のシーズンをベンチで過ごすつもりはない』と言って、ボルトンへの移籍を望み、ジョバンニが契約交渉に入ることになった。そこでこれからのことを話し合ったのよ。私からは会社の事業についていろいろ報告し中田はそれを嬉しそうに聞いてくれた。中田も、この先のプランを描いていて、それを気軽に話してくれたんです」

中田は三人に自分の思いを闊達《かったつ》に語っていた。

「プロ生活はあと三年ぐらいかな。二シーズンをボルトンで過ごし、最後の一シーズンは、できればスペインかフランスのリーグでもプレーしてみたい。現役の間も経済や語学の勉強をして、四年先に引退したあとには世界を旅したり大学で勉強したりできたらいいと思っている」

引退の時期を話し合うことにも次原は抵抗がなかった。むしろ、中田が真剣に人生について考えていることにほっとしていた。

「中田はマンハッタンにビルを購入したんです。これから先の人生、そこを拠点にして世界を歩きたいと言っていたわ」

ソーホーに建つ築百二十年の赤レンガのビル。中田はそのビルを〇三年に購入し、改築と内装を安《あん》藤忠雄《どうただお》に依頼していた。

ニューヨークのミーティングから半年が過ぎ、段階的にステップを降りると言っていた二十八歳の中田が、今は「半年後に引退する」と言っている。独りよがりで感情的なわけではない。落ち着いた口調からは固い決意だけが感じられた。

次原はすぐにフジタを伴い中田が暮らすイギリスのマンチェスターへ飛ぶことを決めた。

フジタが当時のスケジュールを確認する。

「十二月十八日に日本を発《た》ち、翌日の十九日、中田が練習を終えたあとに三人で彼のマンションに集《つど》い夕食を摂《と》って、その後、食卓で話したんです」

中田の引退についての合議という重苦しい雰囲気はなかった。彼の好きな菓子を何種類も広げお茶を飲みながらのリラックスした語らいだった。次原はまず中田の考えを聞いた。

「中田は、もう自分は決断していると繰り返した。その理由を聞くと、何か決定的な事件があったからではない、と言う。とにかく、中田は現状に苦しんでいるようだった」

プライベートの時間がないことには慣れているはずだが、新しい世界を知りたい、これまでになかった出会いを経験してみたいという思いが、中田の中で抱えきれないほど大きくなっていた。

「団体生活を送るうえでのストレスは、ずいぶん前から中田に相当な重圧となっていた。サッカーが大好きで、勝利のために戦うことを疑わなかった中田だからこそ、全力を尽くすために明確なゴールラインが必要だったんだわ」

次原が中田に「引退の気持ちを数字で言うと？」と聞くと、彼は逡巡《しゅんじゅん》せずその質問に答えた。

「引退する気持ちは九十八パーセント固まっている、と言うの。あとの二パーセントは？　と聞くと、もし、おれの引退がサニーサイドアップの経営に影響するなら、そのときには引退の時期を考え直すよ、と彼は笑って言ったわ」

次原はワールドカップのプレーを観たクラブからオファーが届いたらどうするのかとも聞いた。中田はきっぱり、どんな魅力的なクラブからオファーが来ても、気持ちは変わらない、と言ってのけた。

このミーティングの最後、中田は真顔でこう言って二人を驚かせている。

「これまでサッカーを二十年やってきて、はっきり分かったことがあるんだよ。それはね、おれの性格が団体競技には合わないっていうこと」

それを聞いた次原とフジタは顔を見合わせて笑いだした。中田もつられて笑顔を見せた。

「そんなこと今頃気づいたの？　遅すぎるわよ、と最後は三人で爆笑よ」

信頼する二人の前で見せる中田の表情は、もちろんマスコミに載るそれとは違っている。これほどリラックスして仕事や人生について彼が話せる相手は、彼女たちをおいて他にはいないだろう。

取材者である私も中田の苦悩を想像した。すると、愛すべきサッカーという競技と、個人では成立しないプレーの狭間《はざま》で悩む中田の姿が克明に浮かび上がる。

あれは二十代前半のインタビューだった。サッカーのどんなところが好きなのかと聞くと、中田は穏やかな顔でこう話した。

「パスをつなぐことだね。全員がゴールに向かって走り、パスを交わし合う。それこそがサッカーというスポーツなんだよ。おれはゴールを決めるより、ゴールを演出するスルーパスを繰り出すことのほうが、好きだ」

私には、中田がチームスポーツに向いていないとは到底思えなかった。

十二月十九日の夜、三人の話し合いによって、引退が絵空事でなくなったのである。

中田とのミーティングは午後十時から午前二時まで四時間に及んでいた。次原とフジタは、翌朝の二十日、マンチェスターを離れミラノへ飛んだ。すぐに帰国せずミラノへ寄ったのは、中田の意向をブランキーニに伝えるためだった。翌二十一日にブランキーニに会った次原は、その時点での中田の気持ちを包み隠さず話していた。このときのブランキーニの言葉をフジタがメモしていた。

「ジョバンニはとても冷静でした。そして、私はここ数年間のヒデの様子を見ていて、引退を考える日が来ることを予測していた、と言ったんです」

ブランキーニは、中田がサッカーを続けるモチベーションを保てなくなっていることを感じていた。しかし、中田のエージェントとして引退を簡単には認めるわけにはいかない、と彼は言ったのだ。

ブランキーニの考えはこうだった。ここ数年怪我で苦しんだ中田のコンディションはすでに回復している。体力と技術が充実し、ジョカトーレとしては今が一番脂の乗っている時期だ。そこで引退するなど実績を持った選手であればあり得ない選択である。ブランキーニは「中田と直接会って話すよ」と、二人に告げた。

もちろん、中田も自分からブランキーニに話すつもりでいた。〇六年三月に中田が直接告げた後、二人は幾度となく会って引退についての見解を話し合った。

フジタは、中田とブランキーニの間には国籍や年齢を超えた信頼がある、と教えてくれた。

「ジョバンニは両親から遠く離れて暮らす中田にとっての親代わりでもあった。引退を急ぐことはないと説得する役目は、自分が負うべきだと考えていたと思う」

しかし、中田の心が翻ることはなかった。ブランキーニと話し合って、なおさら引退の気持ちは強くなっていった。

次原とフジタは中田の誕生日に合わせて渡英していた。再度、引退に向けての具体的な準備について話し合うためであり、さらには中田のもとで仕事をするトレーナーの山本とマネージャーの小林に現状を報告するためだった。山本も小林もそれぞれに家庭を持っており、引退によって転職を余儀なくされる彼らには半年前の告知でも早いとはいえなかった。中田の心境をフジタが代弁する。

「中田が一番心配したのは、山本と小林のワールドカップ後の仕事のことでした。自分の都合で彼らの人生を大きく変えてしまう。そのことをとても気にしていたんです。彼らの就職活動をできる限り手伝う準備もしていました」

〇六年一月二十一日、中田の二十九歳の誕生日前夜、改めて次原が引退の真意について聞くと、中田はこれまでになく気持ちを詳《つまび》らかにした。理由は多々あるが、一番の理由は仕事としてのサッカーを楽しめなくなったことだ。

他の者が聞いたなら、それらがすなわち引退を導き出す要因になるとは思えなかったろう。しかし、次原は中田の話に耳を傾けながら、彼の苦しみが痛いほど分かっていた。

「十四歳から代表の一員としてプレーしてきた中田には、新しい世界への憧憬《しょうけい》があった。あと数年サッカーを続けてもらって、引退の花道を用意させて欲しいと思う気持ちもあったけど、中田が次なる世界へジャンプすることを助けることが彼という人間と手を携えた私の使命でもあると思ったのよ」

その夜、中田は小林と山本にも引退の決意を伝えた。二人は日々の雑談の中で中田から「あと二、三年プレーして引退を考える」と聞いていたので、当然、その決定に驚愕《きょうがく》した。

しかし、中田が鉄の意志を持っていることを一番近くで見てきた山本と小林は、彼の決断を尊重した。それぞれが新しい道を歩むことを考えると中田に告げ、ワールドカップ後の仕事を自ら模索することになった。

一月二十二日、中田はスタッフやその家族に蠟燭《ろうそく》を立てたケーキで祝ってもらった。その夜はパリへ飛び、昔なじみが開いている和食店「ＫＡＩ」で夕食を摂る。スタッフに気持ちを話し、もはや引退を既成事実にした中田は、晴れ晴れとした顔で二十代最後の誕生日を迎えたのである。

　東京に戻った次原とフジタは、中田の引退に向けたシナリオを書き始めた。次原やフジタの下で彼を支えるスタッフたち、スポンサーや一緒に番組を制作するメディアスタッフへの告知をいつにするか、日本サッカー協会や日本代表、また多くのサポーターにはどう伝えるのか。

「一番大切なのは、中田がワールドカップに集中すること。大切な大会前に中田を混乱にさらすわけにはいかないの。それに心のどこかで彼の心変わりを願っていたのかも。だから、やはり、引退を公にすることは避けなければならないと思っている」

　だからこそ次原は、引退を告げた者には秘密保持の契約も交わさせた。黙っていることは次原にとっても苦しいことではあったが、あとでなんと言われようとも中田を守ること以外に優先されるべきことはなかった。

　フジタは六月のドイツ大会までのスケジュールを詳細に記し、中田の最後の全力疾走をその目に焼きつけたいと思っていた。

「これから先、中田が最高のパフォーマンスを見せられるように環境を整える。それが私たちの仕事。でも、引退への日々が始まってしまったことで動揺がなかったわけではないんです」

　フジタはこれから先のスケジュールを見つめながら、どうしても過去に思いが傾いたと話す。

「たとえば、代表に招集された中田が帰国して戦った〇五年十一月十六日の対アンゴラ戦。あれが中田が国立競技場で戦った最後の試合だったと思うと、それだけで胸がいっぱいになり言葉が詰まってしまうんです。思わず『もう、国立のピッチに立つことはないいんだね』などと彼に話している。中田は相変わらず飄々《ひょうひょう》としていて『いちいち過去にさかのぼって感傷的にならないで』と叱《しか》られました」

〇六年一月に動きだした引退のプロジェクトは、四月を迎え後半に入っていた。次原とフジタは、日本とイギリスを行き来し、中田と毎日電話で連絡を取り合い、淡々とやるべきことを話し合った。

「マンチェスターでの取材をコーディネイトするので、スケジュールを出してくださいね。中田もインタビューを待っていますから」

プレミアリーグの試合日程に合わせ、私は四月二十五日から八日間の日程で中田の取材を行うことにした。次原は言った。

「中田には私たちにしか言えないことがある。でもその反対に、取材だからこそ打ち明けられる話があるかもしれない。ぜひ、中田の気持ちを存分に聞いてきてください」

私は次原の言葉に応えたいと思いながら、同時に中田の口から引退という言葉を聞くことが少し怖かった。

2 マンチェスターでの取材

ゴールデンウィークの直前とあってロンドン行きの飛行機はどれも満席だった。キャンセル待ちのリストに名前を載せてもらい待つこと数日間、ようやく四月二十五日午後一時十分発のブリティッシュ航空008便に座席を確保した。

○五年七月十一日に地下鉄とバスを狙《ねら》った同時多発テロが起きたロンドンでは、アメリカと同じく旅行者に対する検査や機内への荷物の持込みが厳しくなっている。ロンドン在住の友人にそう聞いていた私は、いつもより余裕を持たせ早い時間に成田空港でのチェックインを済ませることにした。

空港での待ち時間に資料をまとめたファイルとノートを読み返す。ノートに挟んだプレミアリーグの日程表を何度見ても、中田に残されたゲームはあと三試合だけだ。

十二時間のフライトを経てヒースローに到着し、その夜はロンドンに一泊。翌朝、ロンドンの中心部からサー・リチャード・ブランソンの経営するヴァージントレインに乗車し、二時間半もするとマンチェスター駅に到着した。

この取材のコーディネイトをしてくれたフジタは、すでに一週間ほど前からマンチェスターに入っており、私が宿泊するホテルまで予約してくれていた。

タクシーに乗り指定されたホテルの名を告げると十五分ほどで到着。そこは近代的な四ツ星ホテルだった。お昼を過ぎたばかりにもかかわらずチェックインが許される。私はすぐに部屋の電話の受話器を取ってフジタの携帯の番号を押した。電話に出た彼女に到着を告げると、翌日からの取材のスケジュールを説明してくれた。

「二十七日にはマサ（小林）とタカ（山本）に話を聞いてください。二十八日の午後には中田がインタビューに応じます」

その晩は外出することなく、駅で買ったサンドイッチをかじりながら、中田のプレミアでの出場記録や日本代表ワールドカップアジア地区予選の戦績などを見て過ごした。

イギリスに来てから三日目、マンチェスターは雲ひとつない晴天に恵まれていた。午前中、中田が選手として過ごす最後の街を散策する。ロンドンには十数回も訪れているがマンチェスターは初めてだった。吹く風はまだ冷たかったが、春の訪れに大勢の人々が街に繰り出していた。澄んだ空気に気分まで晴れやかになる。

イングランドの北西部に位置するマンチェスターは国内有数の工業都市である。十八世紀末から十九世紀初頭にかけて起こった産業革命の中心地のひとつだった。巨大な工場に設置された織機を使い綿織物を量産したことで、マンチェスターは類《たぐい》まれな繁栄を見る。

現在その都市は音楽とサッカーの都として注目を集めていた。八〇年代以降、ザ・スミス、ストーン・ローゼス、オアシスらを輩出した街には、インディペンデントのレーベルやレコーディングスタジオが点在し、ストリートミュージシャンがあちこちに立って明日の成功を目指している。

そして、サッカー。世界的な有名選手を有するマンチェスター・ユナイテッドと、マンチェスターの労働者階級に人気が高く「真のマンチェスター市民のクラブ」といわれるマンチェスター・シティのホームタウンであり、ロンドンと並ぶ熱狂的なファンを有している。

中田が所属するボルトン・ワンダラーズFCもマンチェスターに隣接する街ボルトンにある。プレミアリーグの渦中にいる中田は、この街での暮らしをどう思っているのだろうか。


午後からは小林と山本に会う。待ち合わせたのは、宿泊するホテルの二階にあるカフェラウンジ。午後二時に姿を見せた小林は、連日、大変な忙しさだと言って笑顔を見せた。

「実は、引越しの準備に追われているんです。自分の家の引越しもありますし中田の引越しもある。マンチェスターの家の家具などはこちらで処分する予定です。フィレンツェにもまだ自宅が残っていて、そちらの引越し準備はイタリアにいるモラーナが担当しています。プレミアリーグが終われば中田はすぐに帰国するでしょうし、そこで僕の仕事は終わりです。もう、プレミアリーグ最終戦まであと二週間を切っていますから、徐々にうちの荷物は日本へ送っているんですよ」

中田の引退はワールドカップ後だが、彼の欧州チームは五月七日の最終戦をもって解散となる。私は小林に、中田の引退について率直な感想を述べて欲しいと言った。小林はそのときのことを振り返る。

「サッカーを完全にやめてプロ選手から引退すると聞いたときには、やはり驚きました。中田と過ごす時間が最も多いのは僕だと思います。マンチェスターにいるときには自宅で料理を作り、二人で一緒に食べますから。そうしたとき『サッカー生活の最後に、また別のリーグに行ってみたいな』と話したこともありました。僕は、イタリア、イギリスと移籍して次はフランスがいいですね、などと軽口を叩《たた》いていました」

小林にとって中田と過ごした七年間はどのようなものだったのか。彼は遠方を見るように目を細めて言った。

「本当に良い経験をさせてもらいました。海外で仕事がしたいという夢を叶《かな》えてもらったんですから」

小林はマネージャーになる以前、パークハイアットのコンシェルジュだった。

「僕はホテル勤めをしながら、いつかは海外で仕事がしたいと思っていました。そこへ、中田の個人マネジメントをしないかと誘いがあったんです。でも、まったくサッカーに興味がなかったので、積極的に名乗り出たというわけではなかったんですよ」

しかし、中田や次原にとってはサッカーに興味がないことが好都合だった。次原から見れば、中田に対して熱狂することも色めき立つこともない小林は適任者に思えた。

「最終面接をしてくれたのは社長の次原と、作家の村上龍《むらかみりゅう》さんです。合格だと言ってもらったとき、イタリアで働けるのだからやってみようとお引き受けしました。僕が二十七歳のときですね」

中田の日常をサポートしながら多くの時間を過ごした小林は、まったくと言っていいほど中田とサッカーの話をしなかった。

「サッカーについてなんの知識もないし、僕が語れることなど何もない。ヒデさんも僕にはサッカーの話はしません。話すことといえば、本当に月並みな世間話です。彼は、どんなときでも穏やかでしたよ」

小林が中田の苦悩を垣間《かいま》見る瞬間はなかったのか。私の問いかけに小林は即答した。

「ほとんどありません。ただ、移籍の季節になると自宅にいても緊張した空気が漂ってはいましたね。

今日、移籍先が決まるかもしれないと言われ、どのチームに移るのだろうと待っていると、夜になってその話は流れた、と伝えられることもあったんです」

小林が移籍の話に口を挟むことはなかったが、一夜で人生が一変してしまう緊迫感に中田が繰り返し苛まれていたことは思い知っていた。

イタリアにいる間に結婚し子供も誕生した小林は、あと半月ほどで日本へ帰国する。かねてからの夢であった海外で店を出すための準備にとりかかるという。

「この仕事に就いた期間は、僕の人生の中でも特別な時間になりました。日本にいては経験できないことを数々体験できましたから。これまではクライアントである中田をヒデさんと呼んでいたんですが、今度友人として会ったらぜひヒデと呼んでみたいですね」

今でもサッカーにはまったく興味がない。

「ドイツでのワールドカップにも行きません。テレビですら観ないでしょう」

そう言った小林の表情に翳《かげ》りはなかった。

午後四時、小林と入れ替わりで山本がラウンジに現れた。髪を短く刈った山本は、穏やかな笑顔を浮かべていた。

「直接、引退を聞いた瞬間の気持ちを思い出していただけますか」

私がそう聞くと、山本は組んだ手を見つめ慎重に言葉を重ねていった。

「そういう日が遠くない未来に訪れることは分かっていたし、騒ぐようなことはなかったんです。ただ本心を言えば、『ワールドカップが終わったら引退するから』と告げられた、そのときには、このまま辞めてしまうのは惜しい、まだまだやれるのに、そう思いましたよ」

このとき、中田は引退を決めたと告げただけで、山本にその理由を詳しく説明することはなかった。中田は〇四年から〇五年初め頃まで、グロインペイン症候群という股関節《こかんせつ》の痛みに苦しんできた。サッカー選手にとっては職業病ともいうべきこの症状には特別な治療法はなく、体を休めることとマッサージでコリをほぐすことが最も有効な治療法とされている。

練習を休むことを拒絶した中田は、強烈な痛みを伴う腰や脚へのマッサージを進んで受け、この症状を克服したのである。

「僕も日本人の親しい医師に指導を受け、またイタリアのトレーナーたちにも相談し、グロインペイン症候群について、ずいぶん勉強しました。中田には、痛みを和らげるために相当強いマッサージを施しましたよ」

山本は、中田の身体記録や医療記録、トレーニング記録のファイルを日々書いていたが、そこにグロインペイン症候群のファイルも加え、中田の症状と経過を記していた。

「一番酷《ひど》い時期には走ることはおろか歩くこともままならなくなったんです。それでも中田は練習を休まず、毎晩、声をあげるほど苦痛を伴うマッサージに耐えていた。彼の我慢強さと根気があったからこそ症状は回復し、〇五年の後半には完全に復調したんです」

二十代後半とはいえ身体的なコンディションは好調時のそれに戻っていた。

「中田が痛みに苦しんでいる時期にも、彼なら絶対にこの状況を克服できると信じていました。そして、中田はもう一度、ピッチを思いっきり走れる体を作り上げた。練習が終わり中田の体に触れるたびに思っていた。選手としてのピークをもう一度迎えられる、と。そう思っていたので、引退するには早すぎる、という気持ちになったんです」

中田の肉体のすべてを両の手のひらで知る山本は、専属トレーナーとして中田という才能がピッチから消えてしまうことに衝撃を覚えていた。

山本は中田から告白を受けたその夜、このまま黙って引退を受け入れることがはばかられ、メールで中田に問いかけたのだという。

「引退の本当の理由はなんなのか、と書きました。すると、彼はすぐに返事をくれた。そのメールは彼らしい言葉で書かれていました。まず、今の自分のプレーが理想から離れてきてしまっている、ということ。自分のイメージするプレーができていないと感じ、それにストレスを感じていたんです。そして、現在のサッカーは勝つことに固執するばかりに、戦術を蔑《ないがし》ろにする。そのことに失望している、とも書いていました。サッカーの美学や、その戦略が忘れ去られていることに落胆していたんですね」

山本は、そのメールを読んで納得せざるを得なかった。

「中田英寿という稀代《きたい》の選手が、自分のサッカーを真剣に考えたうえで出した答えだったのですから、軽々しいものであるはずがない」

山本は中田がサッカー以外の世界に羽ばたきたいと願っている気持ちも感じ取っていた。

「僕がイタリアに来たのは中田がローマに移籍したのと同時でした。その頃は明るかった彼が、パルマに移籍してしばらくしてから感情を表に出さず押し込めるようになったんです」

パルマではチームの示す戦術と中田の考えるサッカーが異なり、また監督との軋轢《あつれき》もあって、中田は懊悩《おうのう》の日々を過ごさなければならなかった。

「チームで練習していてもあまり口を利かない。僕とクラブに車で一緒に行くときでも、マッサージをするときでも、まったく言葉を発しないこともあった。あの頃は、計り知れないストレスが彼を取り巻いていた。彼の苦しみは、想像を絶するものでした」

山本は中田がそうした重圧から解放されることに、親しい仲間として安堵していた。

「中田なら、新しい世界でまた必ず成功して、僕らの前に現れると思う。そのときが楽しみです」

山本は、中田が導いてくれた海外生活は、自分の人生を大きく変えたという。

「欧州のクラブとそこに集う選手たちのレベルは高い。ドクターやトレーナーの考え方や治療の方法なども、日本とは違っていて物凄《ものすご》く勉強になりました。世界を教えてくれたのはヒデですからね、感謝しています」

五月七日の最終戦が終われば、山本も帰国の途に就く。

「僕も一旦《いったん》は単身赴任が終わるんで、ほっとしています」

熟練した腕を持つトレーナーとしてイタリアでも実力を認められた山本は、今後の仕事については思案中だった。

「今後も、欧州のクラブチームで専属トレーナーをやってみたい気持ちもあるし、日本に戻って治療院を開くという選択もある。日本代表のトレーナー、並木さんが、日本でやればいいと誘ってくれているんです。プレミアリーグが終了したら一旦日本に戻るんですが、ドイツには日本代表の試合を応援に行きます。仕事のことは、そのあとでゆっくり考えようと思っているんですよ」

「この六年は、長かったですか」

私の問いかけに山本が答える。

「いや、短かったですね。イタリアに渡った二〇〇〇年が昨日のことのように思えますよ」

私がイタリアに取材に行くたびに中田とともに迎えてくれたマサとタカ。彼らもまた、中田の引退によって新たな一歩を踏み出すことになった。

四月二十八日、午後一時半。約束のラウンジに行って待っていると、まずフジタがやって来た。先に到着した彼女は、中田は先ほどクラブでの練習を終えたはずで、約束の二時にはホテルに到着すると伝えてくれた。

中田の住まいはホテルのすぐ隣にある高層マンションの十四階だ。小林や山本の自宅もそれぞれすぐ近所にあり、彼らは数分で行き来できる一区画に住んでいる。

フジタは、マンチェスターには二度と戻らないことを決めていた中田のため、帰国前に済ませなければならないすべての雑事をこなしていた。その他、帰国してから予定されているスケジュールについての打ち合わせもある。

「面倒なミーティングにも、中田はきちんと付き合ってくれるので助かります。前節のホームゲームで活躍したので、とても楽しそうですよ。私は中田の活躍する姿を見ながらスタンドでも泣いてしまって……。またか、と呆《あき》れられてしまったんですけど」

フジタの顔には、安堵と疲労が混在して見えた。

「私は黙っていますので、どんなことでも聞いてくださいね」

フジタの声に押され、私は中田に引退の真意を聞く覚悟を新たにしていた。

午後二時、約束の時間にラウンジに姿を見せた中田は、携帯電話で誰かと話をしていた。イタリア語でも英語でもなく、気のおけない調子の日本語だった。通路で立ち止まっての会話は三分ほど続いた。

電話を切った中田は足早に席に着き、ゆったりとソファーに腰を下ろした。漆黒のサングラスを外すと、そこにはよく陽《ひ》に焼けた顔があった。

「今日、母親の誕生日でね、実家に電話していたんだ。よろしく言っていたよ、甲府の家に遊びに来てだってさ」

私は中田の母親の顔を思い浮かべていた。彼がベルマーレ平塚に所属していた九六年から九八年、ホームゲームのあとで中田と食事をする機会がたびたびあった。平塚競技場の近所のファミリーレストランや和食の店で、彼の好きなハンバーグ・ステーキや日本蕎麦を食べるのだ。私はその店で、当日のゲームを振り返る中田から、自らが目指すサッカーの形を聞かされていた。

食事の席には友人や家族が一緒で、私は何度となく彼の母親とも顔を合わせた。母親は私に、彼が子供の頃のことや、中学・高校時代の様子をつぶさに話してくれた。子供の頃から自立心が強く一度決めたら梃子《てこ》でも動かないその性格を語りながら、「うちの子は一筋縄ではいかないですよ」と、彼を取材する私を慮《おもんぱか》った。

あるとき、中田が自分の皿に盛られた野菜を箸《はし》でつまみ、母親の皿に移していたことがあった。母親は、中田が離乳食の頃から野菜が嫌いで、無理に食べさせるとぐったりとして具合が悪くなったことを教えてくれた。私は、あの頃の無邪気な中田の顔を思い浮かべていた。

「お母さんには、もう引退のことを話したの？」

そう聞くと彼は微《かす》かに目を伏せた。

「いや、話していない。まだ知らないいんだ」

中田は丈の短い純白のセーラー調ジャケットを着て、ヴィンテージのジーンズをはいていた。

中田に会うのは九カ月ぶりだった。〇五年の七月、オフシーズンにフィオレンティーナがジャパンツアーを行い、長居《ながい》スタジアム、広島ビッグアーチ、味の素スタジアムで三試合を戦ったのだが、その際、私は広島に出向き宿泊先のホテルで中田にインタビューをしていた。そのときよりもほっそりとした印象だ。

「痩《や》せた？」

鍛えられた筋肉がすっかり隠れているうえ、褐色に焼けた顔は以前より小さく見えた。

「いや、変わらないよ。練習して、ゲームに出て、走り込んでいるから体は絞れているかな」

〇六年に入っても先発フル出場のチャンスを与えられていなかった中田は、四月十七日と二十二日のゲームでは九十分を戦いきり、チームの主軸として頼られるようになっていた。

「チームは負けたり勝ったりだけど、やっぱりフル出場は気持ちがいいね」

中田は明るい顔でそう言った。二十二日、チャールトン戦の中田は素晴らしい出来だった。それまでの数試合とは大幅にメンバーを入れ替えたボルトンは、中田をはじめとする中盤を軸として華麗なパスワークを見せ、4―1で圧勝したのだ。

「いつもはボールを持ちすぎで、前線へロングボールを放《ほう》り込むしかなくなるんだけど、チャールトン戦はシンプルにワンタッチ、ツータッチでパスを回せたんだ。ショートパスがつながったから、ここぞというときのロングボールも効果的に作用した。おれはボルトンで、あのサッカーがやりたかったんだよな」

「本当にボルトンはいいサッカーをしていたよ」

そう相槌《あいづち》を打った私は、不思議な気持ちになっていた。引退という重大な決断と、ゲームについて語る中田の軽やかな表情が一直線に結びつかない。

中田は、野菜抜きのハンバーガーとフレンチフライとコーラを注文し、ここで遅いランチを摂るよ、と私に告げた。

さあなんでもどうぞといったふうに質問を待ち受ける中田に向かって、私は八週間近く胸にしまってきた思いを言葉にしていた。

「ワールドカップのあとに引退するというメールをもらってから二カ月近く。その決断が安易な気持ちから導き出されたものでないことは分かっている。でも、本当に引退してしまうの？　その気持ちが今後、変わることはない？」

ラウンジのガラス張りの窓から差し込む強い日差しが、中田の横顔を照らしている。穏やかな表情のまま、彼は自分の気持ちを言葉にし始めた。

「もう自分の中では結論が出たことなんだ。それが変わることはない。プレミアリーグを戦い終え、ワールドカップに挑む。そこでの戦いが終わったら、おれもサッカー選手ではなくなるよ。九十八パーセントは決めている」

百パーセントに満たない残り二パーセントの理由は、次原に聞いたとおりだった。

私は、自分の気持ちを素直に語る中田に対して単刀直入であるべきだと感じていた。直接中田から引退の意思を聞けば既成事実になる。そのことに微かな恐れを感じながら、私は率直に質問をぶつけたのだった。

「引退を考えた時期はいつ？」

「決めたのは去年の十二月かな。でも、〇五―〇六シーズンが始まって二カ月ぐらいして引退という選択肢はあるな、と考えだした」

「決断に至る原因は?」

私はただ中田の返答を待っていた。

「そうだね、もちろん引退を決めた理由はあるよ。でも、これだとひとつに絞れるわけじゃない。いくつものことが重なって出た答えだから……」

その、いくつもの原因をできる限り話して欲しい、そう告げると中田は食事の手を止めて話し始めた。余力を残して引退を決意したかに見えるのは事実だ。私は、彼の話に息をひそめた。

「まずひとつは、ここ数年サッカーを楽しむ環境が非常に少なくなってきているということ。自分の中で、なぜサッカーをやっているのかと、疑問を感じることがときどきあるんだ。これまでは、ピッチで美しいプレーを見せるんだと、どんなときも強い野望を抱いてきた。しかし、ここ数年はそんな気持ちを保つことが難しくなっていた」

そして中田は、プロであることをやめる決定的な理由に触れた。

「おれがこだわってきたのは、サッカーでもサッカー以外のことでも、何に関しても全力でぶつかって絶対に手を抜かないっていうこと。たとえば、ファンから『頑張っている姿に勇気をもらえた』と言ってもらうでしょう。もちろんそれは嬉しいんだけど、ここ数カ月、本当にぎりぎりまで力を出し尽くして戦っているのか、と疑問が湧くことがあった。これまでだったら、練習場に行くと、とにかく自分を追い詰めて、追い詰めて、本当に倒れる寸前までやろうって思っていたし、走っていた。でも、最近、その気持ちはあっても、体調のことを考えたり、翌日の疲れを考えたりして突っ走る自分をセーブしようとする気持ちが生まれるんだ。そう思うことが、物凄く嫌だった」

自分自身を追い詰められない気持ちを感じ取ったとき、中田は自分を嫌悪した。

「一度妥協を始めたら、何か人生においてずっと妥協をしてしまうんじゃないか。そういう怖さが自分の中にあった。サッカーにおいて少しでも妥協するくらいなら、やめたほうがいい。経験も重ねて、年齢も経ているわけだから妥協も必要だ、という意見もあるかもしれない。ただおれの中では、妥協を許さない自分がいるわけで……。やっぱり自分に正直に生きていきたいしね。それで、自分を追い詰められなくなる前にピッチを去るべきだ、と思ったんだ」

自分を追い詰められないと危惧《きぐ》する理由は体力や気力の衰えなのか。それでは中田の体を最もよく知る山本の話とは符合しない。中田は懸命に自分の感覚を言葉にしてくれた。

「今の状態でなら、プロ選手としてやっていくことはできると思う。体力が急激に衰えたとか、気合が入らないとか、そんなこともないよ。でも、今のままならプレーを続けられるということとは、まったく別の問題なんだよ。自分が本当に百パーセントやれたと感じ、チームの仲間やファンも納得させるプレーがあってはじめて、おれがサッカー選手である意味がある。ギリギリの戦いができないのなら、それはおれのスタイルじゃない」

自分のスタイルを貫くことができなくなる瞬間を想像してしまう。だから、引退する、と言うのだ。

十代の頃も二十代の前半も彼はこう話していた。

「頑張ることなんて当たり前で、プロならそれが最低条件だよ」

百パーセントであることは当然であって、特別なことではない。そう考えていた彼は常に百二十パーセント、百五十パーセントの力で戦うことを自分に強いてきた。

「全力以上の力を出すことが難しくなってきた？」

「もちろん、ピッチに立てば全力を尽くすよ。でも、すべての時間においてサッカーのことだけを考え、自分をこれまで以上に追い詰めていけるのか、と考えれば、それは難しいかもしれない」

中田は理想のサッカーとそれを追い求めることの可能性について語りだした。

「イタリアで七年プレーして、イギリスに来た。セリエAでもプレミアでも最高のサッカーを体験し、素晴らしい選手たちのプレーに触れて、頭の中では理想のサッカーができあがっているんだ。その理想のプレーをおれは体現しようと走り続けているんだよ。ところが、この数カ月、ふと考えることがあった。どんなに走っても、現実のプレーが理想とするプレーに届かないのではないか、と」

彼の語気が強まった。

「おれの頭の中でイメージするプレーは日々、進化するんだよ。自分にはその体力もあるし、理屈も分かっているんだ。だけど、実際プレーすると、そこには誤差が出始めていた。その誤差は、縮まるどころか開く一方だ。頭の中で進化し続ける理想のサッカーに自分は到達できない。そう思ったときおれ自身への失望があった。この失望を感じたときに、プロから引退すべきだという答えが導き出されたんだよ」

中田はそれをこんな譬《たと》え話にした。

「たとえば、アインシュタインの相対性理論。本を読んだりすると、なるほどそういう理論かって、分かるような気になるじゃない。頭ではそういう世界があると理解できる。でも、実際には到底実証することはできないでしょう。そんな感じなんだよ」

中田を一言で評するとすれば、それは「完璧主義者」だ。自分に対する厳しさはJリーグ一年目も欧州に渡って八年目の今もまったく変わりがない。日々の練習でも、シーズンを戦ううえでも目標のハードルは常に高くしてあった。そうした姿勢をここまで貫いたからこそ、中田は現在の場所に立っている。

そんな中田には、他人の評価や判断は無関係だ。周囲がどんなに「やれる」と彼に言っても、その基準となるものさしが端《はな》から違うのだ。

「完璧を求めるがゆえの苦しみがあった……」

ノートに目を落とした私の呟きを聞いて中田が言った。

「確かに、おれは自分のことを完璧主義者だと思っている。だから、自分で築き上げたものが時とともに崩れてしまうのなら、おれは自分自身でゼロに戻したい」

私は頷くことしかできなかった。常に完璧を求めた中田は、練習でもゲームでも全力を出し切っていた。だからこそワールドカップ出場やイタリアへの移籍を成し遂げることができたのだ。しかし、完璧であるがゆえ、彼はわずかでも衰えていく体力や緩んでいく気力を認めるわけにはいかなかった。

つまりこの引退は、中田という強烈な個性が導き出した稀有《けう》な結論なのである。中田以外の選手なら、引退という選択には至らなかったろう。

私は「彼を受け入れることが私たちの仕事だ」という次原の言葉を思い出していた。

中田は、出されたハンバーガーの上と下のバンズにたっぷりとケチャップを塗っている。同じしぐさを以前にも見たことがあった。

「好物は十年前も今も変わらないね」

私の言葉に中田は、飄々と答えた。

「おれは好きな物も、サッカーへの考え方も、生き方のスタンスも、ずっと変わっていないよ」

知っている。彼は、前言を撤回したり人によって言うことが違ったりしたことがない。中田の信条は、絶対にぶれないことだ。

他人には容易に理解できない、しかし、中田の中では確固たる引退の理由を聞いた私は、むしろ冷静に質問を続けることができた。彼を前に、過去を振り返ることが無益だとは知っていたが、敢《あ》えて聞かずにはいられなかった。

「このクラブに移籍をしなければ、もしくは、この監督のもとでプレーしなければ、引退への道が遠のいていた、という可能性はない？」

私はそう言いながら八年の時間を一気にさかのぼっていた。中田は、九八年七月ペルージャへの移籍を皮切りにローマ、パルマ、ボローニャ、フィオレンティーナ、ボルトンと六つのビッグクラブへの移籍を成功させている。

セリエAのデビュー戦で2ゴールを決めた中田は、多くのクラブから移籍を嘱望され、代理人たちの話題の中心にいる選手となった。二〇〇〇―〇一シーズンにはローマの優勝に貢献した日本人プレイヤーとして歴史にその名を刻んだ。

イタリアばかりか欧州の優秀なミッドフィルダー（MF）と並び称されていた中田は、〇一年七月に背番号10の重責を負ってパルマへ移籍すると、ついにゲームメーカーとして君臨すると思われた。

しかし、パルマでは「自分が思い描くサッカーができない」と苦しんだ。監督が示唆するポジションやプレーを受け入れられず、ベンチを温める時期もあった。中田は言った。

「多くの選手は素晴らしいサッカーと勝利を求めて移籍する。しかし、移籍をすれば思い描いていた状況と違う場合だってある。いや、クラブやチームの状況は刻々と動いていて、自分がどんな状況に置かれるのか、先のことは分からないと言ったほうが正しいね。要するに、どんな移籍にもリスクが伴うんだ」

中田自身、大きな成功の陰で重圧や苦痛を経験している。

「監督の目指す戦術と、おれの考えが合わないことがある。おれがやりたいサッカーと実際チームがやっているサッカーのスタイルとが合わないこともある。もちろん、上を目指してチームを移るんだけど、想像していたのとは違うこともあるよ。それが移籍だ。これはおれだけのことじゃない。移籍を目指す選手全員に言えることだよ」

それでも彼には移籍が必要だった。

「おれにとって過去の移籍は、結果はどうあれ絶対に必要だったんだ。これまで移籍を繰り返してきたのは、自分の考えるサッカーをピッチで繰り広げたい、と思ったから。そのための環境を求めてのことだよ。でも、どのチームに行ってもパーフェクトだなんてあり得ない。チームが低迷していれば監督が代わるし、怪我に苦しめられ治療しながら戦わなければならないこともある。何かしらの不安要素は、誰にでも生まれるんだよ」

○四年七月にパルマから移籍したフィオレンティーナでも、監督の指示に戸惑い、中田は思いきり自分のサッカーを築き上げられないフラストレーションを抱えていた。

私は○五年二月に中田から送られてきたメールを思い浮かべていた。冗談めかしてはいたが、フィオレンティーナで四苦八苦していることが記されていた。

クラブがチーム作りのコンセプトを持たず、選手の獲得や監督選びまで場当たり的なことに苦々しい気持ちを抱いていた中田は、そのメールに移籍の可能性を示唆する本音も覗かせていた。

〈おれはもう七年もイタリアにいるんだ。イタリアのサッカーの素晴らしさを思いながら、他のリーグに行けばどんなサッカーが待っているのかと、考えることもある〉

その〇四―〇五シーズンが終わると中田は、ついに新天地を目指す。〇五―〇六シーズンにはプレミアリーグのボルトンで戦うことに決めたのだ。

しかし、シーズンが始まっても中田の目指すサッカーはピッチ上になかった。

「最近ようやくパスがつながってきたけど、シーズンが始まった頃のボルトンの戦術は、残念ながら、おれの理想とするサッカーではなかった。中盤から前線に向けてロングボールが放り込まれると、まるでラグビーのように全員が走り始める。スペースを活かして短いパスを素早くつなげることなど、誰も考えていなかった」

私は、マウリッツィオ・モラーナから、次のような話を聞いていた。中田がボルトンへの移籍を決断したのは、単にセリエA以外の世界を求めたからではない。エージェントのブランキーニに持ち込まれた話が、「ゲームメイクができる質の高い中盤を求めている」というものだったからである。ボルトンはコンパクトにパスをつなぐスピードあるサッカーを目指し、チームを再構築すると言っていた。生まれ変わるチームのゲームメーカーとして選ばれたのが中田だった。彼がイタリアからイギリスへ渡ったのにはこうした背景があった。

中田にそれを聞くと、彼は頷いた。

「確かにそうだよ。おれが移籍を決めるときに一番重要なのは、そのクラブがどんなサッカーを目指しているか、だから。ボルトンへ移籍するときにも、話し合いの段階ではコンセンサスが取れていたんだけど……。でも、実際には中盤でパスを回し攻めていくサッカーはほとんどしなかった。中央にフリーなスペースがあっても、それを活かすパスを出さず、ロングボールに頼ってしまう。それがプレミアサッカーのスタイルだからしょうがないと言う人がいるけれど、おれはそうとは思わない。マンチェスター・ユナイテッドやチェルシー、アーセナルやリバプールのプレーには、タフな当たりとともにきれいなパスの連携がちゃんとあるでしょう。中盤でのパスの交換があるから、プレミアの特徴であるロングボールからのカウンター攻撃だって活かされるんだ」

では、もう一度自分が目指すスタイルのクラブを探し、交渉し、移籍することはできないのだろうか。

「もちろん仮定の話でしかないのだけれど、もう一度、違うクラブ、違うリーグに行く選択肢はなかったの？」

私の問いかけに中田はあっさりと首を振った。

「次にプレーするなら、スペインリーグがいいかなと考えたことはあった。でも、同時に、移籍を繰り返してもまた同じことが起こるんじゃないか、と思っているのも事実なんだ」

自分の求めるサッカーに出会うために移籍を繰り返してきた中田。移籍には途方もないエネルギーを消費することを最も知っている日本人は、中田とそのスタッフだろう。

「もう、十分やった。ここまででいいんじゃないか。また同じことを繰り返すなら、ここで線を引こう。そう考えなかったといったら嘘《うそ》になるよ」

中田は所属するクラブで、戦術やプレーに関し、理不尽だと感じることがあれば、監督でも選手でも、納得がいくまで話し合っていた。

「プライベートはまったく関係ないよ。でも、ピッチの上でプレーするためには、意見を闘わせなきゃならないことがある」

簡単には納得しない頑なな態度が本気の表れだ。しかし、そんな彼の心に微かな変化が兆したのだという。

「この一、二年、納得できないことがあっても、なんとか折り合いをつけようとする自分がいたんだ。衝突することに疲れて、目をつぶってしまうことがあった」

このままいけば自己を主張せず、何にでも折り合いをつけてしまうかもしれない。中田はそのことを無性に怖がった。

「何事にも流される人間にはなりたくなかったのに……。今回の決断はプロサッカーをやめるためだけのものじゃないんだよ。人生に区切りをつけたいんだ」

中田は、ゼロに戻って自分に向き合いたいと思っていた。

「おれはさ、千キロを時速五十キロで走るなら、時速千キロで五十キロを走りたいんだよね」

とっさに返事ができず、私は、彼の顔を見返すだけだった。

しばらくの沈黙のあと、中田はやおらハンバーガーを頬張《ほおば》り、フレンチフライをその口に放り込んだ。彼に空腹を癒《いや》す時間をと考えながら、私は矢継ぎ早の質問をやめられなかった。

「サッカーはチームスポーツだけど、団体競技に疲れたこともある？」

「チームメイトとの関係は大切にしているよ。親友と呼べる選手もいるからね。ただ、選手によってチームワークの価値観が違うからね、ずっと一緒に行動していると疲れることはある」

「でも、サッカーを選んだ」

「本当だねー。矛盾している。でも、サッカーが好きになっちゃったんだから仕方ないよ」

愛嬌《あいきょう》のある声を聞いて、私はほっと息をついた。

中田の所属するボルトンは、イギリス人、ジャマイカ人、チュニジア人、オマーン人、フィンランド人、ナイジェリア人、日本人、デンマーク人、ギリシャ人、スペイン人、アイルランド人、セネガル人と、いくつものナショナリティが結集したチームだ。欧州のクラブでは珍しいことではないが、価値観や習慣やそれぞれの哲学を超えて理解し合うまでには忍耐や努力が不可欠であるし、障壁がないわけがなかった。

中田とはまったく違うバックグラウンドを持ちながら家族のように信頼し合う彼の代理人のことを、私は思い出していた。

「ところで、ブランキーニとはもう話し合ったんでしょう？」

「うん、もう何回も話し合っているよ」

以前、ブランキーニにインタビューしたときのことだ。彼は開口一番、サッカーに携わる者として中田を尊敬している、と言った。落ち着いた物腰の名士は、中田の代理人になれたことを誇りに思う、と語ったのである。

「ジョバンニとおれはどんなときも本心を語り合ってきた。コミュニケーションを欠かさなかったから、引退の気持ちも正直に伝えたよ」

そのブランキーニはなんと言ったのか。彼は中田に「引退を望む気持ちはよく分かる」と言い、同時に「結論を出す前に時間をかけろ」とアドバイスしていた。

「ジョバンニは、引退を決めることは簡単だ、と言うんだ。だからこそ、今すぐ決めることはない。もう少し考えてから結論を出せばいい、と言ったよ。とにかく何度も、そんなに急ぐことはない、ワールドカップのあとに次原やフジタと一緒に考えよう、と繰り返していた」

ワールドカップイヤーを迎え、この時期すでに「ボルトンの次」を考えていたブランキーニは、次原やフジタにはこう話していた。

「中田のプレイヤーとしての力は、今シーズンに入って完全に回復している。〇六年に入ってからは、体のキレもテクニックもさらに向上している。怪我に苦しみ、出場の機会に恵まれなかった時期は終わったよ。これからが大きなチャンスだ」

だが、そうしたブランキーニの思いと反比例するように、中田はサッカーへのモチベーションを急速に萎《しぼ》ませていた。中田はブランキーニに対し、言葉を尽くして引退へ至る気持ちを説明したのだと言った。

「おれは、サッカーをやめることを中途半端な気持ちで決めたんじゃない。目の前に気に入らないことがあるからやめるんじゃない。この先も続く自分の人生を考えてのことだよ。事実、引退の時期はずっと前から考えてきたことであるからね」

中田はコーラを一気に飲み干した。斜めになったグラスの中で氷がカラカラとぶつかり合った。

私はプレミアでの試合があと三つであることについて感想を聞いた。この三試合が終われば、中田に残されるのは日本代表のゲームだけだ。

「引退までのカウントダウンが始まった、という気分にはならない？」

首を傾《かし》げた中田は、なぜというように両手を広げている。

「そんなふうには考えない。いつもと同じように一試合一試合を全力で戦うだけ」

しかし、引退を知った私の狼狽や感慨を思うと、サッカー界を去る彼にファンが別れを惜しむ時間が必要だと思えてならなかった。

「たとえば、ドイツでのワールドカップが終わったら引退すると公言しているジダンは、レアル・マドリッドの最終戦後に引退のセレモニーを行った。フランス国民は、ドイツでの戦いがジダンをピッチで見る最後だと知っている。別れのための時間は、選手にもファンにも必要でしょう」

それは違うよ、と中田は頭を振った。

「考えてもみてよ。おれが今、引退の事実を告げたら、当然、マスコミはそのことを報じ続けるよ。練習をしても、テストマッチをしても、ドイツ大会の一次リーグを戦っていても、もし、決勝トーナメントに進めたとしても、すべて引退と結びつけて報じられるかもしれない。そんな混乱は、どうしても避けたいんだ」

中田らしい選択だった。彼の引退が一大イベントになりワールドカップの最中に大騒ぎされることを、彼は望んでいなかった。

中田は少し辛《つら》そうな声を出した。

「サッカーをやってきて、本当にたくさんのものを手に入れた。プロになり、日本代表に入って数え切れない恩恵を受けたよ。たくさんの人たちと出会い巨額の収入も得た。そうしたことには本当に感謝している。でも、分かってもらえないかもしれないけど、その逆に失ったものもたくさんある」

一年のスケジュールは完全に決められていて、個人の自由な時間はほとんどない。自分の感情を素直に表すことも難しくなった。

「今は、プロサッカー選手という立場を離れて、ただ一人の人間に戻りたい。そこから、自分には何ができて何ができないのか、傷だらけになってもいいから確かめたいんだよ」

中田の心に巣くった孤独が彼を新たな世界に羽ばたかせようとしている。その事実に、私はしばらく言葉を発することができなかった。

窓の外を見やった中田は、右手の甲で一向に弱まらない太陽光線をさえぎりながら言った。

「イギリスに来てからこんなに天気がいい日が続くのは初めてだよ。三日間も青空が見えるなんて、驚いている」

中田がイギリスに来て悩まされたことのひとつは、天気だった。

「こっちは天気が悪くて参ったよ。マンチェスターも雨が多いって聞いていたけど、ここまで酷いとは思わなかった。シーズンが開幕した九月は、雨ばかりだったんだ。秋だというのに息は凍って白くなる。冬になればその寒さは想像以上だった」

光を閉ざす鉛色の重い雲を見上げながら、中田はその上に広がる青空を何度も思い描いたという。

「こんなに快晴のマンチェスターを見られて本当によかったよ。そうじゃなければ、この街の思い出は灰色一色になっていた」

そう笑った中田は、六月のドイツの空にも思いを馳《は》せた。

「ドイツの天気はどうだろうね。ワールドカップを戦うなら、雨より晴れがいいよ」

取材のため滞在していたハンブルクのことを、私は思い返していた。

「以前、五月にハンブルクへ行ったときには快晴だった。風は冷たいし湿度は低いから、空気はひんやりしているんだけど、太陽の光は眩《まぶ》しくて、本当に爽《さわ》やかだった」

しかし、六月に入ると気温が上昇し灼熱《しゃくねつ》の太陽が照りつけた。北に位置するハンブルクの直射日光でも、うんざりするほどの暑さを呼び寄せた。

「ワールドカップが開催される六月には、ドイツは一気に夏になるかもしれないよ」

暑さはピッチで戦う者にとって最大の敵だ。そんなことを実感できない私の暢気《のんき》な物言いに、中田も鷹揚《おうよう》だ。

「おれは天気がいいほうが好きだから。雨より晴れてくれたほうがいいよ」

私はプレミアリーグの記録ノートを閉じ、ワールドカップ・ドイツ大会に関する資料を記した別のノートを開いた。話題は、中田の最後の戦いとなるドイツ大会へと移っていった。


日本代表のワールドカップ・アジア地区最終予選の試合結果や中田のコメントを記したノート。その最初のページに、私は、北朝鮮に勝利しワールドカップ出場を決めた翌日の〇五年六月九日、成田で行われた帰国会見での彼の言葉を書いていた。

「予選の最初から楽な試合はひとつもなかった。昨日の試合に勝って予選突破したことはよかったのですが、僕の目標はそこではないし、日本代表の目標もそこではないと思います。アジア予選突破は最初の地点でしかないわけで、このチームを見たとき、正直、現時点で本大会で戦って勝ち抜ける力はまだないと思います。そのためにはこの一年、ジーコのもとみんながレベルアップして勝ち抜けるチームになることが必要です。それが、三度目のワールドカップでさらに前へ進むために求められているんだと思います」

危機感を露にした中田の言葉を何度となく読み返した私は、彼にこう切り出した。

「決戦まであと二カ月半。日本代表がワールドカップ一次リーグをどう戦うか、マスコミでは希望的な観測がとても多い。第一戦がオーストラリア戦で、ブラジル戦が最後になったことが日本に有利に働く、という論調なのだけれど、本当のところ日本代表はワールドカップでどんな戦いをするんだろう？」

　奮い立った気力を敢えて抑えるように、くぐもった声が聞こえた。

「最終予選のときのまま変わっていなければ……、大ピンチだ。自分たちの持っている力を振り絞り、ぎりぎりの戦いをするんだという危機感を持てなければ、今回、三戦全敗の可能性だってあるよ」

「三戦全敗！」

　思わずそう言って私は口をつぐんだ。

「驚くほうがへんだよ」

　彼は静かに言い放つ。

「あと三週間ほどで日本代表の最終合宿が始まるよね。そこで、ばらばらだった選手が一堂に会して本格的な練習が行われる。それぞれが戦術を確認し合い、きっちりと意思の疎通ができるようにならないとね。Jヴィレッジの合宿で本当の意味の戦う集団になっていければいいんだけど……。チーム内でのコミュニケーションが疎《おろそ》かになれば、本大会でも窮地に陥るだろうし。オーストラリアや第二戦目のクロアチアには勝てるだろうなんて少しでも思っているようなら、日本はどん底に落ちるだろうね」

　中田は、日本代表がワールドカップで戦う集団になれるかどうかは合宿やテストマッチにかかっている、と言った。

成田の会見で、このチームは本大会で戦って勝ち抜ける力はまだない、と言った気持ちはまだ変わっていないのか。そう質問すると、中田はこともなげに答えを出した。驚いたことに、中田がワールドカップへ向けて抱いていた危惧は、ワールドカップ出場が決定した頃からまったく変わっていなかった。

「そうだよ。合宿でコミュニケーションを取って、日本がやるべきサッカーを全員で確認できるかどうかにかかっている。もし、最終予選を戦った当時のように、ピッチに立つ者同士がちぐはぐな意識のままでゲームに臨んだり、一気に追い詰めずに相手のペースに合わせたりすれば、日本代表はこれまでの前進を無にするほどの手痛い負けを喫するだろうね」

中田は、ドイツ大会が日本代表の挑む三度目のワールドカップであることを強烈に意識している、と何度も言った。初出場を遂げた九八年のフランス大会では、ワールドカップがいかなる戦いの場であるかも知らなかった。二度目の〇二年日韓大会は、自国開催によりアジア地区予選を免除されていた。ついにドイツでは、本当の意味でワールドカップの戦いを体感できる。

「これまで、世界各国の選手たちとピッチで競い合い、世界のレベルは肌で感じている。個人としても、チームとしても経験を積んできた。今まで以上の結果を求められて当然だし、あとは日本代表がどう戦うか、これからが勝負だと思うよ」

私の脳裏には、アジア地区予選の最中にもがき苦しんでいた中田の姿が浮かび上がっていた。

＊

〇五年七月二十九日、フィオレンティーナのジャパンツアーに参加していた中田は、宿泊先の広島プリンスホテルで二時間にわたるインタビューに応じてくれた。そこで、日本代表に車輪がきしむような不和があったことと、薄氷を踏むように戦ったアジア地区予選の内幕を明かしてくれたのである。彼の表情は硬かった。〇四年二月から〇五年六月まで続いたワールドカップアジア地区の一次予選と最終予選の記憶は、彼を怒るハリネズミのように敏感にしていた。

ドイツへ向けた最初のゲームは〇四年二月十八日の一次予選のオマーン戦。オマーンのカウンターに苦しんだ日本代表は、ロスタイムでかろうじてゴールを決め勝利する。続く〇四年三月三十一日のシンガポール戦、FIFAランキング百八位の相手を攻めあぐねた日本代表は、三十本のシュートを打って二本しか決められず決定力不足を露呈させた。

二勝はあげたものの、その戦いはワールドカップ本戦で一次リーグ突破を目指すチームのものではなかった。

シンガポールを追い詰められずにゲームを終えた中田は、このままではドイツには行けないと危惧を抱いた。ロッカールームに戻ると、「こんなチームも、こんな戦い方も、最低だ！」と、声を荒らげこう続けた。

「もし、もう一度こんなゲームがあったら、ワールドカップなんてないぞ！」

何が冷徹な中田を激昂《げっこう》させたのか。中田からの答えはシンプルなものだった。

「勝利のためにはどんな状況をも潜《くぐ》り抜ける強いメンタリティーが必要なのにチームにはそれがなかったからね、そのことが信じられなかったんだ」

このチームの欠陥は気持ちの弱さにある。そう彼は思い続けていた。

「あの頃の日本代表は、勝ちたいという気持ちの芯《しん》を失っていた。選手ひとりひとりが、絶対に勝つんだという切なる思いを抱けないまま、ゲームが終わってしまったんだから。たとえ対戦チームがディフェンディングチャンピオンのブラジルであっても、ワールドカップに出場したことのないチームであっても、同じ気持ちで倒しに行かなければ、結果は生まれない。自信過剰に陥れば、危機感はすぐ消えるよ。慢心があれば、どんな相手にも刺されてしまうよ」

日本代表には驕《おご》りがあった。そう感じ取っていた中田は、同時に選手の心がばらばらであることを察知した。チームが共通認識を持たなければ、それは致命傷になる。

「攻撃でも、守備でも、チームが同じ意識を持てば選手の動きは連動するはずだ。ところが、みんなが何を考えているか分からなかった」

中田は、このチームがワールドカップに出場するためには、自分の思いを伝え、また相手の思いを受け止めることが必要だと思っていた。

その後、過労が原因でグロインペイン症候群に見舞われた中田は、およそ一年の間、日本代表戦を離脱する。中田が代表戦に戻ったのは、一年後の〇五年三月二十五日、アウェーのイラン戦の直前だった。

一年ぶりに代表合宿に参加した中田は、チームに緊張感がないことに閉口する。

「イランのアウェー戦の前だというのに、選手たちはこれ以上ないほどリラックスしたムードに包まれている。リラックスするのは悪いことじゃない。しかし、ワールドカップの最終予選で身が引き締まるような空気が感じられないなんて、信じられないことだよ」

ピッチに立った中田は激しい言葉を他の選手に浴びせかけた。中田はこのチームの課題を思い浮かべつつ走っていた。ボールに対するパスコースが少ない、ダイレクトプレーが少ない、ボールの奪いどころが不明確、プレスがまだまだ甘い、相手のファールをまともに受けすぎる――。修正すべき点をいちいち言葉にする中田の口調につられ、答える選手たちも大声で応戦した。
○五年三月二十三日、テヘラン市内のサッカー場で紅白戦を行っていたときのことだ。中田はプレーを止め、同じボランチの福西崇史《ふくにしたかし》とポジションやその動きについて激しく言い合っていた。その様子がテレビニュースやスポーツ紙で報じられると、日本代表は中田の復帰で一触即発の状態にあると騒ぎ立てられることになる。
「みんな、なかなか自分の考えを言ってくれなかった。だから怒鳴ったり、しつこく聞いたりしたんだよ。相手の意図がはっきりしないときには聞くしかないし、自分の意見も伝えなければならない。別に喧嘩《けんか》していたわけじゃないよ」

アウェーでのイラン戦はこの上なく厳しいものになった。イランの首都テヘランのスタジアムは千二百メートルの高地にあり、そこに詰めかけた十万人、しかもすべて男性の観衆が日本に重圧をかけ続ける。

日本はイランに先制を許し一点差を追う。後半、中田のクロスから福西のボレーシュートが決まって同点となるが、追加点をあげたのはイランだった。後半三十分、イランが二点目を入れ、そのままゲームは終了。勝てる可能性があったゲームを落とした日本は、このあと混迷を極めることになった。

とくに敗因とされたのは、ジーコが決めた4バックという布陣だった。「4バックだから守備が安定しなかった」「4バックによりDFラインの上げ下げがスムーズに行われなかった」「4バックが上手く機能しなかったためにDFとボランチとの間にスペースができ、イランの攻撃を助ける結果になった」という声が湧きあがる。マスコミはもとより、選手の中にも「4バックより3バックのほうが日本代表には合っている」と公然と批判する者がいた。

イラン戦の敗因のひとつが4バックにあると囁かれたとき、議論は飛躍して次のように展開していった。ジーコは中田に攻撃的なプレーを求め、日本代表に4－4－2のシステムを布《し》いた。しかし、それが成功しなかったのだから布陣を3－5－2に戻すべきだ。もはや中田は日本代表に不要なのではないか――、というものだ。

中田自身、チームに中田を疎外する空気が蔓延《まんえん》していることを察知していた。

「チーム内にそうした雰囲気があるのは感じていた。もちろん何か言われたわけではないけど、言われなくても雰囲気で分かる」

中田はこの時期、nakata.net にワールドカップ最終予選を勝ち抜きたい、完全燃焼したいと決意を綴り、そしてこう書き加えていた。

〈そんな自分が、今の日本代表の本当に障害になるのならば、（日本代表を）辞退してもいいとさえ思う〉

中田は最終予選当時をこう振り返った。

「チームメイトとのコミュニケーションがなかなか上手くいかないってことはあった。おれの言っていることが通じなかったし……、相手の言っていることもはっきり分からない。それで緊張が高まっていったのは事実。おれも優しい言葉で話していたわけじゃないし、そのせいで周りが感情的になってしまったかもしれないいな」

イラン戦のあと、ホームで〇五年三月三十日に行われるバーレーン戦。最終予選一勝一敗の日本代表は絶対に負けられない。中田はイラン戦直前の合宿以上に激しく声を発していった。

「とにかく、自分の考えを伝えたかったし、他の選手の考えを知りたかった。みんなには、チームに壁を作ってしまうのか、それともひとつにまとまって突き進むのか、と言いたかったんだ」

中田は、他の選手の動きや考えが分からなければ面と向かって「分からないんだよ！」と怒鳴り、「言いたいことがあればはっきり言えよ！」と詰め寄った。相手を怒らせてでもプレーに対する議論がしたかった。その思いはバーレーン戦で結実する。

ジーコが布陣を3－5－2に変更し、中田はボランチについた。チームの中には攻める意識が充満し、互いの動きを鋭敏に感じ合う空気があった。

トップ下に入っていた中村俊輔《なかむらしゅんすけ》が中央から左に走り、そこにできたスペースで中田がボールを縦に送る。距離を詰めたコンパクトなサッカーがいいリズムを作っていった。結局、バーレーンのオウンゴールが日本代表に勝利をもたらすのだが、プレーの小気味いいリズムがこのときできあがったのも事実だった。

〇五年六月三日のアウェーでのバーレーン戦、チームはこれまでにない安定感を見せていた。中田はここが肝心とばかりに練習初日から怒鳴りまくり、細かい指示を出していた。

「一対一で負けないこと、ボールを支配して攻撃を仕掛けること、そのための動きをみんなで徹底していた」

目を見張ったのは前半三十四分のプレーだ。中田の速攻ともいうべき鋭いスルーパスを受けた中村がダイレクトのヒールパスを、走り込んでくる小笠原満男《おがさわらみつお》へつなぐ。小笠原は、フェイントでバーレーンDFをかわし、ペナルティエリアの手前から先制ゴールを決めた。このコンビネーションこそ、中田が日本代表で目指したひとつの形だった。

「それまで、ツータッチでパスを回すことが多かったが、ああいうダイレクトなパスをつないだ攻撃はもっと増やさなければならないプレーだよ。ああしたプレーが随所に出せれば、〇二年より上を目指せる」

累積警告による出場停止でスタンドから観ていた〇五年六月八日の北朝鮮戦、日本代表は2—0で勝利し、世界で最初にワールドカップ出場を決めた。

しかし、中田は北朝鮮のペースに合わせてしまったプレーに憤慨していた。

「あの北朝鮮戦の内容は、相手を追い詰める意識が低かったし、悪い時期に戻っていたと思う。バーレーン戦とは明らかに違っていたからね。バーレーン戦ではみんな厳しくボールを取りに行っていたのに、北朝鮮戦ではまたルーズになっていた。せっかくチームが動きだしたのに、またピリッとしない空気が戻ってしまった。相手に合わせてしまって、自分たちの力を出し切らなかったでしょう。チームの中で常にコミュニケーションを取って、互いの意思を完全に伝え合うこともしていなかった。そこからミスが生まれる。これがこのチームの弱点なんだよ」

日本代表の弱点を心に刻んだ中田だからこそ、凱旋《がいせん》帰国した成田のホテルでは誰よりも厳しいあの言葉を発したのである。

フィオレンティーナのジャパンツアーの直前である〇五年六月十六日から二十二日、ドイツで行われたコンフェデレーションズカップで日本は善戦した。初戦のメキシコに敗れたものの、続くギリシャには勝利し、王者ブラジルに対しても2—2の引き分けに持ち込んだ。代表メンバーはこの結果に士気を高めていたという。

「決勝トーナメントには進めなかったけど、戦いに挑む気合がこれまで以上に充実していた。〇四年欧州選手権の覇者ギリシャには完全に力でもスピードでも勝っていたし、ブラジルにも逃げることなく立ち向かっていた」

しかし、中田はチームに内在する不安を払拭《ふっしょく》できたわけではなかった。

「コンフェデでは戦う意欲を見せられた。でも、アジア地区予選に見られたような危機感の欠如がぶり返せば、日本は弱小チームに逆戻りするよ」

ドイツ大会への出場を決めたすぐあとだというのに、蒼《あお》ざめた顔で代表の危機を説く中田に、彼がこれまでにない焦燥感を覚えているのではないか、と私は思っていた。

＊

ハンバーガーとフレンチフライをきれいに平らげた中田はリラックスして腕を組み、足を組んだ。日本に帰国してからのことを聞くと、話に熱がこもる。

「おれもあと三試合を戦えば、マンチェスターを引き払って日本へ帰る。そうすれば、頭も体も完全にワールドカップへシフトすることができる。実際、本戦を戦う力を結集できるかどうかは、国内合宿にかかっているからね」

一次リーグでストレート負けする確率も少なくないと語った中田は、同時に、Jヴィレッジで行われる合宿からが本番だ、という気持ちを持っていた。

「五月に入れば、ワールドカップに出場する二十三人のメンバーが決定する。絶対に負けないという気持ちを持てるかどうか、それが一次リーグを勝ち抜く鍵《かぎ》になる。合宿から一次リーグの第一戦まで、どうやって気持ちを高めていけるかだよ。戦い抜く体力をつけなきゃならないし、実戦形式のトレーニングも重要になる。とにかく、日本代表はスロースターターぎみだから、合宿で導火線に火がつくといいね」

私は、中田にジーコのことを聞いてみた。今まさに代表選手二十三名を選び出すために奔走している指揮官は、どんな言葉で中田を迎えるのだろうか。

「ジーコはきっといつもと変わらないよ。ただ淡々と、われわれがやるべきことをやろう、と言って練習するだけさ」

中田を日本代表に留めたのはジーコである。

「ジーコが監督でなければ代表は辞していた？　今でもそう思う？」

何度か聞いた質問にも、中田は同じ表情で答えてくれた。

「うん、そうだよ。ジーコでなければ、〇二年のワールドカップが最後になっていたと思う」

そのときの気持ちと経緯を彼自身が振り返る。

「〇二年六月十八日、宮城でトルコに負けて日本代表の日韓大会が終わった。そのとき、おれはもう代表に参加することはないだろう、と考えていたんだ」

原因はフランス人監督、フィリップ・トルシエだ。

「トルシエ監督のときにはいろいろと問題があったんだよ。ピッチでは監督である彼に従うことは当然だったけど、人間として、トルシエとおれの考え方の相違は埋められなかった」

中田は今でも口ではトルシエに関する具体的なエピソードを何ひとつ話さない。私がトルシエの人間性に疑問を投げかけても、中田はイエスともノーとも決して言わないのだ。

しかし、選手や協会スタッフから漏れ聞こえた話は、驚愕と失笑を堪えられないようなものばかりだった。

＊

たとえば、中田にまつわる話にこんなものがある。〇一年五月三十日から六月十日まで日本と韓国で行われたコンフェデレーションズカップでのことだ。セリエＡはシーズン終盤にあり、中田が所属するＡＳローマはスクデット獲得（優勝）に最も近いクラブとして首位を走っていた。ローマは、中田を日本へは行かせたくなかった。代表とクラブの板挟みになった中田の立場を明確にするため、中田とＡＳローマの監督カペッロと日本サッカー協会が話し合った。そこで「コンフェデレーションズカップの一次リーグだけ参加する」という取り決めがなされ、中田は代表に合流することができたのである。

しかし、日本代表が一次リーグを勝ち上がると、トルシエは「どうしても中田が必要だ」と騒ぎだし「帰国を認めない」と言い張った。波に乗った日本代表を慮った中田は、カペッロが待っていることを承知のうえで「七日の準決勝まで日本で戦う」と、ＡＳローマへ帰国予定の延長を申し出たのだ。

準決勝で対したのはオーストラリアだった。滝のような雨が落ちる横浜国際総合競技場（現・日産スタジアム）は水浸しとなりピッチは最悪のコンディションであった。が、日本代表の集中力が切れることはなかった。前半四十三分、このゲームのために残った中田がFKを直接相手のゴールに叩き込み、日本代表は1―0で勝利する。

ところが、トルシエは決勝点をあげた中田に握手を求めるどころか、「このまま本当に帰るつもりか！」とピッチサイドで詰め寄り、周囲から顰蹙《ひんしゅく》をかったのだ。

しかし、話はこれでも終わらない。試合後、ホテルのレストランで夕食を摂る際のことだ。中田はその晩、ローマへと発つことになっていた。食事をする時間はなかったが、チームのみんなに別れを告げたいと思った中田は、真っ先にレストランに駆けつけていた。しかし、なかなか全員が揃《そろ》わない。中田はみんなが集まるまでの時間を利用して部屋に戻り、荷造りし、そのまま飛行機に搭乗できるようにと私服に着替えた。

荷物を持ち、着替えた中田がレストランに行くと、そこにトルシエが現れた。帰り支度をした中田を見たトルシエは真っ赤になって怒鳴りだす。

「ここは日本代表のいる場所だろう。代表の選手は必ず決められた服を身に着けなければならない。お前も代表の選手だ。なのに、なぜ一人だけこんな格好をしているんだ。分かったら今すぐ部屋に戻ってジャージに着替えてこい！」

叫ぶトルシエにも顔色ひとつ変えなかった中田は、黙って部屋に戻ると代表のジャージに着替え、再びレストランに戻り、選手やスタッフに激励の言葉を伝えた。そして、静かに宿舎を後にしたのだ。

代表を取材する者たちの証言で浮かび上がったトルシエの中田に対する主たる気持ちは、どう考えても嫉妬《しっと》だった。中田が紅白戦やゲーム中にピッチの上で選手に身ぶりや大声で指示を出すと不機嫌になり、交代させると騒ぐ。また、中田が活躍し翌日のスポーツ新聞の一面に写真や名前が掲載されると、「なぜ監督のおれでなく、中田がヒーローになるんだ」と怒鳴り散らした。

つまり、トルシエは、歴代の日本代表監督の中でもきわめて直情型でエキセントリックな人間だった。のちに、日本サッカー協会会長の川淵三郎《かわぶちさぶろう》が「〇二年を戦う日本代表には、反トルシエという結束があった」と言うほどだった。

＊

中田は、監督としてのトルシエを認めていないわけではなかった。

「監督としてトルシエは求められた仕事をしたと思う。その才覚は十分に発揮されていたよ。日本代表に戦術を与え、日韓大会で日本代表はベスト16という結果も出した。それはトルシエの実力だと思っている。選手に言っていることも、正しいこともあったからね。監督としてはリスペクトしているよ。ただし……」

トルシエという人格が中田を苦しめていたのは事実だ。

「人間としては彼を尊敬できなかった。またあのストレスがもたらされれば、サッカーに集中することなどできない。同じような問題が起こる可能性があるのなら、代表には入らないほうがいい。そう思ったんだ。日本代表という結束の必要な場所で、サッカー以外のことで煩わされるのはどうしても耐えられなかった」

〇二年七月二十二日、ジーコが日本代表監督に就任する。代表に一線を画したいと考えた中田がジーコに会ったのは、〇二年十月十六日に行われるジャマイカ戦のため招集されたときのことだった。

「当時所属していたパルマから日本に戻っても、代表を辞退する気持ちは変わらなかった。でも、総務の湯川さんから『一度、ジーコに会って話したほうがいい』と、アドバイスしてもらったんだ。確かにそうだと思った。おれを選んでくれた監督だからね。それで、ジーコに直接会って自分の気持ちを伝えることにした」

「初対面のジーコの印象は？」

私の問いかけに中田は少し微笑《ほほえ》んだ。

「とても物静かな人だよ。カリスマであるはずなのに、本当に落ち着いた雰囲気を持っていた」

中田を前にしたジーコは、ポルトガル語の通訳を使わず直接イタリア語で話しかけてきたのだという。

「ジーコがイタリア語を話せることを知らなかったから驚いたよ」

八三年から八五年までセリエAのウディネーゼに在籍していたジーコは、イタリア語を自在に操った。

「代表監督とのコミュニケーションは最も大切にしたいものだ。ジーコと直接話せることはとても嬉しかった」

九八年に日本を離れた中田は、まったくと言っていいほどジーコとの接点がなかった。しかし、ジーコは中田に「いつもプレーを見ているよ。その力がこれからの日本代表には必要なんだ」と告げたのだった。

ジーコの言葉を聞いた中田は、素直になって話すことができた。以前の代表では監督とのコミュニケーションが上手くいかなかったこと、そして、そのことがチームにも自分にもプラスにならないのではないかと考えていることを伝えていた。

そうした懸念を抱いていた中田に、ジーコはなんと答えたのか。答える中田の表情が柔らかくなった。

「ジーコはまず、おれの気持ちを理解してくれた。監督との関係において問題があったのなら、それは本当に苦しいことだったろう。悩むのは当然のことだ、と言ってくれた」

中田の顔にはジーコへの信頼がそのまま浮かんでいた。

「そして、こう続けた。私には中田が必要だ。私は選手とのコミュニケーションを何よりも優先して大事にしているし、どんなことでも話し合える関係を作りたいと思う。思うことがあればいつでも話しに来て欲しい、と。おれはジーコの言葉を聞きながら、トルシエとの間に起きたことなど絶対に起きないと信じられた。この人となら、一緒に戦っていける。四年をかけてワールドカップを目指せる。そう思っていたよ」

中田はその場で代表の一員として戦うことを決めていた。

初めてチームで練習を行ったときにも、ジーコは中田に歩み寄り話しかけてきた。

「とても丁寧に、『今回はこういうプランでやっていこうと思う。チームの構想は、ひとりひとりを見て、話をしてから決めようと思う』と言ってくれた。彼と話をしてからは、ドイツを目指すための戦いが具体的なものになっていった。信頼があれば相手の意見も素直に聞けるし、もっとやってやろう、という気持ちにもなるよね」

その後、代表戦のたびに親交を深めた二人は、個人的にも連絡を取り合うようになる。中田はリオデジャネイロのジーコの自宅へも遊びに出かけた。二人の息子も紹介され、彼らとはメールを交わす仲になっていく。

「ジーコはもはや監督以上の存在？」

中田は両手を合わせ、爪《つめ》を短く切り揃えた指先をじっと見つめている。

「そうだね……。もちろん、代表にいるときには監督と選手という関係以外ではあり得ないよ。勝利だけを目指しともに戦っている。しかし、プライベートな時間ではジーコは特別な存在になる。尊敬する人生の先輩でもあるし、サッカーが大好きな友人同士だ。ドイツでの戦いが終われば監督と選手としての関係は終わる。でも、その先もずっと友人として付き合っていきたい」

自分を日本代表につなぎとめてくれたジーコのためにもドイツでは勝ちたい。クールに見えて実は情に厚い中田は、いつもそう考えていた。

私は、トルシエとジーコの指揮官としての違いを聞きたかった。トルシエは、自分の戦術に忠実な選手を求め、忠実に遂行させることに腐心した。一方のジーコは、実力のある選手を集め、個々の力を融合させ高度なサッカーを実現させようとしている。実際のところ、中田の目からはどう見えるのか。彼は端的に両者の違いを言葉にしてくれた。

「トルシエは常にオーダー（命令）する監督だった。日本人にとってトルシエは分かりやすい監督だったといえる。おれの言うとおりにやれ、と言うわけだから、それに従うことに集中すればいい。本当に具体的に『これとこれとこれをやれ』と指示が出るからね。ジーコの考え方は、トルシエとはまったく違う。自分に忠実な選手が良い選手だなどとは絶対に言わない。実績や技術が高い選手それぞれが考え、サッカーを進化させていくことを目指している」

つまり、トルシエが描いた公式に忠実なサッカーを推し進めるのだとしたら、ジーコは選手に選択の自由を与え、さらに応用を求めているということか。

「そうだね。当然、布陣や攻撃・守備の基本パターンはもちろんあるけど、選手はその枠から外れることを怖がらなくてもいい。応用はその場に適したものでなくては意味がないわけで、そういう意味では本当に難しいことでもあるんだ」

選手に自由を与える――。ジーコは、そう言って選手たちの自主性を喚起した。そして、そこから生まれる連携や速攻、想像力豊かなプレーを欲していた。

中田はピッチ場で自由に動けることで生まれる可能性の大きさを、私に示唆した。

「基本戦術を軸にしながらも選手たちは制約に縛られることがない。自由に動けることで、より高度なサッカーが可能になる。イマジネーションに従って自在に動き、攻撃を仕掛けることもできるんだから。自分たちで考えてプレーすることができるようになれば、日本のサッカーを体現することができるだろうし、もう一歩前進できるんじゃないかな」

しかし、自由がもたらす責任の重さを中田は痛感しているようだった。

「ジーコが求めるサッカーは簡単じゃないよ。自由に動くためには考えて、考えて、責任を持ってプレーしなければならないんだから」

トルシエの時代なら、「監督の言うとおりにやった」と、言い訳ができたかもしれない。しかし、選手の自主性に任せることを戦術の柱にするジーコのもとでは、プレーの責任の多くは選手にある。

ジーコが代表監督に就任した直後、マスコミは「監督が選手に指示を出さない」「戦略がない」と言ったことがあった。実際、監督から指図がないことに不安を感じると漏らした選手もいた。

「試合中、実際にボールを操れるのは選手だよ。試合前、ロッカールームでどんなに綿密な戦術を告げられても、それが百パーセント試合で適用できるとは限らないでしょう。状況によってどう的確に判断して動くか、それが代表選手には求められているんだよ。選手がその場で意見の交換をし、意思の統一を図り、それによってみんなが動けばいいんじゃないの」

中田は、ジーコが与える自由とそれを享受しプレーする選手の関係をどう見ているのだろうか。彼は低い声を響かせた。

「日本はジーコという監督を選んだ。そのジーコは、選手にピッチの上で自主性を求めている。選手にとって自由が与えられることは嬉しいことだよ。でも……、おれがずっと言っていることだけど、だからこそ選手同士のコミュニケーション、意思の疎通が必要になるんだ。コミュニケーションを取らないで自由に動くだけでは、チームは混乱するだけだから」

またピッチの上で中田が両腕を突き出し、声を張り上げることになるのだろうか。

「そうだよ。このチームには、まだまだ意思の疎通が足りない。コミュニケーションが十分だと思えるまでおれは諦めないよ」

夕方になっても太陽光線は一向に弱まらなかった。この季節になれば、夜の九時まで空は明るく薄暮もない。マンチェスターを離れる感慨はあるのか。中田はうっすらと笑みを浮かべて頷いた。

「もちろん好きな街だよ。十カ月足らずだったけど、これまで移り住んだ街同様、思い出深い場所だよ」

マンチェスターは最近、この地の英雄を失った。ジョージ・ベストである。中田はこちらに来てから初めてジョージ・ベストのことを詳しく知った。

「去年の十一月にマンチェスターのスーパースターだったジョージ・ベストが亡くなった。市民は本当に悲しんでね、レストランでもパブでも彼の死を悼んで、誰もが彼の話をしていたよ」

引退して長い時間が経っても人々は彼を敬愛していた。そのことが中田に感激を与えていた。

北アイルランド・ベルファスト出身のジョージ・ベストは、十七歳から十一年間、マンチェスター・ユナイテッドに所属し、そのプレーと人間味溢れる性格で人々から愛された。

六八年にバロンドールに輝いた不世出のFWは、馬力とテクニックを兼ね備え、俊足で突き進むドリブルと繊細な感覚を駆使した華麗なシュートで常に大衆を魅了したのである。

二十代後半からアルコール依存症に苦しんだ彼は、七四年にマンチェスター・ユナイテッドを去るとクラブを転々とする。八四年に完全にプロサッカーの世界から引退するが、アルコールへの依存は前にもまして酷くなっていった。二〇〇二年、ついに肝臓移植手術を受けるがその後も断酒はできず、二〇〇五年十一月二十五日、移植後の感染症が原因となり多臓器不全を引き起こして死亡する。五十九歳だった。

その週末に行われたプレミアリーグでは試合前、ジョージ・ベストに黙禱《もくとう》が捧《ささ》げられた。そして、十二月三日、ベルファストで行われた葬儀には十万人以上のファンが参列し、彼を見送ったのである。

ジョージ・ベストの人生と中田の人生は、このマンチェスターの地と、中田が彼に黙禱を捧げたピッチの上で、確かに交錯した。

サッカー選手としての才能に恵まれ、けれど自制とはかけ離れた奔放な人生を歩んだジョージ・ベスト。彼に中田が心を動かされていることが、私には分かった。

「人間にはさまざまな生き方がある。そしてその生き方は、自分にしか決められない。おれも、引退を決めたけど、後悔だけはしないつもりだよ」

中田は、自分がピッチから去る姿をすでに思い描いていた。

私は中田から何度も聞いた言葉を思い出していた。

「代表という存在は、おれにとって本当に特別なもの。その理由を聞かれても簡単には説明できないよ」

普段の中田は、どんなゲームにも区別はないと言う。

「ゲームに貴賤《きせん》はない。重要であるゲーム、そうじゃないゲームなんてあるわけないよ。練習試合だろうが、優勝決定戦であろうが、力を出し切るのがプロの仕事でしょう」

そう断言した中田にとっても、代表のゲームだけは特別なのだ。私は、中田がきついスケジュールをやりくりして代表戦に駆けつける姿を思っていた。

「一度、代表に招集され、国旗の付いたユニフォームを着て戦ってみてよ。そうすれば、代表がどんな存在か分かるはずだから」

ワールドカップを引退ゲームにする――。それを決めたことに、「代表が特別である」という気持ちが影響を与えていないわけがなかった。

「今日はゆっくり話ができて、本当に嬉しかったよ」

中田からそんな言葉を聞いたのは何年ぶりだろう。ベルマーレ平塚時代は取材のたびに快活に話をしてくれた彼が、九八年ワールドカップ・フランス大会に出場し、ペルージャへ移籍する頃になると、徐々に取材を避け寡黙になっていった。ローマでスクデットを勝ち取り、巨額な移籍金でパルマに移った頃は、まるで能面のように表情までもが失われていた。絶大な人気を得ていた彼を、孤独とぴりぴり乾いた空気だけが包んでいた。

その頃の中田は、ここで話をしている彼とは別人のようだった。

「ワールドカップが終わったら、東欧へ行こうと思っているんだよ。どこかいい場所知っていたら教えてね」

夏のバカンスの話にも花が咲いた。中田は訪ねた街の美しさを夢中で話し、また私も自分の過去の旅を語った。

軽やかに弾む会話を楽しみながら、そのとき、中田が耐えがたい重圧から解放されていることが私には分かった。もう少しでこうした生活から離れられる。そのことが彼の心を柔軟に軽くしているのだ。

さあ、と言って中田がソファーに沈めた体を起こした。

「そろそろ家に戻らないと。今晩は英会話のレッスンがあるんだ」

その日の夜、自宅にイギリス人の講師が訪ねてくるのだという。彼は英語力を磨くことに余念がなかった。

記者会見での彼の発音を思い出すと、英国のアクセントが蘇《よみがえ》る。

「イギリス英語を勉強したからね。発音にもとても気をつけている。でもさ、以前、ロスに行ったときに話したら、おれの英語、通じなかったよ」

笑いながら外していたサングラスをかけた中田に、私はこれからのスケジュールを聞いた。彼は細かな日程まで頭に入れていた。

「日本へは最終戦が終わったらすぐに帰国する。でも、nakata.net cafe のオープン準備やスポンサーとの打ち合わせがあって、物凄いスケジュールなんだ。だから、次に会えるのは五月十七日からのJヴィレッジの合宿だね」

私は四月三十日のトッテナム対ボルトン戦を観戦するつもりであることを告げていた。

「たぶん、また先発で出られると思う。ゴールも狙って頑張るよ」

そう言って差し出した右手もよく陽に焼けていた。

「じゃあまたね。短いイギリスの旅を楽しんで」

握手をしながら、引退が現実になることを受け入れられるのか、私は自分に問うていた。中田とフジタがラウンジから去ってもその答えは出なかったが、中田が両肩から重荷を下ろそうとしている姿には、なぜか安堵を感じていた。


翌日の昼過ぎ、私はまたヴァージントレインに乗り、マンチェスターからロンドンに戻っていた。ホテルにチェックインし、部屋に荷物を置くとそのまま街に飛び出した。三十日のトッテナム対ボルトン戦のチケットを探すためだった。

プレミアリーグはスタンドのほとんどの席をシーズンチケットとして身元の分かる地元のサポーターに販売している。フーリガン対策でこうした販売形態になったのだが、フリーの観光客やサッカーファンの旅行者が一試合の観戦チケットを手に入れることはきわめて難しくなってしまった。

だが、抜け道はあった。本来の持ち主が転売したチケットを購入するのだ。以前ロンドンに来た際、やはりチェルシーのゲームを見るためにチケットを買った、ピカデリーサーカスの地下鉄構内にあるチケットショップを訪ねた。

店員は、三十日はトッテナムのホームでの最終戦なので入手は不可能だ、と言ってミュージカルや芝居のチケットを売りつけようとする。私が、値段がいくらになってもいいので探して欲しいと告げると、彼は三時間後に戻ってこいと言い、物凄い勢いであちこちに電話をかけ始めた。

約束の時間に店に戻ると、チケットが届いていた。定価の五倍、二百五十ポンドの値がついていたが、もちろん買った。チケットショップのすぐ脇《わき》にクレジットカードの使えるATMがあり、そこで現金を調達し支払った。

手渡したポンドを数えながら店員が私に聞いた。

「お目当ての選手は誰だ」

ボルトンの中田だと答えると、ははんと頷いて言葉を返した。

「あのジャパニーズ、最初は相当苦労していたが、ようやくイングランドのサッカーにも慣れたようだな。中田は来シーズンが楽しみだ」

私は黙って店を出た。

〇五年四月三十日、ノースロンドンにあるホワイトハートレーンは超満員に膨れ上がっていた。トッテナムは三試合を残して四位をキープしており、今シーズン最後のホームゲーム終了後にはセレモニーも用意されていた。

さらにスタジアムを活気づけていたのは、イングランド代表監督スベン・ゴラン・エリクソンがスタンドに姿を見せていたからだった。

前日の二十九日、イングランドのFWウェイン・ルーニーが対チェルシー戦でドリブルを仕掛けた際に転倒し右足第四中足骨を骨折、全治一カ月半から二カ月の重傷を負ってしまった。落胆したのは彼が所属するマンチェスター・ユナイテッドのファンだけではない。この二十歳のストライカーが、イングランド代表をワールドカップの頂点に導く優勝請負人だと信じたイングランド全土の人々が悲嘆にくれていた。

エリクソンは「奇跡が起きることを信じる」と言ってルーニーのワールドカップ出場に望みをつないでいた。しかし、もう一人のＦＷマイケル・オーウェンも故障を抱えて万全ではなく、穴埋めする選手も算段せねばならなかった。この日エリクソンは、トッテナムの十九歳のＭＦアーロン・レノンの様子を見に来たのだと伝えられていた。

アップのためにピッチに現れた中田は、ときおり笑顔を見せ周囲の選手と言葉を交わし、短いダッシュと素早いパスを繰り返している。

午後四時、キックオフを迎えると、トッテナムに対する声援だけが渦巻いていった。しかし、双眼鏡の先に映る中田はアウェーの雰囲気に呑まれることもなく、中盤付近から何度も前へ切り込み、攻撃への積極的な参加を試みていた。

声をあげ強烈なボレーシュートを放った中田はゴムまりのように体を弾ませた。惜しくもポストを直撃してゴールはならなかったが、中田が作る攻撃のリズムはボルトンの選手を前線へ押し上げていた。

後半十五分、トッテナムがようやくチャンスをものにする。注目のレノンがクロスボールを的確に捉《とら》えてゴールを決めたのだ。その二分後、ボルトンの監督アラダイスが中田の交代を告げ、彼はベンチへ退いた。ウインドブレーカーを着た中田がチームメイトのプレーを見つめるなか、ボルトンは善戦したが、試合は0－1のまま幕を閉じた。

　トッテナムのファンたちは今季最後となるホームゲームの勝利に歓喜し、四位と健闘したチームを祝うセレモニーに興じている。その騒ぎの途中で私はスタジアムを後にした。

　バス停への道を歩きながら、中田の走る姿とあの足を弓のようにしならせたボレーシュートを思い出そうとした。すると、まるでデジタル映像のように鮮明な絵が目の前に映し出される。

　これまで中田から与えられた感激に対し、何をもって返すことができるだろうか。

　そう考えた私はただ途方にくれていた。お返しなど到底できない美しいプレーが、次々に映像になって見えたからだ。幾重にもなった中田のプレーを宙に見ながら、スタジアムから聞こえる歓声から遠ざかるため、私は走りだしていた。

第二章
決戦の前奏曲

1　Ｊヴィレッジ合宿

五月二日にイギリスから戻ると、私はさっそくマネジメントスタッフと連絡を取り合った。次原を筆頭とするサニーサイドアップの中田チームは、彼の帰国後のスケジュールを定め、引退に向けての準備を着々と進めていた。すべてのスケジュールを全うしたいと望む中田のために、次原は完璧なスケジューリングを施し彼の帰国を待っていた。

一方、プレミアリーグの最終局面を戦う中田は、三日のミドルスブラ戦、七日のバーミンガム戦でも先発出場していた。ホームで行われた最終節、バーミンガムを1−0でくだしたボルトンは、通算十五勝十二敗十一分けで勝ち点を五十六とし、八位に踏みとどまった。監督のアラダイスは戦いを振り返るなかで来シーズンのチーム構想も語り、そこで中田の必要性を説いた。

三十八試合中二十一試合に出場したものの1得点2アシストの記録に甘んじた中田は、終盤には五試合連続で先発出場していた。中田を十七試合もベンチにつないだアラダイスは、彼が二度と戻らないことを決めてピッチを去ったあと、来期のレギュラーとして中田の名前を挙げたのだ。そして、「移籍金の問題は残るが」と前置きし、中田の所属するフィオレンティーナにボルトンが正式な移籍を申し込む可能性があることを表明したのだった。

次原によれば、そうした話題が紙面を騒がせても中田の気持ちが再びボルトンに向くことはなかった。むしろ、直視すべき戦いがワールドカップだけになり、この大会にすべてを懸けるという思いが一段と強くなっていたという。

帰国後の中田の行動を逐一教えてくれたのはフジタだった。

最終節を戦い終えた中田はマンチェスターの荷物を現地ですべて処分していた。フィオレンティーナの自宅に残した荷物もスタッフの手で片づけられた。

ジーコが「キリンカップには欧州組を招集しない」と発表しており、中田は緊急に帰国する必要はなかった。彼が帰国したのは大阪・長居スタジアムで日本代表対ブルガリア代表戦が行われた五月九日である。

翌日からいくつものミーティングをこなした中田は、五月十三日、山梨県甲府市の実家に戻っていた。久しぶりに両親を訪ねると、半年間も胸にしまってきた引退の覚悟を報告したのだった。

まず中田は父親に話があると切り出し、一時間かけて引退の理由を説明した。しかし、父はその場で引退を認めるとは言わなかった。息子に「もう少しだけ英寿がサッカーをする姿を見たい。あと一年だけでもいい、サッカーを続けて欲しい」とワールドカップ後の引退は性急すぎると反対した。父の気持ちは痛いほど分かった。が、中田は引退の気持ちは変わらないと告げていた。彼は、現役生活を延ばす理由がないと言い切ったのだ。

父と話した中田は「ゆっくりしていけるの」と聞く母に、すぐに東京に帰らなければならない、とそっけなく言った。そして、「ワールドカップが終わったらサッカーやめるからね」と、一言で伝えた。自分の息子が一度決めたことを絶対に曲げないと知っている母親は、無言でその言葉に頷いていた。

甲府へ行った翌日の十四日から合宿合流までの数日間、彼は奔走していた。nakata.net cafe の視察、フラッグベアラーを務めるコカ・コーラ ジュニア親善大使の任命式、契約スポンサーへの挨拶、テレビ番組の収録、雑誌のインタビュー取材、ホームページでファンに配る冊子数百枚にサインと、休む間もないスケジュールが組まれていた。

十五日には、三田《みた》にあるイタリア大使館で勲章を授与されている。イタリアに多くの日本人を呼び両国の交流に尽くしたことに対し、「イタリア連帯の星勲章」を受章したのだ。マリオ・ボーヴァ駐日イタリア大使が彼の胸に勲章を付け、シャンパンで乾杯が行われた。この勲章の授与者の中で最年少だった中田は、元は松平隠岐守《まつだいらおきのかみ》の中屋敷であった庭園を眺めながら、イタリア大使と歓談した。同行した次原とフジタは、胸に飾られた勲章とイタリアを愛する中田の笑顔をビデオに収めている。

その日の夜には nakata.net TV の収録に臨んだ。ゲストは横浜FCの三浦知良《みうらかずよし》。ワールドカップ・フランス大会を目指す日本代表でともにプレーした二人には、ワールドカップ初出場を目指した同志としての親近感がある。三浦は笑いながら、しかし真面目《まじめ》に「次のワールドカップを狙おう」と中田に言った。フランス大会直前で代表メンバーから外れた三浦は、現役である限りワールドカップ出場を目指すと話し、中田にも四度目のワールドカップ挑戦を促したのだ。本当の気持ちを告げられない苦しさを隠した中田は、改めて現役にこだわる三浦の自分とは違う生き方に尊敬を覚えていたのだった。

十七日、日本代表メンバーが招集された。十五日の午後二時、ジーコによって名前を読み上げられた二十三選手である。FWに選ばれた五人目の選手が巻誠一郎《まきせいいちろう》だったことでマスコミは騒ぎ立てたが、中田はいたって落ち着いていた。送られてきたメールには、繰り返し〈この合宿でコミュニケーションの取れたいいチームになれるかどうか、それこそが勝利への鍵となる〉と、記されていた。

私がJヴィレッジへ出向いたのは合宿五日目の五月二十一日だ。東京から車でおよそ三時間、福島県双葉《ふたば》郡楢葉《ならは》町にJヴィレッジはある。到着するとそこはまるで、休日のテーマパークの様相だった。家族連れが弁当持参で訪れ、選手の名を連呼している。一万人を超えるファンと百人を超えるマスコミ陣がフィールドを囲み、選手たちは衆人環視の中ですべての練習を行っていた。

ファンを練習場に寄せつけなかったトルシエとは違い、「サッカーは人が集まる場所でプレーするもの」と言うジーコは、マスコミにもファンにも、選手たちの練習を一切隠すことがなかった。

合宿は厳しいフィジカルトレーニングからスタートしていた。どれほど苦しいものだったかは前日に届いたメールで知らされた。

〈午前の練習はランニングを中心とした体力作りのための練習。トレーナーからは、個々の脈拍数に合わせたペースが言い渡される。ここで踏ん張ってワールドカップにピークを持っていける体に作りこまないと。本番を戦うための準備だと思えば、頑張れる〉

一気に心拍数を上げ肉体を覚醒させるトレーニングに、普段は決して音《ね》をあげない中田が「今日は本当にキツかった」とスタッフに漏らし、終わった直後には芝生に倒れ込んだという。

五月の後半だというのにJヴィレッジに吹く風は肌寒さを感じさせる。しかし、この涼しさは選手たちがコンディションを作るためには好都合だった。

フェンス越しに見る中田は凛々《りり》しい表情でボールを追いかけている。ウォーミングアップのランニングで先頭に立ち宮本恒靖とともに選手を率いた。このチームを牽引し奮い立たせようとしている。

私はそんな中田の動作や表情をノートに細かく記した。

ジーコの号令のもと、選手たちはフォーメーションの練習に臨んでいた。〇五年六月、コンフェデレーションズカップのメキシコ戦以後封じていた3バックのシステムが何度も試されていた。中田はスタンドにまで届く声で叫び、大きく手を回して選手たちに指示を与えた。

右のボランチに入った中田は選手の動きに敏感に反応しプレーを止め、その都度《つど》確認するように周囲の選手に話しかけた。黙ってゲームの流れを見守るジーコに取って代わり、中田が中心になって連携プレーの精度を高めようと躍起になっている。

左のボランチに入った福西崇史も中田の声に耳を傾け、ときには駆け寄って自らが中田のポジショニングを示唆した。リクエストを受けた中田は両手を動かし地面を指差して確認している。納得しなければ問い返し、納得すれば頷いた。それまで中田から声をかけられる一方だったＤＦの加《か》地亮《じあきら》、宮本、坪井《つぼい》慶介《けいすけ》もポジション確認の作業に積極的に加わった。

ピッチには彼らの声が響き、確認の手順が聞き取れた。加地は「カウンターを食らったときには、アタックしないでスペースを消して欲しい」と言い、坪井は「ヒデさんの場所からアタックしていって欲しい」と言った。ボランチの中田を芯に連携や攻守の切り替えがなされるのだ。それを全員が意識していた。

宮本が何度となく「あまり前に出すぎないでくれ」と中田に告げると、中田は「分かったよ。後ろから左を切れ、右を切れ、そこで止まれ、と指示を出してくれ」と返した。

コミュニケーションを図り、ドイツ大会で結果を残すためのサッカーを作り上げる。そう意気込んだ中田がようやくチームと上手く噛み合ってきたのだろうか。いや、ドイツを目指す過程で自分を抑え、チームに合わせているのか。私はどちらか計りかねていた。

二時間半ほどの実践練習が終わると、中田は黙々とシュート練習に取り組んだ。その後、トレーナーを相手にパスを始めた。送られたボールを止めて蹴る。その繰り返しを三十分も続けている。プロデビューしてから二年目、彼が十九歳の頃に聞いた言葉が浮かんでいた。

「サッカーはレベルが高くなればなるほど、基本が大事になる。基本はパスだよ。きちんと止めて蹴る。パスのスピードを増すためにも、正確なトラップをするためにも、この基本練習が必要だ。だから、おれは必ず対面パスの練習をするよ。大事なことは小学生の頃と変わらないんだよ」

その基本練習が終わると今度は念入りに腹筋と背筋とストレッチを行っている。十種類にもなる筋肉の強化トレーニングとクールダウンの役目も果たす丁寧なストレッチは、ベルマーレ平塚時代から続けている彼の日課だ。

最後までピッチに残っていた中田は右腕で顔の汗をぬぐい、ゆっくりとした足取りでグラウンドと通路でつながっている宿舎へと戻っていった。

視線を落として歩む中田に記者たちも声をかけない。遠巻きに見守るマスコミ陣の後ろで彼の背を見ていた私も、直接言葉を投げかけることをしなかった。中田が湛《たた》える緊張感が和やかな会話を拒んでいると思えたからだ。

Ｊヴィレッジから車を小一時間走らせ、ＪＲいわき駅前にあるビジネスホテルにチェックインし、さっそく練習を見たことを短いメールで中田に伝えた。

翌朝メールを開くとそこには、黙ったまま去った中田の心の内が綴られていた。

〈雰囲気はとても和やか。ウォーミングアップのため円陣を組んで行うリフティングは大盛り上がりだし笑いも絶えない。コミュニケーションも徐々に取れるようになってきている。おれも言いたいことは言うし、彼らの考えも受け入れている。だけど、この時点で日本が目指すべきサッカーが、全選手のあいだで固まっているのか、おれにはまだ分からない〉

宮本、加地、坪井、そしてボランチの福西が中田に求めていた動きは、「前へ出すぎるな」である。中田が目指すサッカーは、単純な言い方をすれば前へ出ることで成立する。やはり、中田と他の選手の思い描くプレーは、完全には一致していないのかもしれない。

中田が「日本代表の目指すべき」だと信じたサッカーとはいかなるものか。それは、彼がアジア地区予選のときから繰り返し言っているシンプルな戦術だった。

相手の攻撃を抑え込むためにDFラインを高い位置に据え、FWまでの間をコンパクトにし、相手チームの守備陣にプレッシャーをかける。ラインを高く保ち素早くパスを回しながら波状攻撃を仕掛け、主導権を握ってゴールを狙う。前線に攻めることは敵の攻撃チャンスの芽を摘むことにもなる。

ジーコは、相手にボールを触らせぬままパスをつなぎ、敵のフォーメーションを崩して攻め入ることを重視した。鋭いパスをつなぎながら相手にプレッシャーをかける戦術は確かに有効ではあったが、攻撃の意識が乏しくなったときには逆効果をもたらすこともあった。つまり、自陣でパスを回すことで満足し、シュートにまで持っていけない。さらに、自陣でパスを回している間、敵にプレッシャーをかけられ、DFラインがずるずると下がってしまう。そうした状況こそ、日本を窮地に陥れると中田は考えてきたのだ。

欧州や南米の選手に身長やスピードで劣っても、日本人選手の高い技術や正確性を生かせば、絶対に強豪国にも太刀打ちできる。正確なパスを速攻でつなぐテクニックを持ち、粘り強く戦う体力を持った日本代表なら、十分に対戦相手を苦しめることができる。このサッカーこそが日本代表の個性となり、相手を苦しめるプレーとなる。そう中田は信じていた。

メールはこう続いた。

〈相手にゴールを奪われないために守備をするのは当たり前。でも、考えてみて欲しい。高い位置にボールがありこちらが常にボールを支配していれば、相手選手もラインを引かざるを得ない。つまり自陣でボールを回されることはないんだ。敵の攻撃を封じるためにも、高いラインの意識は絶対に必要だ〉

勝利するために不可欠なのはゴールだ。日本は得点力不足に苦しんできたからこそ常に前を向いてゴールを目指し、走らなければならない。自分たちがボールを支配していれば、必ずチャンスは訪れる。そればかりかパスをつなぎながら攻めることは防御することにもなる。もちろん、カウンター攻撃に遭ったり、自陣でパスを回されたりすれば引いて守るのは当然だ。しかし「高い位置で攻める」というコンセンサスがあれば、即座に攻撃に転じることもできる。

それは中田が日本代表で九年間プレーして得た実感でもあった。

だが、実際にはこうした共通の意識を持つことは難しいことだった。これまでにも他の選手は、「もっと低い位置で守備についてくれ」「ボールを取られたらすぐに戻って欲しい」と言い、中田が高い位置でのプレーを求めることにたびたび難色を示した。

アジア地区予選を戦っているとき、あるゲームではこんなことがあった。ハーフタイムのロッカーで同じＭＦの選手から中田はこう言われたのだ。

「あそこでボールを奪われたら、すぐに下がって守備についてくださいよ」

中田はその選手に言った。

「取られたところですぐに取り返しに行けばいいだろう」

その選手は、「この人には何を言っても通じない」という顔をしてその場を無言で去った。

戦いの最中、攻められて守ることを前提にしていれば目指すサッカーは遠のいていく、と中田は考えていた。守備を拒んでいたのではない。事実、中田は誰よりも献身的にボールを追いかけ、身を挺《てい》して危機を回避するために走っていた。彼はただ、こう言いたかったのだ。リスクはあっても、まず自分たちがボールを支配し高い位置で正確なプレーをすることに腐心すべきだ、と。思いを伝えることが下手だと自覚しながらも、中田は自分が考えるサッカーが日本にとって最善なのだと疑わなかった。

メールには彼の不安も綴られていた。

〈四年に一度のワールドカップを戦うという緊迫感、危機感がこのチームにはまだ感じられない。日本は、強敵に立ち向かい後がないという状況になれば力を出すことができる。しかし、その力をどんなときにも発揮できるようにしなければワールドカップでは戦えないよ。でもね、現時点でも常にベストのサッカーを繰り広げる集中力と精神の強さがまだ欠けているように思えてならないんだ〉

中田が言う「危機感の希薄さ」は、良くも悪くもこのチームのカラーなのかもしれない、と私は思っていた。

ジーコはレギュラーに選んだ選手を使い続けた。以前、宮本にインタビューした際、「ジーコが監督に就任してから、レギュラーメンバーがくるくる変わることがない。ポジションや選手が固定されることでチームに安定感が生まれている」と聞いた。顔なじみのメンバーは互いを信頼しピッチに立っている。とくに九九年ワールドユース準優勝組を中心としたメンバーは、仲間に向ける安心感こそ大切な要素だと考えている。

しかし、中田は、そこに生まれる「和やかさ」が、いつかチームを危険にさらすのではないかと感じているのだった。

〈選手がみんな頑張っているのは本当。しかし、何度も言うけど、頑張るのは当たり前のことなんだ。代表に選ばれた者には、それ以上の激しさが求められている〉

仲が良いこととチームが勝利を目指すことでひとつになることとは意味が違う――。アジア地区最終予選を終えたあとに聞いた中田の言葉が蘇る。

「フランス大会の頃の代表は、どんなに長い時間を過ごしていてもダレた空気は感じなかった。代表としてみんなが手を結びながらも、ひとりひとりがライバルであるという意識も隠さなかった」

九八年六月。フランス大会に出場する日本代表が合宿を張ったエクスレバンの練習場の空気は確かに張り詰めていた。

あれは一次リーグ初戦のアルゼンチン戦を数日後に控えた練習でのことだ。レギュラー組の井原正巳《いはらまさみ》とサブ組の北澤豪《きたざわつよし》が、紅白戦のあとスパイクを脱ぎながら激しい言い合いをしていた。井原はイエローカードものの当たりで北澤を倒した。足首にタックルを受けた北澤は、足を引き摺《ず》るほどのダメージを受け、「反則までして足を削りに来るのか」と怒鳴っている。井原は「削られているのは自分も同じだ」と吐き捨てて北澤の目を見ることもしなかった。

こうした一触即発のやり取りが、そこここにあった。ワールドカップの舞台に立つのは誰なのか、初めて出場する大会でどんなプレーを見せられるのか、選手はぎりぎりの精神状態で臨んでいた。

あれから八年が過ぎた。ドイツを目指した日本代表において、中田以外には怒鳴り声をあげる選手はほとんどいない。激昂する中田とそれを冷ややかに受け止める他のメンバー、という構図が定着していた。アジアのチャンピオンになり三度目のワールドカップ出場を果たした日本代表には、どこか余裕が生まれているように見える。

アジア地区最終予選、アウェーのイラン戦の直後、中田不要論が持ち上がったとき中田自身が覚えた疎外感は、仲間はずれなどという次元のものではなかった。厳しい言葉を吐き遮二無二《しゃにむに》自分のサッカーを貫く中田は異分子であり、異分子が入り込まないほうがチームがまとまっている、という他の選手の思いがあった。

なぜ選手のミスをあげつらうのか。ミスをした人間が一番辛いことは分かりきっているのに、どうしていちいちそれを責めるんだ。何より独りよがりなポジションは守備陣のリスクを高め、負担を大きくしている——。

当時、こうした反発を受け止めていた中田は、だからこそ敢えて敵役《かたきやく》に徹する覚悟を固めていた。

「日本が目指さなければならないサッカーがある。日本代表の力がフルに発揮されるためのサッカー、それを本番までに作り上げなければならない。だから、どんなにうるさいと思われても、おれは言い続けるよ。疑問に思うプレーに対しては確認もするし、いちいち注文もつける。怒鳴り合ってでもプレーに対する考え方を話せることが大事なんだから。理解し合わなければ、目指すサッカーは確立しないから」

宮本、中澤佑二《なかざわゆうじ》、福西らから守備の際のポジショニングに注文をつけられてきた中田は、自らが攻守のスイッチだという意識を守り通し、日本が勝つために必要なプレーを主張した。

中田のメールはこう結ばれていた。

〈仲良しになるつもりもないし、その必要もない。ただ、戦えるチームになりたいだけ。もちろんこれからも意思の疎通を取れるよう、話し合うよ。ただ、おれの考え方がみんなに本当に通じているのかどうか、まだ分からない〉

中田が抱き続けた「意思の疎通」「危機感の欠如」という懸念は、最終合宿が始まっても消せないままなのだ。

〈もちろん、諦めるつもりはないけどね〉

二十九歳の中田がこのワールドカップに懸けている気持ちは、彼に諦めることなど忘れさせていた。

翌五月二十二日、Jヴィレッジの試合用スタジアムは超満員に膨れ上がっていた。日本代表が地元の湯本《ゆもと》高校と練習試合を行ったのだ。代表チームが高校生と試合をするのは異例のことだったが、ジーコの目的はフォーメーションやその動きを確認することであり、力の差が問題になることはなかった。

ゲームが開始されて二分が過ぎた頃、敵陣の中央まで下がっていた中田は前にいる中村俊輔にパスを送った。中村はワンツーで中田にパスを戻す。中田の視界には右サイドで前方のスペースに走り込む加地の姿が見えていた。前を向いたまま右に出されたトリッキーな強いパスにも加地は見事に反応した。ワントラップで受けると即座にクロスを放り込む。駆け出した柳沢敦《やなぎさわあつし》はわずかにタイミングを合わせることができなかったが、中田はこのプレーに小さく拍手していた。

スタンドから見る中田は攻守に動き回っている。その表情から、ドイツに出発する前にチームとしての確かな手ごたえを得ようとしていることが分かる。

この日、練り上げられていたのは3バックシステムの連携動作である。中田は何度もプレーの途中で周囲の選手に声をかけた。3－5－2からの動き方を中澤、福西、宮本、ときには中村とも確認し合った。

そして、積極的に前方へ走り込み攻撃に参加するという意思を行動で示していた。右足甲の骨折により約二カ月も実戦から離れていた柳沢と高原直泰《たかはらなおひろ》の2トップ、後半FWに入った巻には縦の速いパスを送り得点を演出する。右サイドの加地には「一対一になったら勝負して前へ出ろ」と指示を出した。

自由自在な攻撃に挑む代表は、途中出場した大黒将志《おおぐろまさし》も小笠原満男もゴールを決め気を吐いた。ミドルシュートで一点を奪った中田もまた、ゲームメイクだけでなく自分でも攻め込んでいくことを宣言していた。

高校生相手の12－0という結果自体は意味を持たなかったが、このゲームは初戦の対オーストラリア戦のシミュレーションであるという意気込みが感じられた。カウンター攻撃の度重なる練習も、オーストラリアに対する戦術の予習である。

練習試合が終わったあと、中田はフィールドから外に通じる狭い通路で囲み取材に答えていた。記者たちが壁を背にする彼を半円状に囲った。その一人が「今の代表の雰囲気は？」と聞くと、彼は張りのある少し甲高い声でこう言った。

「いいですよ。まだ完璧なわけではないけれど、今から力を入れすぎると疲れますからね。これから徐々に高めていければいいと思います」

記者たちの後方から中田の顔を覗き込んだ私は、彼が声と正比例する明るい表情をしていることを知ってほっとした。

「相手にかかわらず、できるだけ速いパス回しを心がけた。敵がいるいないにかかわらずボールを止めないことが重要。W杯は暑くなるし、何よりもボールを動かすことが大事だと思う」

中田は明るい顔でそう言い、宿舎へ向かうワゴン車に乗り込んだ。

二十三日の早朝、いくつかのスポーツ新聞を読むと、日本代表の仕上がりが上々であり日常でもプレーの面でも中田が他の選手たちとの関《かか》わりを深めている、と報じられていた。キャプテンの宮本も「ちぐはぐな部分もなく、良くなっていくと思う」とコメントし、友好的なムードを伝えていた。

しかし、新聞の中には不穏な見出しを掲げているものもあった。記事には、「中田がチームに溶け込めるか」「中田のポジションは高い位置にあり過ぎ、他の選手と連携が取れていない」と、中田と他の選手の不協和音が綴られていた。中田が前に出すぎることにDFの三選手とMFの福西、中村らが困惑し不快感を示している、というのだ。中田に苦言を呈する選手は、中田が高い位置に走り込むと中盤にスペースができてしまい敵の攻撃を助けることになると主張している。

ワールドカップに臨む日本代表において、中田英寿対他のチームメイトという対立の様子は格好のネタになっていた。この合宿が始まった直後には、代表新参の巻が中田の指示を拒絶し、反旗を翻したという記事が一面を飾ったこともあった。どうやら「日本代表の危機は中田と他の選手との確執にある」という筋書きが作られている。また「中田はイチローになれるか」などとワールド・ベースボール・クラシック（WBC）で世界チャンピオンになったイチローと中田を比較し、日本代表として諸外国と戦うリーダー論を書き綴るライターもあとを絶たず、週刊誌は格好の話題として記事を掲載していた。

トルシエ時代は宿泊施設へのスポーツ紙や週刊誌の持込みが全面的に禁止されていた。しかし、ジーコはそんな規制を設けてはいなかった。選手の集まる食堂やマッサージルームには、そうした見出しの躍る新聞や週刊誌がいくつも置かれていた。自分たちがどう書かれているか気になるのは当然だ。くまなく読んだ選手たちは、まるで選手間で争いがあるかのような記事に敏感になっていった。

この日の朝、彼から届いたメールにはそのことが書かれていた。

〈残念だけど、マスコミはどうしてもおれと他の選手との確執を事実にしたいみたいだね。でも、どこをどう見ればああした記事になるのだろう。気にしているわけじゃないけど、そんな記事を見ればくだらないと憤るし、本当に疲れるんだよ〉

個人主義者だと思われている中田だが、実は過分なほどの繊細な気遣いをする気質を持ち合わせている。日本が目指すべきサッカーをドイツに入るまでに構築できるのか、チームはひとつになれるのか、そう千慮する中田を思い、私は労《いたわ》しい気持ちになっていた。

対立を煽《あお》る記事が刺激になったのか、午前九時半から行われた実戦形式の練習では、選手たちは集中力を増しているように見えた。中田は、ボールを巡ってフォーメーションが動きだすたびに自分の位置と周囲の選手の位置とその距離を確認している。

練習は日々濃い内容になっていった。

二時間ほどの練習が終わる。体のキレも増し、運動量も増やしている中田は、合宿終盤になり順調な仕上がりを迎えている。そう思った直後、私は気になる光景を目にしていた。中田が日本代表のチームドクターである森川嗣夫《もりかわつぐお》と話し込んでいるのである。そして、いつもなら時間をかけて行う筋力トレーニングやストレッチを行わないまま、皆を残し早々に宿舎へと引き上げた。目を伏せたまま静かな足取りで宿舎へと入っていった中田の姿は私の不安を掻《か》き立てた。濃紺の練習着の背中に見て取れた物憂げな雰囲気は、決して泣き言を漏らさない中田のSOSに思えて仕方なかった。

昼食を終えてJヴィレッジに戻ると、張り紙によって午後四時半からの練習の中止が発表されていた。選手たちの疲労がピークに達していることから休息を設けることになったという説明だった。私は練習中止の発表を受け安堵した。これで中田は半日だけでも体を休めることができる。

駐車場へ引き返した私はそのまま東京へと車を走らせ、自宅へ戻った。ドイツへの出発準備のためJヴィレッジを後にしたのである。その日の夜、彼に宛《あ》てて短いメールを書いた。疲れがたまっているであろう体のことやいよいよドイツへ向かうチームの状態を問いかけ、次に会えるのはドイツになることを告げたのだ。

翌日の二十四日、合宿最終日となるこの日、日本代表はまた地元の高校と練習試合を行っていた。ニュースでは日本代表が22−0で富岡《とみおか》高校に勝利したことが報じられている。ゴールを量産したFW陣は本番に向け威勢のよいところを見せた。ジーコは、フィジカル面ではしっかりと戦えるベースができた、と言って顔をほころばせていた。

休養を取った中田はチームを離れることなくピッチに立った。前半に先発した彼については、より攻撃的なプレーに徹しロングパスやクロスに冴《さ》えを見せた、と報じられている。

この練習試合を最後に代表は合宿を終え解散する。翌二十五日は休日となり、二十六日の午前中に成田で集合しドイツへ向かうこととなっていた。

合宿が終わっても中田からの返信はなかった。一カ月間ドイツへ滞在する彼にはやるべきことがあり多忙を極めていた。二十五日にはnakata.net cafeを訪問してファンに挨拶をした。また、歯の嚙み合わせをチェックするため恵比寿にある行きつけの歯医者を訪れた。全速力で走り、ときに全力でパスを出す際に奥歯を嚙み締めるアスリートにとって、嚙み合わせは体のバランスにも影響を与えかねない。中田は、九八年にイタリアへ渡ってからも年に数回はその歯医者に通っていた。

五月二十六日、ダンヒルのグレーのスーツを着た二十三人の選手たちは成田で集合し、午後一時発の日本航空機でフランクフルトへと飛び立った。ニュース映像にはサングラスをかけて瞳を隠し、飛び交う声援を避けるように通路の端を歩いて出発ゲートへ向かう中田の姿があった。その静かな様子からは想像もできない気炎を心に立ちのぼらせていることを私は察していた。

フランクフルトからバスに乗り換え、日本代表の一団がボンのヒルトンホテルに到着したのは夜の八時過ぎだった。

日本代表がボンに入った翌日、私は次原から衝撃の事実を聞かされることになった。中田が左足首に怪我を負っている、というのだ。

ドイツへ出発する当日、中田が宿泊している新宿のホテルに車で迎えに行ったフジタとスタッフに、中田は左足首に水がたまっていることを小さな声で告げていた。大丈夫かと問いかけるフジタに、中田は「痛みだけでとどまっておいてくれればよかったけど、水がたまっているのはあまりよくないな」と、呟くように言った。成田へ向かう高速道路を走る車の中でうたた寝をする横顔を見つめながら、このワールドカップを戦えるのならその後は足がどうなってもかまわないと言う中田の覚悟を、フジタは痛ましく思っていた。

実は、練習が中止になった二十三日の午後、中田はチームの誰にも告げぬまま協会スタッフと二人でJヴィレッジを抜け出し、車で東京都北区西が丘にある国立スポーツ科学センターへ駆けつけていた。CTやMRIで左足首の精密検査を行い、怪我の回復を少しでも早めるため高気圧酸素カプセルに入ったのだ。検査の結果、骨に異常はなかったが足首の腫《は》れが一気に引くことはなかった。

「我慢強いにも程がある。練習を休むこともしないし、怪我をしたことをチームの誰にも告げていない。このぐらいなら普段どおりプレーできる、駄目になったらピッチから降りるだけだ、と言っているわ」

次原の話を聞きながら、二十三日の午前の練習が終わった直後、ドクターの森川と話し込む中田の顔を思い出していた。彼はあそこで足首の怪我を告白し治療の相談をしていたに違いない。

中田の我慢の限界点が常人のそれとかけ離れていることを、何度知らされたことだろう。九八年七月、ペルージャに移籍して初めてのチーム練習に参加した日もそうだった。ワールドカップ・フランス大会のジャマイカ戦で痛めた左足首は、あのときもソフトボールほどに腫れていた。しかし中田は、練習を休まない。ミニゲームもその後のランニングも全力で続け、足を引き摺る素振りすらチームメイトには見せなかった。

無理をしないで休んだほうがいい。そう話した私に中田はこう切り返した。

「自分の力を見せなきゃならない瞬間がある。力を見せつけるためには怪我をしていないふりを通すことだって必要だ。ゲームに出場したら誰も助けてくれない。自分の力がすべて。だから、レギュラーを取るためにも、日本人がセリエAで戦えることを証明するためにも今は絶対に休めない」

その夜、大量の氷を部屋に持ち込んだ中田は、ドアに鍵をかけ氷を入れたバケツに四、五時間も足を浸《つ》けたのだった。

パルマに移籍したばかりの頃にも同じようなことがあった。あるゲームで激しいチャージを足首に受け、足を引き摺りながら走っていた中田は、やがて普通の顔をしてプレーを継続した。しかし、ゲームが終わったあと診察を受けると彼の怪我は靭帯《じんたい》を損傷する重度のものだった。数日の間、彼は治療に専念しなければならなくなった。

そのゲームを見ていたブランキーニは、後日中田に諭すように語りかけていた。

「なぜあんな無茶なことをしたんだ。今シーズンやこの先のプレイヤーとしての人生を考えれば、あそこでピッチを降りることが最も賢明な判断だろう。怪我を我慢してプレーしても、いいことはない。あそこで君はベンチへ下がるべきだった」

中田はむきになって反論した。

「本当に駄目なら監督に言うよ。自分で走れると判断したから、交代を要請しなかったんだ。できるか、できないか、やれるか、やれないか、それを決められるのは自分だけだ」

ブランキーニは、それでも怪我を負ったときには慎重にならなければいけない、と中田に告げたが、心の内では彼の頑固でひたむきな姿勢を誇らしく思っていた。

振り返れば、中田はU－15の時代から、どんな怪我を負ってもそれを吹聴《ふいちょう》することをしなかった。走れないほどの症状であれば申告したが、痛みが我慢できいつもと同じプレーができるなら、監督や選手たちはおろかチームドクターやトレーナーにすら告げなかった。

我慢強いにも程がある――。それは中田の強い心を的確に評した言葉だった。

私は中田にメールで怪我のことを聞いた。中田からメールの返信が来たのは、ドイツに到着した二日後の五月二十八日だった。

〈ばたばたと最後の休日を東京で過ごし、ドイツに到着しました。こっちは、天気もあまり優れず、ちょっと肌寒いよ。まあ、すぐに暖かくなるのかもしれないけど、一応ちょっとした上着は持ってきたほうがいいかもね。雨も結構降るみたいだ〉

ドイツの天候不良を伝えてくれた中田は、それ以上に気がかりなこととして練習に臨むチームの現状を書いていた。

〈今日は午前と午後の二部練習だったけど、明日からは一回練習になる。相変わらず、みんな和やかで楽しげ。だから、なかなか緊張感が高まらない。今の状況なら、三十日のドイツ戦でちょっとガツンとやられたほうがいいのかもしれないな。そうしたら、危機感が生まれるかもしれないから〉

ワールドカップという大会で楽しむなどという気楽さは邪魔になるだけ。蒼ざめるほどの緊張感がチームには必要だ。そんな中田の叫びが聞こえるようだった。苛立《いらだ》ちを隠し切れない中田は、残念ながら、Jヴィレッジの合宿で日本代表が戦う集団になったとは到底思えない、と綴っていた。

〈まだ時間はあるからね、できることはあると思う。ともかく、今は自分のコンディションを最高に持っていくことを考えて練習するよ〉

やはり、左足首の怪我についてはあまり多くを語らない。

〈プレミアリーグの最後のゲーム、バーミンガム戦で痛めてしまった。しかし、どのプレーが原因だったかは、はっきりとは覚えていないんだ〉

最終戦の前半、バーミンガムの選手と交錯した中田の足が掬《すく》われ弾《はじ》かれて、地面に打ち伏した場面が確かにあった。

〈自分の体の状態は自分が一番よく分かっている。もし、百パーセントのプレーができないようならピッチを降りるだけ。我慢できる痛みなら問題ないよ。人前でアイシングをして怪我をひけらかすようなこともしたくないし、怪我があることも誰にも知られたくないんだ〉

中田はこのあとも、ワールドカップが終わるまでの間、自ら抱える痛みを口外しなかった。

2

引き分けたドイツ戦

五月二十九日、私は日本代表が三日前に飛び立ったのと同じ便でドイツのフランクフルトへ飛んだ。夕刻、フランクフルトに到着し、空港内にあるレンタカーカウンターで車を借りる。手配しておいたオペルのワゴンにスーツケースを積み込み、フランクフルトからおよそ百六十キロ離れた日本代表の合宿地であるボンを目指したのである。

欧州の都市でレンタカーを借り外国の道を運転することには慣れていた。地図を手にしながらアウトバーンの入り口を探す。国営で無料の高速道路は、日本のように潤沢な照明や標示板はなかったが、道幅が広く走りやすい。時速百八十キロで走行しても怖さを感じなかった。

途中工事箇所があり、以前訪れたときには皆無だった速度制限が設けられた区間もあった。平均時速は八十キロになり、到着したのは午後九時前。辺りはまだ昼間のような明るさだった。

宿泊先は街の中心部から少し離れたところにある。近代的なホテル・カンズレルだ。中田のマネージャーであるマウリッツィオ・モラーナが〇六年の年明け早々にボンに入り、車で一軒一軒回って探し出したホテルである。普通のホテル仕様の個室もあったが、半数の部屋にはキッチンとリビングがついていて長期滞在者向けだった。

サニーサイドアップのスタッフが常駐するそのホテルを次原から紹介された私は、およそ三カ月前に予約を入れていた。

このアパートホテルの一番大きな部屋には、中田と同じ日にボンに入ったフジタとスタッフが詰めていた。その部屋では、引退に向け必要な事柄についてさまざまな相談と打ち合わせが行われることになっていた。FIFAエージェントのジョバンニ・ブランキーニや中田の弁護士であるクラウディオ・ミンゲッティらも一次リーグが始まればそこを訪れることになっていた。

フロントで部屋を確認しフジタに到着を告げた。その部屋にはフジタのほかにも、中田をサポートする村上欣也《むらかみきんや》、シゲ、藤沼哲郎《ふじぬまてつお》がいた。

街の中心部にある古いドイツ料理店で私は彼らと夕食をともにする約束をした。

村上、藤沼、シゲとは何度も取材現場で会っている。三人は中田が心を許し、素顔を見せる数少ない人物だ。

村上は、高校卒業後ブラジルへサッカー留学し、二十三歳までいくつものチームでプレーした。ポルトガル語やスペイン語、イタリア語にも堪能で、プレイヤーの立場から中田のサッカーを理解している。彼はボンには中田個人のアシスタントとして入っていた。

藤沼は nakata.net TV のカメラマン兼プロデューサーで、中田がイタリアへ渡って以降の八年間、彼の映像を撮り続けている。中田の表情とプレーを最もつぶさに見たのは間違いなく藤沼だった。

シゲは、中田が十代の頃からの友人であり、今ではアーティスト・WEBデザイナー・映像プロデューサーとして業界屈指の人気を博する彼も、村上や藤沼とともに友人でもある中田をサポートする役目を負っていた。

午後十時、夜の街に繰り出すと石畳の街は冷気に包まれ底冷えがした。吐く息が白く、まるで一月か二月の寒さである。

彼らとともに訪れたレストランは、一七七〇年にボンで生まれたルートヴィヒ・ヴァン・ベートーヴェンも通ったガシュトシュテッテだ。ガシュトシュテッテとは大衆料理屋を指し、ビールで有名な老舗《しにせ》は地元のドイツ人で賑《にぎ》わっていた。一番奥のテーブルに着くとメニューを手にしたフジタがぽつりと言った。

「中田が大切に思ってきた日本代表が、三度目のワールドカップでどのようなゲームを戦うのか、この目に焼きつけないと」

村上と藤沼、シゲはまだ中田の引退を知らされていない。フジタは、自らの寂しげな言葉を払いのけるようにドイツ名物のソーセージや豚肉料理をふんだんに選び出すと、ドイツビールで乾杯をしましょう、とウエイターを呼んだ。

私は到着してから三日目になる中田の様子を彼らに聞いた。それぞれの口からは、やはり中田が怒りと焦燥感を持ってプレーしている姿が語られた。

二十七日、練習初日は寒さに震えながらピッチに立った。気温が十度にも満たない寒気はまさに異常気象によるものだ。代表のユニフォームや練習着などを準備するアディダスジャパンのエクイップメントマネージャーは、ここまでの寒さを想定できず、防寒用のグラウンドコートを急遽《きゅうきょ》日本から送らせていた。

中田は、こうした寒さの中でコンディションを上げ、オーストラリアと戦う十二日の初戦にピークを持っていくことの難しさを、初日の練習が終わった直後、村上と藤沼に告げていた。

二日目、二十八日の午後には四十五分の紅白戦が行われた。

ゲームが始まった直後から中田の顔はこわばり、叫ぶ声が大きくなった。レギュラー組が控え組に抑えられ、容易に攻め入ることができない。ようやくボールを奪っても小気味よいパスがつながらない。何より、中田が目指すサッカーを構築するための歯車は、一向に噛み合っていかなかった。

村上がこう証言する。

「もちろん顔には出しませんけど、かなり苛立っていたと思いますよ」

日本は緻密《ちみつ》な組織サッカーを目指してきた。けれど中田は、その組織サッカーには欠点がないとはいえない、と言い続けてきた。ポジショニングにこだわるばかりに、自由で流れるような動きが生まれないのだ。中田は、ボンに入っても、ディフェンス陣の考え方は簡単には変わらないと、嘆いていた。

私も同じ嘆きを〇五年七月に聞いていた。

「たとえば4－4－2というポジション。それは、ゲームが始まるときの形でしょう。ボールが動けば、攻撃の場合でも守備の場合でもそれに伴って上がったり下がったりする。ボールを追いかけたり、パスが出るポジションに走り込んだり、相手のFWに走り寄ったり、相手がパスをつなぐスペースを埋めたり。選手はフィールドの上で水のように流動的な動きを見せなければならないはずだよ。3－5－2ならいいサッカーができるが4－4－2ならできないなんて、ふざけている。おれがポジションを上げると、守備の意識が足りない、DFと連携をとらない、と言われるよ。しかし、おれは攻め入るチャンスだからこそ上がっているんだ。周りの選手が連動して動けばチャンスはさらに広がるだろう。だけど、この考え方に距離があるんだ。ポジションを守ることに縛られている選手も少なくないよ」

一年前の中田は、日本代表にとって今そこにある危機を頭の中で思い描いていた。その思いがこんな言葉になって漏れたのだ。

「ポジションにこだわりすぎると、敵はこっちの動きを想像しやすくなるわけで、危機を招くことになる。ラインを下げることが安全だという意識を捨てなければ、敵にボールを回されて、そのうちにゴールを量産されてしまうよ」

ボンに入って行われた紅白戦でも最終予選と同じ感想を持つことになった中田は、落胆を隠さなかった。

「こっちに来てからも、日本代表はやはり変わっていなかった。そのことが、中田には衝撃だったんですよ」

そう話した村上と藤沼は、中田の苛立ちは二十九日の練習後も収まることがなかった、と言った。こみ上げる勝利への執念は中田の体内で醸成され発酵を繰り返す。そして、執拗《しつよう》なまでに勝利を求める心は、彼の危機感を煽り立てるばかりだ。中田の醸し出す殺気が周囲を威圧し、他の選手たちとの距離を広げているのだった。

○五年十二月九日、ライプチヒで行われたワールドカップ組合せ抽選会。そこで日本はオーストラリア、クロアチア、ブラジルと相見《あいまみ》えるF組となった。初戦の相手がオーストラリアであることが分かるとマスコミを中心に安堵の空気が流れていった。オーストラリアなら日本は勝利する可能性が大きい、オーストラリアに勝利すれば決勝トーナメントへの道が開ける、と初戦勝利が前提となって、誰もが一次リーグの予想を語りだした。
もちろん、日本代表は十分にオーストラリアをも打ち負かす力を持つまでになっていた。しかし、サッカーにおける勝敗がダイスの目のように予測がつかないことを、ゲームが終わるまで勝利が確定しないことを、日本人は九三年十月二十八日のドーハで学んだのではなかったか。

ライプチヒの抽選会場でこの組合せに直面したジーコは、初戦で当たるのがオーストラリアであることに不安を隠さなかった。オーストラリアとの戦いは勝利だけが求められる。むしろ初戦がブラジルであればよかった、と周囲には語っている。真っ先に王者ブラジルと戦うならば、日本代表は勝敗や勝ち点の計算を忘れ無心で立ち向かうしかない。ジーコは、そうした重圧をその場で予見していた。

ワールドカップの組合せが決まり、日本の一次リーグ突破が肯定的に報じられた頃、中田は憤った気持ちをメールで送ってきた。

〈オーストラリアになら勝てるなどと思うこと自体、ワールドカップを甘く見ている証拠だ〉

目の前の戦いに全神経を集中してきた中田の危機を探知する能力は別格だ。中田の懸念を、チームはワールドカップ開幕までに払拭することができるのだろうか。

レストランは遅くまで賑わっている。その店の地ビールを喉に流し込みながら、私は朗らかな雰囲気とは裏腹な物恐ろしさを感じていたのだった。

翌朝も寒さは居座ったままだ。中田の忠告に従い薄手のコートを一枚持ってきていたが、それでは到底間に合わない。底冷えのするボンの街では真冬の防寒着が必要だった。

朝食を終えると冷気に震えながらボンの中心部を歩いた。ボンは一九四九年から九〇年まで西ドイツの首都だった。およそ三十一万人が暮らす街は、十三世紀以降ケルン大司教の居住地であり、ベートーヴェンが誕生し、シューマンが臨終を迎えた街としても知られている。

地図を広げて行動半径を確認する。ボン旧市街は思った以上に狭く、どこへでも歩いていくことができた。

市庁舎やベートーヴェンが誕生した家、商店街、ライン川に沿って広がる緑深い公園、日本代表の練習専用スタジアムである「SSFボン競技場」と、徒歩で関係各所を回りながら、その静けさにワールドカップ開幕が遠い先のように思えてならなかった。

ただ、決戦が近いことを思い起こさせるものはあった。ブルーの幟《のぼり》だ。日本人を歓迎するために街のあちこちに立てられた幟は、ここが日本代表の陣屋であることを教えていた。

午後には、ドイツで使用する携帯電話を購入し、その足で日本サッカー協会が開設したメディアセンター兼サポーターたちの情報基地「G－JAMPS」へ行く。日本で申請した練習取材用のパスを受け取るためだった。

その建物は普段はライン州立博物館であるのだが、協会が一部を借り上げ一階はプレスセンターとライン地方の料理と和食を出すレストラン、地下はサポーターからの寄せ書きと日本サッカーの歴史と選手たちの写真の展示場になっていた。ボン大学で日本語を専攻する学生たちがボランティアで地図や歴史のパンフレットを配っている。日本代表に同行し、すでに数日前からボンに入っている記者たちは、プレスセンターでパソコンをつなぎそれぞれの仕事に追われていた。

日本からのサポーターもすでに数十人が訪れていた。ユニフォームを着た彼らは、建物の壁面に隙《すき》間《ま》なく飾られた百枚にもなる日本代表ユニフォームを見上げながらドイツ戦の話をしている。午後八時半から行われるドイツ代表との親善試合の舞台は、ボンからさほど遠くないバイエルン・レバークーゼンのホームスタジアム、バイ・アレーナだ。

夕刻になり、G－JAMPSからホテルへ戻ると薄手のシャツを何枚も重ね着し、夜の寒さに備える。インターネットでバイ・アレーナの位置を検索するとボンからわずか三十キロほどだった。

アウトバーンを走りレバークーゼンに向かいながら、中田のメールにあった一文を思い起こしていた。

〈ドイツ戦でちょっとガツンとやられたほうがいいのかもしれないな〉

チームを奮起させるために態度を硬化させていく中田は、ピッチの上で重大な問題があることを叫び続ければ続けるほど孤独を深めていく。孤独をすっかり受け入れている彼につきまとう寂寥感《せきりょうかん》は、さらに色濃くなってはいないだろうか。中田とチームの関係がプレーにどう表れるのか、それが気がかりだった。

スタジアムには数十分で到着したが駐車場を探すことに手間取り、ゲートにたどり着いたのは午後七時。セキュリティーを通りバーコードで管理されたチケットを提示し階段を駆け昇ると、スタジアムを埋める白いユニフォームの塊に目を奪われる。

吐く息が白い。寒さに耐え切れず両手を擦《こす》り合わせながら席に着く。最前列から三列目でピッチは手が届くほど近い。

二万二千五百人という観客で埋められ、数限りないドイツ国旗が打ち振られているスタンドは、ホームでワールドカップを戦うドイツ人サポーターたちの弾む声で揺れていた。少ない日本人観客を取り囲むドイツ人たちの血気が直《じか》に伝わり、身震いさせられる。

七四年に行われたワールドカップ西ドイツ大会に優勝してから三十二年、九〇年イタリア大会の西ドイツ優勝から十六年、統一したドイツで優勝を目指すドイツ代表は監督であるユルゲン・クリンスマンの指揮により生まれ変わっていた。これまでドイツの伝統とされた守備的で高さや身体的強さに頼るプレーを捨て、選手個人のテクニックを重視し、攻撃と守備をシステマチックに切り替えるサッカーへの転換を図っていた。

地元の新聞によれば、クリンスマンはドイツ代表にアメリカのフットボールのシステムを導入していた。守備には守備のスペシャリストが、攻撃には攻撃のスペシャリストがつき、戦略を立てて指導し、その力を組み合わせることでチーム力を活性化させたのだという。

九〇年イタリア大会で優勝した西ドイツ代表のストライカーであり、監督となってからはドイツサッカーのスタイルを一変させたクリンスマンは、連日、報道の渦中にあった。アメリカのロサンゼルスに住むクリンスマンがドイツに〝通勤〟し、作り上げた新生ドイツ代表でワールドカップを手中にできるのか、と賛否両論が巻き起こっている。

サポーターは、ひとつになったドイツに三度目のワールドカップを、とスローガンを叫んでいる。

第二次世界大戦で敗戦国となったドイツはアメリカ、イギリス、フランス、ソビエト連邦により分割占領され、六一年には東西に分けられる。それから二十八年後の八九年、ベルリンの壁が崩壊し、九〇年十月に西ドイツが東ドイツを吸収する形で再統一されたのだった。

ドイツ代表のキャプテン、ミヒャエル・バラックは東ドイツ出身である。ポーランドとの国境を流れるナイセ川流域の都市ゲルリッツで生まれ育ったバラックが十三歳のとき、ベルリンの壁は崩壊した。

ブンデスリーガのバイエルン・ミュンヘンからプレミアリーグのチェルシーへ移籍を果たし、世界最高のMFの一人と称されるまでになったバラックこそ統一ドイツの象徴である。

クリンスマンやドイツ代表選手が引き受けるプレッシャーを想像すると胸が痛くなる。未《いま》だ守るべきものはなく、ただ挑むことが許される日本代表はむしろ気楽で有利なのかもしれない。私はスタンドで叫ぶドイツ人を見渡しながら、そう思っていた。

スタンドを埋めるドイツ人サポーターが思い描くシナリオは単純だ。ドイツ代表は格下の日本代表との親善試合に大勝し一気に弾みをつける、というもの。試合開始一時間ほど前に両チームの選手たちがフィールドに進み出てボールを回し始めると、スタンドは会話ができなくなるほどの轟音《ごうおん》に包まれた。

私はピッチに散った日本人選手ひとりひとりを丹念に見た。森林での動物観察などに使われるシュタイナーという小型高性能双眼鏡でなら、彼らの細かな表情まで見ることができる。

寒さで硬くなった体をほぐそうと激しく動き、短いダッシュを忙《せわ》しなく繰り返していたのは中田だった。今晩の親善試合で中田がどんなプレーを見せるのか、その一挙手一投足こそがワールドカップ日本代表の行方を占うことになるのではないか。かじかむ手でノートを開きボールペンを走らせた私は、息を呑んでキックオフのときを待った。

日本代表の先発メンバーは、GK川口能活、DF坪井慶介、宮本恒靖、中澤佑二、MF加地亮、中田英寿、福西崇史、三都主《サントス》アレサンドロ、中村俊輔、FW高原直泰、柳沢敦、布陣は3―5―2である。

平均身長百八十五センチの高さを武器にしたドイツは、親善試合を楽しむ様子もなく八時半のキックオフ直後から猛攻を見せる。

序盤戦、両サイドから日本陣内に切り込む戦術を多用するドイツ。日本は全員が引いて懸命にドイツの攻撃を食い止めていく。コンパクトなラインを保ち、日本はドイツの攻撃にじっと耐えていた。むしろ、ドイツが攻めれば攻めるほど日本は緊張の糸をぴんと張って、選手たちの動きは活発になり効率的になっていった。

〇二年、横浜で決勝を戦ったFWのクローゼは健在だ。スピードの衰えぬ彼がドリブルで突破しようと右サイドを駆け上がる。しかし、日本はクローゼの動きに適切に反応した。三都主と中澤がクローゼをサンドイッチのように挟んで動きを止めた。

中田もクローゼが突進するたびに最終ラインまで戻り、ゴールマウスの前に立ってコースを消した。ドイツはさらにサイドを崩し中央にボールを集めてくる。中田は、両サイドから放り込まれるクロスに対応するためペナルティーエリア中央付近まで下がり守備陣を援護した。

ペナルティーエリアの手前でクローゼがボールを受けキープしシュートのチャンスを狙うが、ここでも中澤、宮本、坪井の三人がクローゼをがっちり囲みゴール前へ躍り出ようとするクローゼの足を止めている。ディフェンスラインが強固と見ると、右のボランチであるバラックがその最終ラインの裏にスルーパスを送った。二十一歳のシュバインシュタイガーが再三前線へ抜け出していく。このシュバインシュタイガーの力強く中央に切り込んでからのミドルシュートがドイツのゴールパターンになっている。長い距離を縦に走るシュバインシュタイガーの体力は底なしに見える。が、行く手を阻む日本守備陣の体力もスピードも劣ってはいなかった。中田も全力疾走でシュバインシュタイガーに体を寄せ、行く手を阻もうとしている。

攻めるドイツに引いた位置でプレーすることを強いられた中田だが、味方の守備を確認しながら機を見ては攻撃に転じようと前を向く意識を忘れたことはなかった。中田のインターセプトは日本の攻撃の起点となった。中田は奪ったボールを足元で操りながら素早く左右を見渡し、左サイドの三都主へ送り突破口を開こうとしている。

前半十三分過ぎ、中田のイマジネーションが完璧に再現されたプレーがあり、私は思わず立ち上がっていた。

このとき、中田はボールを中盤で回しながらチャンスを見据えていた。にわかに左サイドに大きなロングパスが入る。本来のポジションより少し下がった位置でこのパスを受けた柳沢が中央に走り込みながら縦へのスルーパスを出した。そこにいきなり現れたのが中田だった。中田は右サイドを大きく回って相手DFやGKのレーマンの視界から姿を消し、そして予測のつかない方向からゴール前に走り込んだのである。飛び込んだ彼は体をゴムまりのように弾ませながら左足で豪快なシュートを放った。レーマンが反応し、からくもセーブしたが、レーマンは中田をフリーにした選手を怒鳴りつけていた。

シュートにまで持ち込んだ中田は柳沢を見て頷いていた。ヤナギとなら目を合わせただけで次のプレーの展開を共有できる――。柳沢との相性の良さはかねてから何度も聞かされていた。

私は、ゴールの決まらなかった悔しさより中田がイメージするプレーを体現していることに心が躍った。

それまで低い位置で様子をうかがっていたバラックも参戦し、守る日本にドイツは猛然と波状攻撃を仕掛けてくる。ときにはペナルティーエリア内でパスを待ち、ときにはミドルレンジシュートを打ち、ときには左右から放り込まれるクロスにヘッドで合わせた。バラックの大きな肉体はドイツ代表のランドマークだった。

このバラックの攻撃参加が合図となり、シュバインシュタイガーとクローゼもゴールへの執念をむき出しにした。

ところが、最終ラインが三人から五人へと自在に変わる日本の守備は、この猛攻を凌《しの》ぎ切る。DFに加え中田、福西、中村の中盤、さらにFWの柳沢、高原までもが激しい当たりに耐え、必死でドイツ選手の動きを抑え込んだ。

中田の動きも複雑かつ素早かった。中田はボールを持ったドイツ人選手に追いすがるだけでなく、次なるパスコースを消し、走り込むスペースを埋めている。イタリアやイングランドのサッカー中継では、ボールに触らないファインプレーがよく実況される。その攻撃の芽を摘む地道な仕事を、中田はひたすらこなしていた。

前半三十六分、ゴールを奪えないドイツの苛立ちがラフプレーになって表れる。加地が真後ろからシュバインシュタイガーのタックルを受け、足を抱え込むようにして倒れ込んでしまったのだ。立ち上がることができない加地は、担架に乗せられピッチの外に運び出される。前半三十九分、その加地に代わって駒野《こまの》友一《ゆういち》がピッチに立った。柳沢のユニフォームが引っ張られて派手に破られるラフプレーには笑っていられたが、加地へのファールはレッドカードでもおかしくない。運び出される加地の姿にジーコや選手たちは表情を曇らせた。

ハーフタイム間際にもドイツは攻撃の手を休めない。クローゼやFWポドルスキーが打って出る。

しかし、怒濤《どとう》の前半戦はお互いにスコアレスのまま終わった。

ピッチから戻る中田は激昂し声をあげていた。中田は歩きながら、宮本に顔を向け激しい言葉を投げかけている。普段は冷静な宮本も顔を高潮させ中田に言い返していた。二人の口論は終盤の防戦一方の展開によるものなのか。中田と宮本の口論は他の選手たちの耳にも入り、その張り詰めた空気はロッカールームへと持ち込まれたはずだった。

スタンドには異様な興奮があった。なかなかゴールを奪えない自国チームへの苛立ちと、堂々とドイツと渡り合った日本サッカーへの驚きが渦を巻いている。通路へ消えていく選手たちの背中を見送ると、私はノートに書きなぐった文字を読み返した。

日本が凌いだドイツのコーナーキック（ＣＫ）は八本にもなっている。ドイツにカウンター攻撃を仕掛けた日本は、コンパクトで速いパスでドイツを翻弄《ほんろう》しシュートにまで持ち込んでもいる。ＤＦとＭＦの連携は滑らかだ。守備に献身的だった中田も、積極的なカウンター攻撃を見せ前へと走りだしていた。ジーコが選手たちに与えた〝自由〟は確かに機能していた。

売店で買った薄いコーヒーで体を温めながら、私は控え選手たちが体を動かしているピッチに目を向けた。ジーコが四年をかけて組み上げた歯車がついに動きだしているのか。ドイツ戦の前半は、それを証明したのだろうか。

この瞬間、中田は何を思っているだろう。このまま波に乗れるという手ごたえを持ったのか。いや、彼ならばドイツの攻撃を防いだことに満足することなく、ゴールを奪えなかったことに奮起しているだろう。ゴールが必要な後半戦、中田がより攻撃的なプレーに転じる姿が私には見えた。

後半開始早々、やはり中田が攻め入る強い気持ちを持っていることが分かった。ドイツの突撃を警戒し引いたポジションからではあるが、長い縦パスをサイドプレイヤーに配給していく。それを受けた駒野や三都主は、迷わずサイドをドリブルで駆け上がった。高速ドリブルの最後に繰り出されるクロスは、精度が低くなかなか高原や柳沢には合わなかった。しかし、中田を起点とした攻撃パターンはチームを躍動的にした。

シュバインシュタイガーの中央突破のドリブルも、右サイドから飛んだフリンクスの正確なクロスも、最後は宮本、中澤、坪井が懸命にクリアした。

鉄壁の守備に支えられ、最前線の高原と柳沢も体を張ってシュートを放つ。中田、三都主とダイレクトにパスがつながり、ゴール前で高原と柳沢が交錯し、どちらかがシュートを打った。日本のカウンターがドイツを苦しめ始めていた。

後半十二分、ついにゲームの流れは日本へと傾いた。自陣に下がっていた中村がフェイントで二人をかわし前線にボールを送る。それを受けた柳沢は、間髪を入れずダイレクトでドイツDFたちの頭上を越えるパスを出した。完全にフリーで走り込んできた高原はドリブルで持ち込み、ペナルティエリアのわずかに外側から狙いすまして右足を振り抜いた。GKのレーマンも余裕を持った高原を躊躇させることはできない。レーマンの動きを見据えた高原のシュートは、レーマンの右手の上を抜けゴールネットのど真ん中を射抜いた。日本代表の先制ゴールに、スタジアムはどよめいた。ゴールの瞬間に尻《しり》もちをついたレーマンがゆっくりと立ち上がる。

攻めと守りの切り替えのテンポが速まっていく。チャンスのあとにはピンチを招くが、日本代表の守備はなんとか持ちこたえることができた。

中田がスペースでボールをキープすると日本に攻めのスイッチが入る。後半二十分、中田からパスを受けた中村が駒野へ回し、駒野がペナルティーエリア内にグラウンダーのクロスを送った。ゴールに背を向け、足元にボールをおさめた高原は、軽業師《かるわざし》のような身のこなしで、背後にいたバラックと後半に入ったDFのノボトニーの間をすり抜け、一瞬でシュートを打つ。ドスンという音とともに追加点が入った。高原の連続得点で日本は二点のリードを奪ったのである。

笑顔の中田はスタントのすぐ下で両手を挙げる高原の背後から肩を抱き、ゴールを祝福している。その足取りには疲労の色も見えたが、挙げた手で拍手をする中田の表情は清爽《せいそう》だ。

親善試合に軽々と勝って本大会に突入しようと目論んだはずのドイツの選手たちは、にわかに表情を厳しくしていた。日本に負けるようなことがあれば、明日からの報道の行方も想像がつく。鬼気迫る表情の彼らは、がむしゃらにゴール前へとボールを運びシュートを狙う。

中田も最終ラインまで下がりドイツのパスをカットするために走り回った。そうしながら前半にも増して大きな声で叫んでいる。GKの川口に幾度も声をかける中田。彼は守備の連携が疲労とともに緩みつつあることを察知していた。

後半三十一分、左サイドからのフリーキック（FK）でシュバインシュタイガーがふんわりとした高いボールをゴール前に放り込む。一瞬の隙《すき》を突き、宮本のマークを完全に振り切ったクローゼが足で押し込み、一点を返した。

追加点が欲しいジーコは高原に代え大黒を投入するが、ここぞとばかりに攻め入るドイツの勢いに大黒の縦の動きも俊足も機能しない。

ボールに追いすがり次第に水際でドイツの攻撃を防ぐのがやっとになる日本。流れの中ではマークを外さなかった守備陣だが、セットプレーになるとばたばたと慌てだした。

後半三十五分、シュナイダーが蹴った右サイドからのFK。大きな放物線を描いたボールは絶好のクロスとなってペナルティーエリア内に入ってくる。ボールに目を奪われていた日本守備陣の裏から駆け込んできたシュバインシュタイガーがヘディングシュートを放つ。川口も反応できないほどの弾丸シュートがゴール左隅に決まった。土壇場でドイツは同点に追いついた。

2―2になった直後、ジーコは柳沢に代えて玉田《たまだ》圭司《けいじ》を投入。ピッチの中央に立った中田は、玉田に声をかけながら、起死回生を狙って左サイドから猛然とドリブルで駆け上がっていく。また、ドイツの最終ラインの裏を突くと、大黒にスルーパスを送る。DFに取り囲まれた大黒はそれでも体を反転させシュートを打つが、その軌道はレーマンの正面だった。

残すところあと五分、中田は腕を前へ出し懸命に攻める意思表示をする。最前列まで飛び出す中田に呼応して、中盤まで下がってボールを待った大黒がチャンスを作り出した。大黒が中村につなぎ、中村が大きなクロスを上げる。

ドイツ守備陣の目をかわしながらポジションを上げファーサイドから全力で駆け込んだ中田が頭で合わせボールをゴール前にそっと落とした。そこへ詰めていた大黒がそのまま押し込もうとする。が、ノボトニーが体を寄せて大黒の動きを封じ、結局シュートを打たせなかった。

中田は、その後も体力のある大黒にクロスを送り追加点を目指した。

ドイツも逆転勝利を狙っている。しかし、エリア内に攻め込まれた中澤、宮本、坪井は、身を挺してドイツのフィニッシュをクリアする。

ロスタイムが三分と掲示されても、両チームは攻めの姿勢を崩さなかった。最終ラインの補強のためにずっと低い位置でプレーしていた福西もペナルティーエリアまで上がり、ボールを競り合った。めまぐるしい攻防戦はロスタイム終了まで続き、ゲームは引き分けで終わった。

2−2という結末にスタンドのドイツ人たちは落胆を隠さなかった。格下と決めつけていた相手に玩弄《がんろう》された悔しさが失意となってドイツ代表に向けられている。むしろ日本代表の健闘は光り輝き、現に選手やベンチで選手を出迎えるジーコの表情には笑みすらあった。

激しい戦況に私も寒さを忘れていた。勝利に対する強い意志を感じ、数々のチャンスを作り出した日本代表が誇らしかった。ノートに記した幾多のチャンスとピンチ。ドイツと渡り合った彼らのプレーは、もはやワールドカップ初心者ではないことを物語っていた。

ドイツ戦について中田はどんなことを話すだろうか。深夜ホテルに戻った私は、ドイツ戦で得た手ごたえを教えて欲しいとメールを書いた。印象的な場面をいくつか書き添えたのだが、その映像は頭の中で鮮明に浮かび上がっていた。

五月三十一日、吹く風は冷たく春は一向に訪れない。この日、午前九時半からの調整練習を見た後、ボンから二十キロほど離れたケルンのデパートに防寒着を買いに出かけた。デパートの衣料品売り場にはすでに春物ばかりが並んでいる。冬物はないかと店員に聞くと、怪訝《けげん》そうな顔で、あるわけがないと切り返された。仕方なくスポーツ用品売り場に出向いた私は、雨風を絶対に通さないゴアテックス素材の登山用のマウンテンパーカーとセーターを買った。

その帰りには世界遺産であるケルン大聖堂に立ち寄った。ゴシック様式の建築としては世界最大の教会にはワールドカップでドイツを訪れている観光客が押し寄せていた。行き交うのはイギリス、フランス、イタリア、スペイン、ポルトガルといった欧州の人たちだけでない。はるか南米から来たアルゼンチン人やブラジル人、開幕戦を見るために駆けつけたというコスタリカ人にもそこで出会った。

空を刺すように延びる二本の塔は高く正面のファッサードは重厚で美しい。九日後に迫った戦いの開始を前に、人々は穏やかな表情でその塔を仰ぎ見ている。

私が心安く買い物に出かけ、教会を訪れることができたのは何より昨晩のドイツ戦のおかげだった。朝一番でインターネットで最新の記事を検索すると、ジーコや選手たちのコメントが記されていた。中田は記者の質問にこう答えている。

「2―0から追いつかれたのは残念だったが、収穫のあるゲームだったと思う。評価できるのはゴール前で決定的なチャンスを何度も作れたこと。しっかりパスを回せば、強い相手であってもいいサッカーができる自信になった。このチームになって、最高のゲームだったと思う。もちろん反省点も多い。やはりセットプレーへの対応だ。パーフェクトを目指すのは無理だと思うが、細かいところを修正していく必要がある」

ジーコも本大会へ向けた自信を言葉にした。

「試合内容については満足している。何度も決定的チャンスを作ることができたし、守備でも集中していた。不利なジャッジやドイツの荒いプレーにも屈することなく気持ちの入ったプレーを見せてくれた。課題もあるが次につながる試合だったと思う」

クリンスマンのコメントにはジーコと日本代表に対する敬意がこめられていた。

「攻守の切り替えが遅く、ボールを持ってもパスミスが目立った。決定的なパスを許し、守備の集中力が欠けている点が浮き彫りになってしまった。大きな問題を突きつけられたが、現時点で百パーセントでなくてもよいと思っている。まだ十日あるので修正を加えていきたい。日本はスピードがありジーコ監督には『とても良いチームになりましたね』と伝えた。日本はワールドカップ参加チームであり、アジアのチャンピオンなのだから、わがチームがひとつのチャンスも与えないことなど期待できなかった」

日本代表は確実にドイツ代表を威圧し、勢いと力を見せつけていた。

なかでも、中田は激しい攻防戦にあって自ら能動的に動いた。次の展開を思考し、チームメイトにどう反応しどう動くのかを問うてきた彼が、ドイツ戦では一次リーグに向けて手ごたえを覚えたのかもしれない。

互いの意見を隠さず直球でぶつけることを望んだ中田は、ドイツ戦を終え、選手たちと何を話しているだろうか。足を負傷し途中退場した加地が捻挫《ねんざ》で練習を休むことが報じられたがチームに動揺はないだろうか。ワールドカップ開幕まであと九日、日本代表の初戦まであと十二日、選手間のコミュニケーションは強固なものになったのか。

迫りくる戦いを待つ中田の声が、私は早く聞きたかった。

ケルンから戻りパソコンを開くと待っていた中田からの返信メールが届いていた。冷静な文章は、私の高揚やドイツ戦を自ら賞賛するものとはかけ離れていた。

〈今日は、守備のラインが比較的高く保てた。その結果、中盤でボールをカットする事が容易になった。ボールを支配すればそこから速攻に持ち込める。昨日のゲームで良いところはしっかりとパスを回せたところ。でも、修正せざるを得ない悪いところも浮かび上がっている。それに、日本が良かったとは単純には言えないよ。ドイツ代表の調子は良くなかったからね。そのことを忘れてはならない。ドイツに引き分けた事を喜ぶ余裕なんて今のチームには無いはずだ。それにしても……、これほどドイツ選手が大きいとは！　バラックなんて見上げるほどだよ。今まで何度も戦っているけど昨日のゲームではドイツ人の大きさを思い知らされた〉

最後に、詳しいことは一次リーグ初戦の前に直接話そう、と中田は書いていた。

夕刻、フジタから電話があった。フジタは中田がスタッフと過ごす時間があることを教えてくれた。代表の選手たちには練習の前後に休憩時間が与えられている。その間、中田は休息を取り、またスタッフと打ち合わせをするためサニーサイドアップが事務所として借り上げたホテルの部屋を訪れていた。そこでの雑談ではゲームやプレーについての話もふんだんに交わされる。フジタの誘いに従い、私はオーストラリア戦の前にその部屋を訪れることを約束した。

六月を迎えても気温は十度ほどにしか上がらない。テレビのニュースでも異常気象はトップニュースになっていた。五月三十日、三十一日はベルリンに雪がちらつき、オーストリアとの国境付近は大雪に見舞われ、一部道路が封鎖されていた。

マウンテンパーカーとセーターで防寒した私は安堵してＳＳＦボン競技場のスタンド席に座ることができた。見るとピッチに出てきた選手たちも手袋をしている。

寒さには慣れたが、練習に訪れるたいそうな人出には驚かされた。テレビ、新聞、雑誌、インターネットといった多種多様なメディアの取材陣は百人をゆうに超えている。目を引くのは元日本代表選手たちがリポートしている姿だ。各テレビ局がリポーター、コメンテーターとして引退した有名選手を起用している。スタンドには井原正己、福田《ふくだ》正博《まさひろ》、相馬《そうま》直樹《なおき》、北澤豪、小倉《おぐら》隆史《たかふみ》、前園真聖、浅野《あさの》哲也《てつや》の姿があった。サッカー選手であった彼らが、今は解説者・リポーターとして、ワールドカップの地を訪れている。

ライトが照らされテレビカメラの前ではきはきとリポートをする彼らの姿に、時の流れを感じずにはいられない。

取材陣のスペースと柵《さく》で仕切られたファンの観覧席には、日本からのサポーターと地元のドイツ人が詰めかけていた。地元の小学生が先生の引率でスタンドに訪れ日の丸を手に覚えたての日本語で声援を送っている。また、ドイツを苦しめた日本代表を一目見ようと詰めかけた物見遊山《ものみゆさん》のドイツ人が加わり、スタンド席は鈴なりになっていた。

練習が開始されると選手たちの笑い声が響く。ドイツ戦でのプレーが再現できれば初戦のオーストラリアにも日本の力を見せつけられる。そんな気持ちが選手たちを笑顔にしているのだろう。

ボールを持って軽くトラップをする中田に、小野《おの》伸二《しんじ》や中田浩二が歩み寄る。声をかけられた中田は、練習前のボール回しに加わった。Jヴィレッジでは一人でボールを蹴り、コーチを相手にパスをしていた中田だったが、今は笑顔で輪の中にいる。

ゴールデンエイジと呼ばれる九九年ワールドユース準優勝組の選手たちは結束が固く、プレーで自己を主張する三つ年上の中田とは反りが合わないと囁かれてきた。しかし、小野や中田浩二は中田だけが孤立しないよう思いやりを見せている。

目の前の光景は、これまでの経緯はともかく、現時点で彼らが良好なコミュニケーションを得たことを証明しているのか。ウォーミングアップのボール回しでは、誰かがハッスルプレーを見せるたびに大きな笑い声が響き、ピッチの雰囲気を明るくしていった。

ジーコが指揮する練習は淡々と進んでいた。

選手たちに自由を与えたと言われるが、実際、ジーコは単に好き勝手にしろと言ったわけではない。戦術には基本プランがあり、そのためのプレーを選手個人が選択する権利を与えたのだ。

自由があれば、その責任も負わなければならない——。この中田の言葉は、ジーコの目指すサッカーを実践しようとする強い意志の表れだった。

ボンの練習場でも、ジーコと中田はときおりイタリア語で会話している。これまでも中田にジーコとの話の内容を聞いたが、ほとんどはサッカーのことではないという。

「イタリア語で話すのは、世間話だよ。天気の話とかバカンスで行った場所のこととか。もちろんたまにはサッカーについて話すこともあるけれど、ほとんどはたわいのないことだよ」

国外でサッカーに打ち込む共通の境遇が二人をより結びつけているのだ。私は、よく喋《しゃべ》る二人の姿を眺めながら、彼らが他を寄せつけない威光を発しているとも感じていた。

六月二日は気温が急上昇して二十度ほどになり、ボンに遅い春が訪れていた。南風に乗ってタンポポやポプラの綿毛が宙を舞っている。

三日の練習の雰囲気はいつもと変わらなかった。姿を見せた選手たちの和やかな声が記者のいるスタンドにまで届いている。しかし、中田の姿を追っていた私は、ある場面を見て驚いた。いつものようにウォーミングアップのためのボール回しが始まろうとしたその瞬間、少し離れた場所から数人の選手が中田を「こっちで一緒に」と誘うしぐさを見せた。ところが中田は顔を小さく振るとただ一人でリフティングを始めたのだ。仲間に加わることを拒絶したのである。

中田を誘った選手たちにしてみれば、彼の頑なな態度は不遜《ふそん》としか映らない。実は、他の選手たちにも中田を訝《いぶか》しいと思う出来事があった。前日の新聞に中田のこんなコメントが載ったのだ。

「このチームは仲が良すぎる」

選手たちの中には、チームに弾けるような勝利への執念が生まれないことを危惧している者もいた。戦いの気持ちはドイツへ入っても一向に高まらず、「仲が良すぎる」という中田の考えに共感する選手も少なくなかった。しかし、中田のコメントが紙面に載ったことで、「新聞記者に話す前に、どうしてチームで話してくれないいんだ」という憤りだけが表立っていった。

中田には話が通じない、中田が何を考えているか分からない——。チーム内に、そうした空気が燻《くすぶ》りだしていた。

さかのぼれば、アジア地区最終予選を戦っている間、なりふりかまわず皆に自分の考えをぶつけた中田を「イタい人」と呼んだ者がいた。イランに負けを喫したあとに噴出した「中田不要論」は、マスコミだけが騒ぎ立てたわけでなく代表チーム内部からも湧き起こったものだ。

一人でボールを蹴る中田と笑顔でボールを回す選手たちの間には、世界を違えるほどの高い壁ができていた。

二時間のチーム練習を終えると、選手はそれぞれに違った動きを見せる。ほとんどの選手はロッカールームへと戻ったが、中村、大黒はシュート練習を始めていた。中田もそこに加わりシュートを打ち始めた。
この日の練習でも中村と大黒からパスを受け、ダイレクトでシュートに持ち込む場面がたびたびあった。中田は明らかに中村との連携を意識している。

放った強烈なミドルシュートがゴールの枠を外れると、中田は背を反らし空に顔を向けたまま目を閉じた。彼の頭ではドイツ戦の前半十三分過ぎに外したシュートの光景が蘇っていたのかもしれない。

ゴールを得ることに貪欲な中田は四十分間、滴る汗をぬぐうこともせずに蹴り続けた。ＧＫとの一対一のシュート、ペナルティーエリアの外からのミドルシュートなど自らの攻撃パターンを増やすという意気込みさえ見せていた。

マルタ戦でゴールを決める。そう宣言しているようにも見えたシュート練習が終わると、中田はグラウンドの中央で腰を下ろした。膝を両手で抱え晴れた空を見上げながらしばらくの間、動かなかった。

3 崩壊をもたらしたマルタ戦

六月四日、マルタとの親善試合の会場はデュッセルドルフのスタジアムだった。ボンから六十キロほど離れた工業都市は日本企業の支社が数多く置かれ、フランクフルトと並んで日本人が多く暮らす街だ。

中田とサニーサイドアップは、デュッセルドルフのインマーマン通りに「nakata.net cafe ドイツサテライト」を出店していた。この通りには、日本総領事館や多くの日本食のレストランがあり、日本人街としても知られている。

中田の念願だったサテライト店は、日本人女性が経営するデュッセルドルフのベーカリーショップ「Bakery My Heart」の協力で実現していた。店には、日本独自の菓子パンや調理パンが並び、インターネットで日本語のサイトを自由に見ることができた。

フジタや、村上、藤沼、シゲはドイツに入ってからたびたびこの店を訪れ、上手く機能しているかを確認していた。当日、私もその店に立ち寄ったが日本人サポーターで溢れ返る店内に入ることはできなかった。一日中行列ができるほどの盛況を誇る東京・青山の nakata.net cafe 同様、デュッセルドルフの店もサポーターたちに認知されていた。

コーヒーを飲みながらサッカーを観戦し、ワールドカップの情報を提供する。中田の心算《しんさん》はドイツでも確かに形になっていた。

インマーマン通りから郊外へ車で十五分ほど走ると、デュッセルドルフのスタジアムが見えてくる。緑の中に光る銀色のフォルムが美しい。巨大な駐車場に車を入れ、セキュリティーチェックを受け、スタンド席に到着したのは試合開始二時間前の午後一時だった。

またも最前列から五列目でピッチが近い。スタンドに張り詰めた空気は微塵《みじん》もなく、まるでファン感謝デーといった雰囲気だ。ドイツ代表戦とは違いサポーターのほとんどはドイツ在住の日本人で、外国人の姿は数えるほどしか見られない。

日曜日とあって日本人学校の生徒たちや在ドイツ日本企業の駐在員家族が大挙して応援に駆けつけていた。皆、日本代表の青いユニフォームを着て日の丸を振っている。サッカー専用スタジアムでピッチが近く、幼い子供とその若い両親、ビールを飲む若者たちは、明るい声で選手の名を連呼し、デジタルカメラのシャッターを切りまくっている。

前日の練習後、記者の質問に答えた中田は「自分の状態をあと少し上げていかなければならない。チームは、ドイツ戦で浮かんだ課題を修正している。もう少し時間がかかると思います。マルタ戦では、高い位置でボールを奪い、そこからの速攻を確実にやっていきたい。本番前、最後の練習試合なので大事にしたいと思います」と、話していた。

芝の上で体を跳躍させている彼の脳裏には、これから行われるゲームの映像が浮かんでいるに違いない。

それにしても、スタジアムはワールドカップ直前とは思えない雰囲気だ。この弛緩《しかん》した空気を選手たちはどう感じているのか。私は、ドイツ戦とは打って変わった和やかな様子に戸惑った。だが、試合開始一時間前に姿を現しウォーミングアップに熱を入れる選手たちからは、特別変わった様子は読み取れない。中田も芝生だけをにらみ、黙々とダッシュを繰り返して心拍数を上げている。

日本の先発は、足首を痛めた加地に代わって駒野が入り、FWには高原、柳沢ではなく大黒と玉田が入った。

三時にキックオフ。日本代表の布陣をノートに書き留めた私は、初めて見るマルタ代表のサッカーがどんなスタイルなのかと想像した。

前夜インターネットで調べると、ワールドカップのヨーロッパ地区予選で早々に敗退したマルタのFIFAランキングは百二十五位。日本がアジア地区一次予選で戦った各国よりも順位は下だ。

本番直前に格下と対戦するのは調整のための常套《じようとう》手段でもある。戦術のシミュレーションやフォーメーションを試し、控えの選手を出場させて連携やコンディションを確認する。追い詰められることなくゆったりと自分たちのサッカーを確認するためだ。

しかし、日本代表にとっては、実力で劣る対戦相手とのゲームこそが鬼門だった。アジア地区一次予選で戦ったオマーン、シンガポールがそのいい例だ。二試合とも日本はかろうじて一点差で勝利したのだが、あのときに敗れていれば間違いなくチームは崩壊していた。

現に、川淵三郎は、先制した日本にシンガポールが追いついた後半十八分から出場した藤田《ふじた》俊哉《としや》が追加点を決める後半三十七分までの十九分間、「このまま同点で終わるのならジーコの更迭やむなし」と、考えていたのである。

格下の相手――。これは中田が最も嫌悪する言葉だった。どんな相手であろうと決して侮ることのなかった彼は、繰り返しこう言っていた。

「FIFAのランキングなどなんの意味も持たない。その瞬間にどんなプレーをするかがすべてなんだから。もし相手を格下だと侮って戦えば落とし穴が待っている。少しでも浮《うわ》ついた気持ちがあれば、全力を出し切れぬまま自滅する」

サッカーという競技では最強のチームに対しても勝利する可能性がある。自分たちより弱いチームと戦うなどと考えた瞬間に気持ちは緩む。慢心は最高のプレーを封印してしまう。十代の頃から中田はそう信じ自分を戒めてきた。

そして、ドイツを目指す代表に名を連ねると日本の弱点をこう言い切った。

「日本代表より弱いと思うチームに対すると百パーセントの力を出し切らない。相手が強敵であれば迷うことなく全力でぶつかっていけるのに、力の差があると安心した瞬間にダラダラと相手に合わせてしまうんだ」

マルタ代表との親善試合が、三度目のワールドカップに挑む日本代表に何をもたらすのか。猛禽類《もうきんるい》が草原の小動物を一撃にするかのごとく完膚《かんぷ》なきまでに叩きのめすか、それともオマーンやシンガポール、そしてドイツ大会出場を決めた北朝鮮戦のように、真の力を出し切れぬまま九十分を終えるのか。

顔を大きく左右に振ってピッチを見渡している中田の鋭い視線を感じた私は、彼がこのゲームにこそ大勝しなければならないと意気込んでいるのが分かった。

力の差は歴然だった。日本代表の先制ゴールは開始わずか二分に決まる。

マルタがクリアしたボールを左サイドで三都主が受け止め、そのままマルタのDFを抜き去り地を這うようなクロスを入れた。ゴール前にいち早く躍り出て体勢を整えていた玉田が左足でマルタDFの股《また》を抜けるボレーシュートを試みた。マルタのGKはなす術もない。日本はあっけなく先制点を奪ったのである。

〇四年のカザフスタン戦以来のゴールを決めた玉田。彼の復調は日本にとっては朗報だった。中盤の仕事もこなす俊足の玉田が存在感を示せば、攻撃に厚みが増すことになり、対戦国に圧力をかけることができる。

攻撃のパターンを増やすことにこだわっていた中田は、玉田のスピードと思いきりが活かせる展開を作りたい、と常々話していた。ゴールを拍手で讃《たた》える中田の顔に安堵の表情が浮かんでいる。

先制点にスタンドは沸きに沸き、甲高い歓声が渦巻いた。一斉にフラッシュが焚《た》かれた。スタンドはいつまでもざわめいてゲームに集中する静けさはすぐには戻らない。

日本は攻撃の手を緩めなかった。先制点から二分後、右サイドからのスローインが起点となり、駒野が縦へのドリブルで敵陣深くに入り、クロスを放り込む。ゴールマウスのニアサイドに侵入していた中田がそのクロスに合わせようと飛び込んだ。しかし、わずかにタイミングが合わずクリアされてしまう。

その後、中村のCKが二本続いたが、それぞれDFとGKに阻まれた。

日本に一点を奪われ攻め込まれるマルタは、さらなる追加点を警戒し自陣に引いて守ることに徹し始めた。スーツを着込んだ若いマルタ代表監督のフィッツェルは、ベンチの前へ走り出て、腕の動きと声で選手全員に下がれと指示を出していた。

マルタ陣内は守る選手だらけで走り込むスペースがなくなっていた。ペナルティーエリア前にべったりと張りついてポジションを上げない相手に対し、日本代表の選手たちは余裕を持ってボールをキープし、パスをつないでおり、DFからMFへ、MFからDFへ、十分すぎるほど時間をかけながら好機を待った。

　前半十分過ぎから日本の波状攻撃が始まった。ディフェンスラインを高く保ち、中盤からＦＷまで再三前へ出る動きを見せる。しかし、なかなかフィニッシュにまで持ち込むことができない。

　福西のロングパスが左サイドの三都主へ送られ、三都主がゴール前で待つ大黒を目指しピンポイントのクロスを入れるも、マルタのＤＦがクリア。大黒も玉田も、ペナルティーエリア直前まで切り込んでボールを持つが、そのたびマルタのＤＦに阻まれる。

　その後も同じようなプレーが続いた。中盤でボールを持った中村がペナルティーエリアに向かって走る三都主にスルーパス、三都主は素早く中央に折り返そうとしたがＤＦがボールをカットしクリア。ふわりと浮かした中村のＣＫにニアサイドにいた大黒が頭で合わせシュートする。これをマルタのＧＫが右手だけで弾き飛ばした。

　引いてゴール前のスペースを埋めるマルタの選手を遠目に見ながら、日本は敵のいない自陣で優雅にパスを交わす。攻め入る隙を見出せないまま、ラインの上げ下げに消極的になっていった日本代表は、キックオフ直後の勢いを持て余し、途方にくれているように見えた。

　その頃から、プレーのリズムは徐々に緩慢になっていった。走る距離が短くなり、やがてそのスピードも衰える。先制点直後からピッチには中田の甲高い声が響いていた。

「走れ、もっと走れよ」

「前に詰めろ」

「裏に走れ」

「サイドを駆け上がれ」

「相手を引きつけろ」

聞き取れた声は焦慮《しょうりょ》に駆られている。

中田は、この停滞したリズムを変えようとロングパスを出したり、タッチライン沿いに疾走したりする。前半十七分、中田が左サイドにできたわずかなスペースにダイレクトでロングパスを送った。そこへ走り込んだ三都主がトラップせずにクロスを上げ、大黒が飛び込むもマルタのＤＦに体当たりされＣＫになる。ショートコーナーから中村がミドルシュートを打つが、ゴールの枠内には飛ばなかった。

前半二十八分、中田が右サイドにわずかにできたスペースに走り込み体を反転させて中央へ九十度折り返すクロスを放り込んだ。マルタのＤＦがかろうじてクリアし転がったボールを詰めていた駒野がそのままミドルシュートに持ち込む。残念ながら、駒野のシュートはクロスバーの遥か上を行った。

攻めてもゴールに近づかない状況に、次第に中田の顔はゆがんでいった。その表情は高感度双眼鏡を使わずとも見て取れる。彼の腕の動作は、全員で攻めに転じることを求めていたが、止まった選手たちの足はなかなか動きださない。

逆に、それまでシュートを一本も打てなかったマルタは、前半三十分過ぎから攻め疲れた日本代表を尻目に逆襲を仕掛けてきた。

駒野のファールで与えたマルタの右サイドからのＦＫ。高いボールをゴール前に入れるが、素早く前へジャンプして川口がパンチングでクリアする。

この瞬間だった。日本に攻め入る隙があると察知したマルタが動いた。ロングボールを前線に放り込み、こぼれ球からミドルシュートに持ち込み、日本の守備陣をかいくぐろうとドリブルでの突破を試みたのだ。

ＤＦと同じく最後尾まで下がった中田も、ゴール前に集められるマルタのボールを幾度となくクリアした。

停滞した動きに変化をもたらそうと日本は最終ラインを高くする。しかし、マルタはその裏を狙うことを忘れなかった。ゴールに近づくマルタ選手に戻った宮本、中澤が競り合いながら必死で追いすがる。

マルタの一か八かのディフェンスに日本にもＦＫやＣＫのチャンスがたびたび訪れた。だがそれでもマルタのＤＦは隙を見せない。中村のクロスはマルタの壁を直撃し、続く中村の右ＣＫもゴールを脅かすことなくクリアされた。

日本はチャンスを活かせないまま時計の針を進ませていた。繰り返しカウンターへと転じるマルタは、このゲームを捨ててはいない。日本の最終ラインの裏にロングボールを入れ、俊足のＦＷシェンブリがそれを追う。決定的な危機はなかったが、マルタにとって日本のゴールは、遠方の門ではなくなっていた。

中田は額に流れる滝のような汗を両腕でぬぐいながら、形成逆転のためのロングパスを繰り出した。しかし、中田が望んだ場所には誰も走り込んではいない。ボールが転々と転がってラインを割ると、彼は両手を腰に当て目を閉じて上を向いた。

攻撃のためのくさびになろうと三十から四十メートルも前へ走る。しかし、次の瞬間には、守備のためにまた数十メートル戻らなければならない。マルタが築いた守備の壁に阻まれ、日本選手の動きが停滞していたそのとき、まるで一人だけ別のゲームを戦っているように、中田だけが突出して走り回っていた。

前半終盤を迎える頃になると形勢は逆転して見えた。守りに比重を置き、カウンターで攻めるという自分たちのスタイルを貫き通しているマルタが優位に戦っている。

ＦＫを得たマルタが直接ゴールを狙うと壁になっていた中田の出した足に当たる。あわやオウンゴールかとひやりとしたが、ボールは幸いにもクロスバーに当たった。

さらに日本陣内で三都主からボールを奪い、中央へパスをつなぐとＭＦアギウスがロングシュートを打った。シュートはクロスバーにダイレクトで当たり難を逃れたが、およそ一、二分の間に決定的チャンスを二回も与えた守備陣に対し、川口は物凄い形相で怒鳴り声をあげていた。

ペナルティーエリア内で鉄壁の守備を見せ、一瞬の機を見てボールを奪いカウンター攻撃を仕掛けるマルタ。このシンプルな戦術に最後まで日本は翻弄されたのだ。


明らかに力の勝っている日本代表はマルタ代表のペースに呑み込まれてしまった。中田が言った弱点が露呈したのだ。四十五分を戦い終え、通路に消えた中田の表情を私は思い起こした。頬《ほお》は硬直し険のある目には途轍もない怒りがこめられていた。

中田が親善試合であることを理由に、前半の内容を不問にすることなどあり得ない。むしろ、自分たちの力を発揮できない不甲斐なさに憤慨しているはずだった。

怒鳴り声を残してロッカールームへと引き上げた中田。これほどまでに露骨に怒りを隠さない彼の姿からチームが一枚岩でないことが透けて見えた。

幼い子供たちとその母親たちが無邪気に選手の名を呼ぶその隣で、一次リーグ直前の日本代表が小石に躓《つまず》いたような気がしてならなかった。

迷子のアナウンスが日本語で流れるスタジアムは、その光景を二分していた。日本代表を目の当たりにして楽しむ家族連れが醸し出す楽しげな行楽の様子と、マルタのペースに巻き込まれ焦りや怒りを露にする選手たちが醸し出す重々しい雰囲気だ。

ノートの文字を読みながら、四十五分間の中田のプレーや表情を思い起こす。攻撃に打って出る果敢な動きより、怒りにまかせ叫んでいる姿ばかりが目立っていた。

私は、加茂周《かもしゅう》によって招集され、日本代表に入ったばかりの頃の中田の姿や表情を思い起こしていた。

プロ意識という鎧《よろい》をまとった二十歳の中田は感情をあまり表に出さなかった。

キラーパスでアシストを決めても、ゴールを奪っても、薄い笑みを浮かべるだけで大騒ぎには加わらない。また、連携プレーのために大きな声で指示は出しても、面と向かって口論を仕掛けるようなことはなかった。

名波浩《ななみひろし》、山口素弘《やまぐちもとひろ》、井原、中山雅史《なかやままさし》、秋田豊《あきたゆたか》という先輩に対しても臆《おく》することもなかったが、激昂し歯向かう姿も見たことがない。話すことが苦手で寡黙であることを否定しなかった中田は、自らのコミュニケーションの方法はパスだと言ってのけた。

「最もパスをつなぎ、おれを押し上げてくれるヤマ（山口）やナナ（名波）とも、直接話す機会は少ないよ。言葉でいちいち説明するより、動きやパスでのほうが自分の意図が伝わると思う。それはラストパスを送るFWにも言えることだ。ゴンちゃんや城《じょう》（彰二《しょうじ》）に、ピンポイントの場所に走り込んでくれと口で言うより、鮮やかなパスの軌跡を見せることのほうが正確な情報の伝達ができるよ」

事実、中田は彼らと以心伝心としか思えないプレーを繰り広げ、ワールドカップ予選を勝ち上がっていった。

〇二年日韓大会での中田は、中山や秋田を後ろ盾にチームリーダーとしての役目を担った。自らの意思を伝えるようになりピッチでは選手たちと話し込む姿もよく見受けられた。言葉を持った中田への信頼は厚く、欧州サッカーを目指す者たちの先達として相談を持ちかけられることもあった。

実際の言語とパスという言葉、その両刀を持った中田はドイツ大会を目指す日本代表でも、より鮮明に自分の思考を伝えようと躍起になった。

「このチームに必要なのはコミュニケーションだ。意思の疎通がなければピッチの上で思い描いたプレーは、絶対に実現できない」

ジーコが築こうとするサッカーには、選手のイマジネーションが不可欠だ。そのイマジネーションがばらばらでは、どんなに個々の技術が高くても勝利を呼ぶことはできない。中田は、このチームで自分の考えを伝えることの重要性を噛み締めながらプレーしたはずである。

ところが、同じチームであっても共通の認識を持つことは容易ではなかった。プレーを構築するために諍《いさか》いも生まれた。実践しようとするプレーに集中すれば、そのあまり昂《たか》ぶる感情が怒声となって表れた。〝怒りの中田〟はこうして作られた。

後半開始直後、ジーコはメンバーの交代に着手する。まずは坪井を下げ小野を入れた。3バックから4バックにシフトしたのだ。

　すると、前半のフラストレーションを解消するかのように日本は攻めに転じた。小さくパスをダイヤモンドにつなぎながら中盤が押し上げられると、すかさず中田が左サイドからパスを送る。右サイドで受けた駒野のクロスを玉田がダイビングヘッドで合わせようとするが、惜しくもゴールラインを割った。

　中村の右CKからニアサイドで待っていた福西が体をひねりながらヘディングシュートを試みる。しかし、このチャンスにも追加点をあげることはできない。

　大きなフィールドの中でパスを送る相手は誰なのか、自分にパスを送ってくれる選手は誰なのか、中田は視界に映る選手に反応しながら探していた。絶えず辺りを見回し、コーナー間際やバイタルエリアの前にできた小さなスペースにパスを出していく。

　ところが、求める選手はそこにいない。転々とゴールラインを割るボールを見やりながら、中田は背中を大きく反らし天に向かって悔恨の叫び声をあげた。

　マルタは前半と同じ作戦を取っている。自陣で守り、日本が攻めてきたところへカウンターからワンツーでパスをつなぎペナルティーエリア内にまで一気に進む。速攻を見せるマルタの攻撃陣に、中澤や宮本が体を寄せシュートにまで持ち込ませないよう必死にプレッシャーをかけていく。

　この日、先発出場した大黒はなんとかゴールを決めようと前線への短走を繰り返す。小野、中村とダイレクトにつないだパスをシュートし、また、右でパスを受け中央に切り込みながらミドルレンジからシュートを打つ。しかし、ゴールは遠い。

　後半十四分には、三都主に代わり中田浩二が入る。好機に三都主の判断ミスからマルタのカウンターを食らってしまう場面が増えていた。さらに十六分には玉田を下げて小笠原を投入。先制点をあげた玉田はドリブルからのシュートにこだわるあまり、いくつかのチャンスを活かしきることができなかった。

ジーコは、三十分を残した頃、中盤を一枚増やしワントップとする4―5―1のシステムをとった。MFが五人いる珍しい布陣だ。

フレッシュな小野や中田浩二や小笠原は、なんとか突破口を切り開こうとボールを前に送るが、最終局面でうまく嚙み合わずフィニッシュまでに至らない。

連携プレーが頓挫《とんざ》するたび、中田は悔しそうに空を見上げた。そして、気を取り直したように走りだし、スペースを突いてクロスを入れたり、サイドチェンジを試みたりする。

攻撃でも守備でも、プレーの次なる展開を読み、その場所に走り込む中田は、どの場面にもその姿を見せている。まるで、ピッチの上に、中田が二人か三人、いるかのようだ。

中田は、自らが立つべき場所を常に予測しつつ献身的に走り続けた。そして、プレーが中断するたび、いるべき場所に走り込んでいない選手を指差し叫んでいた。

後半二十四分には大黒に代わって巻誠一郎が入り、同時にすっかり足が止まっていた福西に代わって稲本潤一《いなもとじゅんいち》が入った。中田は体力のある小野や稲本、小笠原の足に期待してピンポイントでパスを送った。残り十分になるとそれまでパスミスが目立った小野や小笠原の動きが嚙み合い、ようやく単調な攻撃のパターンから脱却することができた。

日本が決定的なチャンスを迎えたのは後半四十分過ぎだ。中村と中田が絡みながらスペースを作ると、そこへ左サイドの深い位置から小野がクロスを上げる。ゴール前に巻が飛び込んだが、マルタの

GKがパンチングでクリアした。こぼれたボールに再び巻が飛び込むが合わず、これもGKのパンチングで凌がれてしまう。続く駒野のクロスに小野が左足のダイレクトボレーシュートを見せる。が、ボールはクロスバーを越えた。

ロスタイムには力を振り絞った中田が縦に長いパスを送る。それを受けた中田浩二が左サイドからクロスを繰り出し、小野が飛び込んでヘッドで合わせた。しかし、ボールはあらぬ方向へ浮き、またもクリアされてしまった。

ゲームは1−0で終わる。からくも一点を守り勝利したが、明らかに実力に差があるマルタを相手に日本代表の箍《たが》は緩みきっていた。ドイツ戦で果敢に戦った日本はマルタを前に完全に受け身になっていた。

スタンドに挨拶に向かう選手を一瞥《いちべつ》もせず、中田は足早にピッチを去った。私は、必死に包み隠してきた日本代表の闇《やみ》が、そこに覗いたような気がしていた。


ボンのホテルに戻りパソコンを開いたが、中田へのメールがすぐには書けなかった。ピッチを去る中田の硬直した顔が忘れられず、その心も計りかねた。

ドイツ戦とマルタ戦の話を後日聞かせて欲しいという短いメールだけを送り、詳細を聞くことはしなかった。

その夜は自室で夕食を摂り、ユーロスポーツで放映されていた「ワールドカップ伝説」という特別番組を朝方まで観ていた。当時のヒーローたちが映し出されている過去の映像を眺めながら、同じ舞台に日本が立っているという感激と、中田が唱える危機を目の当たりにした不安とが混じり合い、なかなか眠ることができなかった。

二時間ほど横になり、各メディアのホームページでジーコや選手たちのコメントを読んだ。そこからは、昨日の親善試合がやはり波紋を広げていることが読み取れた。

中田は、記者からの質問に怒りを隠さなかった。

「まず走らないことにはサッカーはできない。気持ちの部分で足りない。それぞれが感じないと、どうしようもない」

ジーコは会見で見たままを話し、そして、次への決意を語っていた。

「先制してから相手のエリアで一方的に攻めることになったが、気の緩みからミスが起こりマルタを加勢することになってしまった。日本代表の選手個人の力、その戦術は高いレベルにある。しかし、このままの気持ちでワールドカップに入ることはできない。今日はいい教訓であり、残りの六日間でより良い状態に仕上げていきたい」

記者からはジーコに次のような質問が投げかけられていた。

「中田のように、どんな状況でも常に安定したプレーをする選手もいれば、そうでない選手もいる。それは経験によるものなのか、それとも個人の資質によるものなのか。監督はどう考えているのか」

ジーコは、中田への信頼をそのまま言葉にしていた。

「個人個人の経験や性格の違いによるものだろう。中田はゲームでも練習でも、同じ気持ちで全力を尽くせる選手だ。最初から最後まで自分の力のすべてを出せる。それは中田の才能なのかもしれない。他の選手も彼を真似《まね》て自分を高めて欲しい。どんな相手であっても真剣にプレーすることが大切であり、そこでプロ選手としての値打ちが決まる。中田の練習を見れば分かるが、チームでの練習が終わったあともテーマを決め、自分に課した練習に全身全霊を傾けている。あのレベルにまで達した選手は、そうした気持ちの入れ方が違っているのだと思う。現時点では他の選手との差がある」

マルタ戦後半に途中出場した小野や小笠原は、試合終了後、記者の問いかけに言葉を発せず、無言でその前を通り過ぎたという。

川口は中田と同じく危機感を募らせていた。

「こんな試合をしていたのでは勝てるはずがない。気持ちを切り替え集中し、今日のマルタ戦のことは早く忘れたい」

初めてワールドカップに出場する玉田は、自分のゴールの手ごたえを言葉にしながらも、中田や川口とは異なるコメントを残していた。

「ゴールは、欲しいと思っていた場所にボールが来た。ワールドカップという実感は、もう少し時間が迫ってこないと湧かない」

「気の緩みからミスが起こった」と言ったジーコ、「走らないことにはサッカーはできない」と言った中田。そして、黙ってバスに乗り込んだ小野や小笠原――。マルタ戦後の様子からは、これほど優れた選手を有しながら一枚の巨大な絵を描ききれない日本代表の苦しさが見え隠れしていた。

＊

実はこのマルタ戦が、ドイツにおける日本代表の分水嶺《ぶんすいれい》であった。

その瞬間、何が起こっていたのか。私がある事実を知ったのはワールドカップが終わって三カ月後のことだった。

すべての資料を読み返し、中田本人や現場にいた記者や関係者につぶさに話を聞くと、信じがたい事実が浮かび上がってきたのである。あの日、選手たちはある不安を抱き、それがチームの結束に亀《き》裂《れつ》をもたらしていた。

マルタ戦のハーフタイム、ロッカーへ戻ってもこわばった表情を一向に緩めない中田は、誰も近寄れないバリアを張り押し黙っていた。

皆に向かって話しだしたジーコは、試行錯誤が許されるゲームであることを前提に、戦い方を変えようと普段どおりに声をかけた。ジーコが求めていたのは反省ではなく、気持ちの切り替えだった。

ジーコと魂をひとつにし、「私が知る日本人で最もブラジル人に近い人物」とジーコに言わせた通訳の鈴木《すずき》國広《くにひろ》はジーコの気持ちをダイレクトに伝えようと、敢えて語気を強め「前半はいったいどうしたんだ、何をやっている」と選手を煽った。

気合を入れるためであり、激励でもあったこの言葉に対し、選手によってその受け止め方が違っていた。前半のプレーではワールドカップで勝てるわけがないと思っている中田や川口を含む何人かの選手と、思いどおりにいかずとも精一杯やっていると考える選手との温度差が、如実に浮かび上がったのである。

この日、中田は、ボランチのパートナーである福西が気にかかっていた。いつものような力強さがなく、プレスに入るスピードも遅い。引いたマルタに合わせての動きなのか、と様子をうかがったが、走りだすタイミングも走る距離もドイツ戦とは明らかに違っていた。中田は思わずイタリア語でジーコにこう告げていた。

「いったいこのチームはどうなっている。まったく誰も走らない。福西の足も完全に止まっている」

種類の違う気持ちが交錯したロッカールームの雰囲気は、休憩のそれとは程遠く張り詰めていった。

後半戦が始まっても日本代表の動きがトップギアに入ることはなかった。

後半二十四分、ジーコが再度メンバーチェンジを告げ、福西は稲本に代わってベンチに退いた。

チームメイトへの苛立ちが頂点に達していた後半戦、中田は何度となく足の止まった選手の士気を鼓舞しようと叫んでいた。なんとしてでも追加点をあげようとした中田の怒声は、疲労を隠せない選手たちにも容赦なく向けられている。

その後、日本は攻めに攻めたが、結局は追加点を奪えないままゲームを終えた。ジーコや選手たちは、勝ったゲームで惨敗したかのような敗北感に苛まれていた。

そして、その敗北感とはまったく別の不穏な空気が同時に流れだしていたのである。

ハーフタイム、中田がジーコに語りかけるイタリア語の中に福西の名前があることにある選手が気づく。そして、福西の交代は中田の進言によって行われたのではないか、と囁いたのだ。

それを伝え聞いた選手たちは一様に色めき立った。選手交代を決めたのは中田なのか。指揮官であるジーコは中田の言いなりなのか。そんな疑念は、次々と選手たちの心に伝播《でんぱ》していった。

監督への信頼と中田への共感が揺らぎ、このチームの結束に不安を感じた選手たちの表情は暗く沈んでいったのである。

確かに中田は選手が走らないことに激怒していた。

怒りの要因は、走らないこと、そして果敢なタックルがまったく見られないこと。

福西に関する印象もジーコに告げたとおりだった。常に福西を見て動く中田にとって、その日の福西の走りは違和感を覚えるほどゆっくりとしたものに映ったのである。

ジーコを見て思わず口をついた言葉だが、福西を戦犯にするつもりも、ジーコにメンバーチェンジを直言するつもりも中田には毛頭なかった。中田はただ仲間に覇気を求め、勝つためのプレーを作りたかっただけだ。

中田は、自分に向けられた疑心に少しも気づいていなかった。

それはジーコも同じだ。選手の指示でメンバーチェンジなど行うはずがなく、稲本投入はジーコ自身が決めたことだった。久しく試合に出場していない彼の状況を見るためであり、疲労した福西を下げただけのことだ。当然、福西への信頼も、彼がレギュラーとして必要不可欠な選手であるという信頼も、何も変わっていなかった。

中田が仕向けた選手交代、そうした大いなる誤解があったことをジーコはまったく知らなかったのである。

ジーコがその状況を知るのは、〇六年七月、トルコリーグの強豪チーム、フェネルバフチェの監督に就任しシーズンを戦い始めたあとのことだ。日本から訪れた記者から、マルタ戦の福西の交代の裏側で生じた選手間の不協和音を聞かされたのだ。ある選手たちは福西の交代について中田の言い分をジーコが聞き入れたと思い、不信感を募らせていた、と。

ジーコは溜息をつき、もしそれが本当なら悲しいことだ、と言って落胆を隠さなかった。そしてそれ以上、多くを語らなかった。

ワールドカップ直前のマルタ戦がチームに内在した問題を鮮明に浮かび上がらせた。このときに漂ったジーコと中田への小さな不信感は、日本代表という大きく青い球体に、目に見えるほどの罅《ひび》を入れたのだった。

この時点で選手たちの心の揺れと葛藤を知る由もない私は、マルタ戦のあと、チームの中で再び孤立を深める中田を目撃することになる。

＊

マルタ戦翌日の六月五日、日本代表は完全休養を取ることになり練習は休みになった。届いた中田からのメールは冷静な文章で綴られている。

〈昨日のゲームはサッカーを語るレベルにない。まず走らなければサッカーにならないんだから〉

日本の最も悪いところが露呈した。ずるずると相手に合わせ何もできないまま終わった。そのことを彼は悔やんでいる。

〈まったく収穫はなかった。ドイツ戦と同じように、高い位置でプレスをかけて速いボール回しをしたかったが、それがまったくできなかった〉

中田は、今の日本代表はワールドカップを戦う準備ができていない、とチームを断罪した。

〈ミスをするのは仕方ない。だけど、走らなければサッカーは戦えないよ。マルタが引いて守ってからは、タックルもしない。練習したはずの戦術にもミスが目立った。これがワールドカップを戦う代表チームなのか、と情けなくなった〉

芝が長くボールが転がりづらいコンディションも、ピッチが硬く走りづらかったことも言い訳にはならない、と書いていた。

〈日本代表だけがそうしたフィールドでやるわけじゃない。条件はどのチームも同じだからね〉

中田は苦しい胸のうちを明かした。

〈勝つために戦う、その気持ちが揺らいだことはないよ。でも、その一方で、日本サッカーの未来のためには、ここで痛い目にあうことも必要なのかもしれないと、思うこともある〉

この日本代表に漂う緩さ甘さを何度も指摘していた中田。彼がこれほどまでに危機を叫ぶのは、勝利が指の間をすり抜けて落ちる砂のように、一瞬で消えてなくなることを知っているからだ。

〈勝敗の予測なんて、無意味だよ。今そこにあるゲームに集中し、ゴールを決めなければ〝その次〟なんてない〉

サッカーで一番重要なのは戦い抜くという意志だ。その信念を持つ中田は、ときに逆風がチームを強くすることを知っていた。もちろん、最後まで諦めない心も持っている。

〈オーストラリア戦まで残された時間で何ができるか分からないけれど、目指すサッカーに少しでも近づくために力を尽くす。初戦がすべてだという気持ちで挑むよ〉

中田のメールは、一日ゆっくり休養を取って六日の練習からまた頑張るよ、と結ばれていた。

インターネットのニュース速報では、四日に強化試合を行ったオーストラリアが、対戦したC組の強豪オランダを相手に引き分けたことが伝えられていた。前半早々オランダに先制を許したオーストラリアは、後半にキューウェルが同点ゴールを決め追いついていた。

勝ちながらマルタに苦しめられた日本と、引き分けながらもオランダを苦しめたと胸を張るオーストラリア――。
勝敗とは別に、両チームに立ちこめる空気は天と地ほどに違っている。F組の初戦が両国の運命を分ける激突になることは想像に難くなかった。

休日となったその日、私はスーパーマーケットへと買い出しに出かけた。ボンとケルンの中間にある大型スーパー、ウォルマートは食品から日用品、洋服まですべてが揃う巨大店舗であった。私はそこでおよそ一週間分の朝食を調達した。片言のドイツ語で野菜やソーセージ、チーズなど食材について聞いて回ると、どの店員も親切に説明し、最後まで面倒を見てくれた。

この先、最低でも三週間を過ごすドイツでの日常は快適なものになるはずだった。セルフサービスのガソリンスタンドで戸惑っているときも給油を終えたドライバーがわざわざ運転席から降りてきて手順を教えてくれた。レストランでメニューが読めずに困っているときにも、地図を広げてアウトバーンへの乗り方を聞くときにも、誰もが親身になってくれる。九八年七月、フランス大会に赴き、パリで道を尋ね「アレ！　アレ！（行け、行け）」と邪険にされたことが懐かしくすら感じられる。

ウォルマートの売り場を歩き買い物を楽しみながら、しかし、私の前には目障りな影がちらついていた。事実、叫び出したいほどの混乱に襲われていたのである。

三度目のワールドカップに挑む中田について書き綴ることの興奮と、引退を決意した彼の選手としての最後の日々を見届ける切なさと、マルタ戦で垣間見えた中田の孤立と日本代表の弱さとが混じり合い、体内で渦を巻いていた。平静を装うために、私は必死で気持ちの折り合いをつけなければならなかった。

なぜ、ここまでサッカーを、日本代表を追いかけることになったのか。私は過去を思い浮かべ、もう十四年も日本代表を取材していることに驚いていた。

私がサッカー日本代表の取材を開始したのは九二年五月。オランダ人のハンス・オフトが招聘《しょうへい》され、ワールドカップ出場を目指すと宣言したチームを追いかけてからだ。以後、九三年十月にカタールで行われたアジア地区最終予選、日本代表のワールドカップ初舞台となった九八年のフランス大会、一次リーグを突破しベスト16に名を連ねた〇二年の日韓大会を観戦し、スタンドから観た光景を文章にした。

九六年、中田という主題《テーマ》に邂逅《かいこう》して以後は、彼のプレーとその信念を書き綴ることが使命だとも思ってきた。

そして、日本にとって三度目のワールドカップの開幕を当地で待つ今、これまでのいずれとも違う憂《うれ》わしさが心に浮かび上がっている。

その憂わしさは、中田という選手を失う落胆なのか、ここまで進んできた日本代表が敗者となることへの恐れなのか、はっきりとは分からなかった。しかし、暗澹《あんたん》たる気持ちは日を追うごとに大きくなっていた。

パン売り場でドイツ菓子シュトーレンを見つけた私は、編集者や顔見知りのライターに差し入れるため、それをいくつも買った。その菓子の舌を痺《しび》れさせるほどの甘さは、胸にある不安をつかの間、忘れさせてくれるのだった。

六日午前の練習、中田はやはり皆と離れてウォーミングアップをしている。怒りの矛《ほこ》を彼は収めてはいなかった。むしろ群れることで責任の所在が曖昧になることを避けている。唇を固く結び、笑顔を見せることなく少し離れた場所に立って一人でボールを蹴り続けた。

ワールドカップ出場を目指す彼らは過酷な戦いを制しながら恩讐《おんしゅう》を超え、ひとつになったはずだった。だがそれは表層を装ったにすぎなかったのか。

中田はついに一度も笑顔を見せなかった。

午前の練習が終わると、私はＳＳＦボン競技場の駐車場からそのままおよそ八百キロ先にある村を目指した。ドイツを訪れたら必ず話を聞こうと決めていた人物、デットマール・クラマーに会うためだった。

八十一歳になるクラマーは、六〇年に来日し、日本代表の特別コーチを四年にわたって務めたドイツ人だ。サッカーの基本であるパスやヘディングもおぼつかなかった当時の日本人選手に欧州で確立されていた近代サッカーを授けたことから「日本サッカーの父」と呼ばれている。

クラマーの指導を受けた日本代表は、六四年の東京オリンピックでアルゼンチンを3－2で撃破しベスト8を達成した。当時の監督は長沼健《ながぬまけん》、コーチはクラマーの通訳も務めた岡野俊一郎《おかのしゅんいちろう》、選手には二十代前半の川淵三郎や、まだ十代の釜本邦茂《かまもとくにしげ》、杉山隆一《すぎやまりゅういち》がいた。

東京オリンピック後、釜本にドイツ留学をすすめ日本屈指のストライカーに育て上げたのもクラマーである。六四年に西ドイツに帰国した後、ＦＩＦＡの公認コーチに就任した彼は、自分が手塩にかけた日本代表に関わり続け、メキシコオリンピックで銅メダルを獲得したチームの基礎を作り上げた。

日本サッカーの父は、本国ではフランツ・ベッケンバウアー、ゲルト・ミュラーをスーパースターに成長させた名将として名を馳せている。七五年にバイエルン・ミュンヘンの監督に就任すると、七五年、七六年とUEFAチャンピオンズカップ（現・チャンピオンズリーグ）で二年連続の優勝を果たした。クラブチームの監督を引退したあとは、各地を回り、現在も選手や指導者の育成に努めている。

「クラマーは、オーストリアに隣接するアルプスの麓《ふもと》の村で暮らしながら日本のサッカーに今も熱い心を寄せている」

川淵三郎からそう聞いていた私は、日本サッカー協会から連絡先を聞き、日本から直接国際電話をかけた。

「ドイツでワールドカップを戦う日本のサッカーと、日本代表についての思いを聞かせて欲しいのですが」

流暢《りゅうちょう》な英語でクラマーは答えた。

「もちろん、インタビューを受けよう。ただ、私がボンまでは行ければいいのだけれど、最近、長距離のドライブをしていないからね。どうか私の住む村まで来て欲しいんだが、それでもいいかな」

もちろん、と答えた私は村までの道順を聞いた。

まずアウトバーンでミュンヘンへ向かう。そこからインスブルック方面に南下し一度オーストリアとの国境を越える。アウトバーンを降りたあとアルプス山脈を見上げながら山道を行くと再びドイツに入る。

広大な農地といくつかの都市を過ぎ、私は十時間をかけライト・イム・ビンクルという村に到着した。

彼の自宅から歩いて数分のところにあるホテルに宿泊し、翌七日の午前中にホテルのサロンで彼を出迎えることになっていた。

空気が澄んで碧《あお》いアルプスの高い稜線《りょうせん》は、空との境界線をくっきりと浮かび上がらせていた。ホテルの眼前の牧草地には草を食《は》む牛が見える。冬はスキー客で賑わうため、いくつもの山荘ホテルが点在している。

ＢＭＷのクーペに乗ったクラマーは、アディダスのスポーツウェアに身を包んで現れた。全身が水色とブルーで統一されている。

「よくここまでたどり着いたね。待っていたよ」

車から降り立ったクラマーは小柄だがその背筋はまっすぐに伸びていた。握手を終えた彼は、私の目の前で小さくステップを踏むと、足元の小石を右のアウトサイドでちょこんと蹴り、先にある大きな石にぶつけて見せた。

「私が日本に四年間住んだのはもう半世紀近く前のことだ。私がサッカーの指導のために訪れた国は七十カ国以上になる。しかし、日本への愛情は特別だ。日本人は私にとって友人ではなく、家族なんだよ」

クラマーは、四十六年前に来日した当時のアルバムを持参していた。写真の選手を指差しながら名前を呼んだ。カワブチ、ヤエガシ、オギ、ヨコヤマ、ミヤモト、カマモト、スギヤマ、と。練習だけでなく寝食まで選手とともにしたこのドイツ人コーチは、選手たちに自らの哲学をも教え込んでいた。

「日本人選手は確かに技術が足りなかった。トレーニングの方法も知らなかった。けれど、私は日本人が素晴らしいサッカーができることを確信していたよ。日本人は、足が速く、身のこなしも俊敏だ。

それに強い向上心と高い知性を持っていた。勤勉な選手たちは、国際経験のなかった当時から、しっかりと世界を目標にしていたよ。だからこそ、私は彼らにこうも伝えた。ピッチにはゴールを決めること以上の喜びがある。チームのために自分を抑え、他の人のためにすべてを与えることさえ、サッカーでは学ぶことができる、とね」

それからおよそ半世紀が過ぎた。日本サッカーは急速に進化している、とクラマーは言う。

「日本はプロリーグを作り上げ、芝生のサッカーグラウンドを全国に増やし、世界で戦える選手を育成した。長沼、岡野、そして川淵は『プロ化』という英断を下し、日本のサッカーを転換させたんだ。それがどんなに勇気のいることだったが、今なら分かるだろう」

クラマーは、記念写真の中央で微笑むスポーツ刈りの青年を指差して言った。

「川淵は、あの頃から常にリーダーシップを発揮していたな。Ｊリーグのチェアマンになってプロサッカーの面白さを国民に伝え、日本サッカー協会の会長となって世界と太刀打ちできる環境を作った。その男は、私の教え子であり、年の離れた弟のような存在だ。彼のようなサッカー人が、東京オリンピックを戦ったあのチームから出たことが私自身の誇りでもあるんだよ」

クラマーは、孫のような年代の日本人選手たちにも目を細めている。

「現在、欧州のリーグでプレーする選手たちは、技術や体の使い方を日々学び、自分のプレーを構築している。もはや、日本人だと特別視されることもなくなっている。日本代表がアジアの代表としてこのワールドカップに参加していることを心から誇りに思うよ」

この大会での日本代表をクラマーはどう見ているか、私はそれを聞いた。

「日本はワールドカップに三度目の出場を果たしました。けれどまだ世界の壁は高い。今の代表をどうごらんになりますか」

日本代表の抱える問題はドイツと同じものだ、とクラマーは静かに話しだす。

「野性の直感とずば抜けた運動能力を持ったフォワード、日本はその不在に苦しんできた。ゴールを奪えないことはサッカーにとって一番大きなプロブレムだからね。ドイツにも優秀なフォワードと、バラックというミッドフィルダーがいるが、得点力ではブラジルとは比べものにならない」

もし今のドイツ代表にゲルト・ミュラーがいれば……、ドイツ国民もそう考えているのだ。

「今の日本代表にもし釜本がいれば……、そうすれば日本代表の苦しみは軽減されていただろう。ゴールが奪えなければゲームには勝てない。しかし、気を落とすことはない。ジーコは選び出した選手の力を融合させ、素晴らしいチームを作っているよ」

それがクラマーの見解だった。老練なその人は、ジーコに対して批判的な印象をまったく持っていなかった。

「ジーコには戦術がないと言われるが、それは誤りだ。彼は優れた戦術家であると思う。私はジーコが鹿島《かしま》アントラーズの選手を指導するために作ったプラクティス（練習）用のビデオを観たことがあるんだ。素晴らしいビデオだった。そこで彼が実践しようとしていたシステムと戦略は、教育という意味で世界のレベルから見ても屈指のものだった」

鹿島アントラーズの強いサッカーは、ジーコの教えが作ったものだ。それは疑う余地もない。

「ああした理論と技術が進化して、日本代表にもたらされているはずだよ。もちろん、理論や技術が選手の身について、ピッチで繰り広げられなければ、勝利は近づかないが……」

その鍵となる選手はやはり中田だ、とクラマーは言った。

「チームが中田の思考を理解し、受け入れるかどうか……。中田が何にも束縛されず自由にプレーできれば、日本のサッカーは創意に満ち溢れたものになるだろう」

私はクラマーがそう言ったことに驚いていた。中田が孤立していることをクラマーは知っているのだろうか。

「どうしてそう思うのですか」

「中田のような天賦の才を持った選手が、理解されないことは往々にしてあることだよ。彼はフラストレーションをためているかもしれないな」

もちろん、日本代表の詳しい状況など知らなかったクラマーは、中田のプレーを見て彼の孤独を読み取っていた。私が中田の取材を進めていることを告げると、クラマーはさらに中田について話し始めた。

「ジーコは選手に自由を与えていると言われるね。中田のような〝アーティスト〟が、思いどおりにプレーできるシチュエーションを作らなければその自由はなんの成果ももたらさない。そのための重厚な戦術が必要不可欠だ。基本となる戦術がなければアーティストは羽ばたけないからね」

クラマーがプレーする中田を初めて目にしたのは、九七年十二月のマルセイユである。中田がフランス大会の組合せ抽選会に先立って行われた欧州選抜対世界選抜に参加したときだ。FIFAの招待でマルセイユを訪れていたクラマーは、世界選抜の一員として練習に参加する中田のプレーを見て思わず笑みを浮かべた。

まだワールドカップを知らない二十歳の日本人MFは、のびのびとボールを操りロナウドやバティストゥータにボールを回している。クラマーはそのとき、FIFAの担当役員に声をかけ、「世界選抜のキャプテンを中田にしてはどうか」と告げていた。

「私も、あのマルセイユのスタンドにいました」

「そうかね。あの夜はとても寒かったね。だが楽しいエキジビションゲームだった」

九七年十二月四日の欧州選抜対世界選抜に先発出場した中田は、トップ下で小気味よいダイレクトパスを回し、相手からインターセプトしては前で待つロナウドとバティストゥータにスルーパスを送った。何度も決定的チャンスを作り出し、バティストゥータの華麗なボレーシュートも演出した。

後半、選手交代でロナウドが退いた。ピッチを去るそのとき、ロナウドは自分の腕にあったキャプテンマークを、中田に向かってぽいっと投げつけた。クラマーの言葉など知るはずもない中田は、少し緩いキャプテンマークを右腕につけフル出場を果たしたのだ。

クラマーは、中田は頭で思い描く絵をそのまま描《か》ける芸術家だよ、と呟いた。

「自らがアーティストであることを証明した瞬間があった。五月三十日のドイツ戦でのことだよ。本当はレバークーゼンのスタジアムに行くはずだったが、雪が降り車を出すことができなかったんだ」

クラマーは自宅の居間でテレビ中継を観ながら、ドイツを苦しめる日本代表のサッカーに釘《くぎ》づけになっていた。

「そう、前半十分を少し過ぎた頃かな。あの子は、そのゲームの中で最も美しいプレーを見せたんだ」

私は思わず声を出していた。

「ああ、柳沢と絡んだあのプレーですね」

「そうだよ。ボールを持って前を向いた中田は、中央に切り込んできた柳沢にパスを出した。そのあとスペースを作るために大きく回り込みながらペナルティーエリアに飛び込んでいっただろう。そこで柳沢からの素早い縦のパスをシュートしたね。結果はゴールキーパーに阻まれたが、中田はあのプレーで自分がアーティストであることを証明したのだよ」

　中田のセンスは神から与えられたギフトだ、とクラマーは言う。

「ああした動きは誰にでもできるものじゃない。中田はまさにゲームにフィンガープリント（指紋）を押す選手だ。つまり、彼がピッチに立ち戦えばそれはいつでも、どこであっても、〝中田のゲーム〟になるということ。フランスのジダンはまさにそうした選手だね。ドイツのバラックもそうなる素質を十分に持っているが、彼はまだ少し練習が足りないようだな。バラックはね、早くに巨額のサラリーを手にしてしまったことが影響している」

　サッカーが人生そのものだと考えるクラマーは、チームを照らす光とその光が作り出す影とがチームを前進させると信じている。

「サッカーのゲームに完璧はないんだ。フランツ（ベッケンバウアー）だって、ゲルト（ミュラー）だって、一歩でも完璧に近づくためトレーニングし、自分のプレーに四六時中向き合っていたよ。サッカーは人生が凝縮されたものだ。その人間がどうやって生きているのかがプレーに表れてしまう。やる気のない選手など罪人に値すると、私は思っている」

　渾身《こんしん》の力でゲームを戦っても足りないことがある。満点のプレーなどない。それがサッカーなのだ。

「自分たちに足りないことを知る。だから次のゲームを目指すんじゃないか。練習して、戦って、どんな結果が出ても次のゲームでは前のゲームより良い戦いを目指す。ゲーム（試合）→プラクティス（練習）→ベターゲーム（前よりも良い内容の試合）。サッカー選手の人生は、この繰り返しだ」

すべては初戦にかかっている。クラマーは、日本代表はオーストラリアとの決戦に集中しなければならないだろう、と言った。

「日本は日本らしいサッカーで挑めばいい。速いパスをつなぎ思いっきり走る。どんな状況になっても諦めない大和魂《やまとだましい》を見せることだよ」

大和魂——。それはクラマーが六〇年に来日したときに選手たちを前にし、スピーチで語った言葉だ。クラマーは来日直前に日本について書かれた書物を読み、才を重んじ勇猛で潔い日本人の精神にいたく惹《ひ》かれ、サッカーでこそ、その魂が表現されるべきだと思ったのだという。

「日本人の心の強さは計り知れない。私はそれをメキシコオリンピックで思い知ったよ。中田も他の選手たちも、その強さを持っているはずだ」

その後も話は続き、私は彼の壮大な人生を駆け足で聞いた。出生から少年時代、プロの道を閉ざす第二次世界大戦の勃発《ぼっぱつ》、パラシュート部隊への志願、激戦地での従軍、捕虜となった苦難の月日、終戦後にコーチとしてサッカー界に戻れた喜び、日本サッカーとの邂逅、本国に戻り監督として過ごした日々、世界各国でサッカーを教えた日々、を——。

夕刻になり別れの時間が来た。

「こんなに長い時間、ありがとうございました。どうぞ、これからも素晴らしいサッカー選手を育ててください。そしてまた日本でも指導を行ってください」

「そのつもりだよ。私はね、自分の年齢など考えないことにしている。『これまで十分に頑張ったのだから、これからはゆっくり休んでください』と言われるのが一番嫌いなんだ。もちろん、ずっと現役でいるつもりだよ」

クラマーは疲れた様子もなく立ち上がると私の肩に手を回した。

「ドイツか日本で、またすぐに会えるさ」

クラマーのＢＭＷを見送った私はアルプスの風景を見ることもなく、アウトバーンをまた八時間ぶっ続けで走った。

ボンに到着したのは午前二時を回っていた。夜勤のレセプション・ボーイがどうやら居眠りをしていたらしく何度ブザーを押してもガレージのシャッターが開かない。駐車場の入り口で三十分ほど待たされたが、あまりに疲れていた私は怒る気力も失《う》せていた。

4　決戦三日前

ライト・イム・ビンクルから戻った翌日の八日、SSFボン競技場のスタンドでは、初戦の相手、オーストラリアの記者たちも日本の報道陣に交じって日本代表をリポートしていた。私の隣に座ったTシャツにデニム姿のオージーは、日本選手の名前を記し、そのあとに容貌《ようぼう》やプレーの特徴を書いていた。新聞のスポーツ担当だと名乗った若い記者は、私の表情をうかがうように覗き込んでこう言った。

「ドイツ戦は素晴らしいゲームでした。日本に引き分けてドイツ代表はさんざん叩かれたようだ」

私は本心から言った。

「あくまでも親善試合ですから。日本だって安堵してはいられませんよ」

今度は私が彼に問いかける。

「日本代表の中で誰に注目していますか」

彼はオーストラリア人特有のイントネーションの英語でこう言った。

「このチームは中田のチームでしょう。フランスにジダンが、ポルトガルにフィーゴがいるように、ね」

私は複雑な気持ちになっていた。ジーコは中田こそこのチームの中枢だと言った。しかし、この日本代表は中田を核に結束しているチームだといえるだろうか。むしろ、中田が二十一歳で挑んだフランス大会を戦った日本代表のほうが、中田のチームであったといえるかもしれない。

「中田が活躍すれば日本は勝利に近づくでしょう。逆に中田がピッチの上で消えるようなら、日本代表は苦しむはずだ」

そして、その記者は中田がどんなプレーをするか目を離さないようにしよう、と続けた。そして、オーストラリアの破壊力ある攻撃に注目して欲しい、とも言った。

「四日のオランダ戦は本当にタフな試合だったんですよ。ヒディンクはオーストラリア代表を戦う集団に作り上げた。いやー、痺れました。ビドゥカやキューウェルが調子を上げていますから、日本にとっては悪いニュースでしょうけど」

機嫌よく笑う彼を前に、私は黙った。オーストラリア代表の選手は全員が欧州のリーグでプレーしている。つまり、そのレベルは欧州の代表とほぼ肩を並べているということだ。リズムに乗り爆発すれば、手に負えないパワーを発揮するかもしれない。

「それに、彼ら、サッカールーには強力な後ろ盾がある」

「えっ？　サッカールー？」

私のすっとんきょうな声に記者は驚いている。

「ああ、サッカーとカンガルーを合わせて作った言葉で、オーストラリア代表のあだ名なんですよ。オーストラリアじゃ誰もそう呼ばないですけど。日本の愛称は、サムライですよね」

カンガルーとサムライの対決、か。そう考えると思わず口元がほころびた。

「欧州には大勢のオーストラリア人が就業しています。とくにイギリスには数多くいる。その人たちが、カイザースラウテルンに結集するんですよ。なんたって、今回は七四年大会以来、三十二年ぶりの本大会出場ですからね」

オーストラリアのサポーターが強力なのは知っている。体格の良さも声の大きさも日本人のそれとは比較にならない。

「ところで、日本は、練習のすべてを公開しているそうですね」

「ええ、そのようですね」

「ジーコはブラジル人だからオープンなんでしょうか。オランダ人のフース・ヒディンクは、練習のときも試合のときももう少しナーバスだ」

私は答えた。

「日本のこうした姿勢は、サッカーに隠しごとなどないというジーコ個人の信念によるものでしょう。パレイラ監督率いるブラジル代表だって、実は練習の非公開日を設けているそうですよ」

ジーコはドイツに入ってからも日本代表の練習をすべて公開すると宣言していた。事実、無条件に全日公開しているのは出場国の中で日本代表だけである。敵となるメディアの練習観覧にもなんの制限もつけてはいない。ジーコの揺るがない姿勢を受け入れた選手たちは大勢のファンが集まる場所で練習することにも慣れていた。

「じゃあ十二日、カイザースラウテルンで」

オージー記者の明るい笑顔が自信の裏づけに見える。また、と片手を挙げながらなぜか私の心には冷気が滑り込んでいた。

チームの練習が終わると、中田がシュート練習を始めていた。またも物凄い数のシュートを連続して打っている。パスを供給するだけでなく、自分でもゴールを決めるという宣言だ。八十本ものシュートを全力で打った中田は、汗だくになりミネラルウォーターのボトルを持って芝生に座り込んだ。そんな中田に歩み寄る選手はいない。

この日、気温が急上昇した。Tシャツ一枚でも暑いほどだ。ここ数日は陽気が良くなってはいたが、ドイツに来てから寒さに苦しんだ私は、青く澄んだ空を見上げながら防寒着を買い込んだことを猛烈に後悔していた。

ＳＳＦボン競技場の出入り口で顔を合わせるドイツ人の若いセキュリティーも、今日はTシャツ姿だ。練習が終わって帰りがけに、ようやくいい天気になった、と声をかけると、彼は大げさに頷いた。

「じっとしているから寒さは応えたよね。でも、これで寒さに凍《こご》えることもなくなる。もう夏はそこまで来ているよ」

春ではなく季節は夏にジャンプアップすると言うのだ。私が、まさかと言うと彼は首を振る。

「いや、この季節にこんなに寒いのが異常だったんだ。本来なら、この時期はもう夏だよ。選手も取材する君たちも警備する僕たちも寒いより暑いほうがいい。このまま青空が続いて欲しいよ」

この直後からドイツ全土を高気圧が覆う。このときには、三十度を超える気温と灼熱の太陽が一次リーグを戦う日本代表を窮地に追い込むことなど、まだ誰も知らなかった。

六月九日、ワールドカップ開幕の日。その朝、私はフジタからの電話を受けた。

「午後一時、午前の練習を終えた中田が午後三時からの練習までの間、休息と打ち合わせを兼ねてこの部屋で過ごします。ぜひこちらに来て私たちと一緒に彼と話しましょう」

サニーサイドアップのオフィスとなっている部屋を訪れると、部屋のソファーに濃紺の練習着のままの中田がゆったりと座っていた。

広いリビングにはビジネスデスクがあり、中田の後ろでフジタが忙しく仕事に追われている。

久しぶり、と声をかけると中田はこっくりと頭を下げ微笑んだ。

「ドイツに入ってからもう二週間が過ぎたね」

「うん。ようやく晴れて、暖かくなってきてよかったよ」

寒さが苦手な中田はほっとしたように言った。

「寒いよりやっぱり暖かいほうがいい？」

そう聞くと躊躇せず返事が戻ってきた。

「そうだね、気分的には晴れたほうが嬉しい。実際は寒いほうが走れるんだけどね」

フジタが私に耳打ちをする。

「中田が引退を考えていることを、数日前にスタッフにも話したので、もうここに秘密はないんです」

村上と藤沼、シゲは中田の告白に驚き、静かに「やめないで欲しい」と告げたという。

「中田はそれに、何も答えなかった。イエスともノーとも言わなかったんですけどね」

笑顔で中田とたわいのない世間話をする彼らの胸中も寂しさが満ちている。

中田の休憩時間は限られている。少し急《せ》いた私はサッカーの話を切り出した。

「昨日のシュート練習は熱が入っていたね」

「そうかな。ただシュート練習をしたかったから」

「足首の調子はどう？」

シュートを打つときに軸足となる左足が痛めばうまく踏み込めない。私の心配を中田は一蹴《いっしゅう》した。

「問題ないよ。昨日はさ、今までにないぐらいゴール決まっていたでしょう。キーパーが止めたとしても、枠に飛ばなかったシュートはほとんどない。いい感触だったよ」

強がりなのか、本当のことなのか。

「昨日の練習はさ、コーチのエドゥーとやっていたんだけど、たいして動いてなかったからね。ぜんぜん疲れてないから、やっただけだよ」

私は、クラマーに会い話を聞いたことを中田に告げた。ドイツ戦の中田のプレーについて解説を受けたこと、そのプレーを賞賛していたことを告げると、中田は口元を緩ませた。

「うん、あのプレーは目指すべき形のひとつだね。そうか、日本サッカーの父は、それを見ていてくれたんだ」

これまでは過ぎた時間を振り返ることは無意味でしかない、と過去のゲームについて語ることに積極的でなかった中田が、いつもとは逆の意思を示していた。

「この日本代表のこと、今しか話せないからね。だから、感じたこと、思っていることはすべて伝えておきたいんだ」

それは中田の偽らざる心だった。引退前にプロサッカー選手としての熱い思いを言い遺《のこ》す。中田がこの世界から身を引く覚悟はやはり本物なのだ、と私は思った。

代表の雰囲気はどうなのか。中田は困ったような顔をして頭に手をやった。

「特別に変わっていないよ。いつもどおり。淡々としているというか、普通というか。Ｊヴィレッジではサポーターに囲まれていたから、多少の緊張があったけど、ボンに入ってからは余計にのんびりしている感じ。良いとか悪いとかじゃなくそれがこのチームのカラーなんだよ。メールにも書いたけど、ワールドカップを戦うんだという雰囲気は今もってない。練習を見れば分かるだろうけど、この時期になっても百パーセントの力で練習している選手がいない」

「初戦に向けて一気に士気が上がるという様子は？」

中田は、あと三日では変わらないでしょうと、首を小さく横に振った。

彼が危惧しているのは、先発メンバーと控えメンバーの温度差だった。

「今、先発メンバーがほぼ固定されている。レギュラーで出る選手はポジションを得たことに安心しきっているし、先発出場しない選手は今からメンバーは代わらないという気持ちもあって冷めた感じ。どちらにも緊張感がないんだ」

「フランス大会や日韓大会との雰囲気とは違う？」

「単純に過去二回と比べることはできないが、雰囲気という部分では、大きく違うね」

九八年にも〇二年にも、最高峰の戦いに挑む緊迫感と物おじせずに立ち向かう気力があった。そう中田は思っている。

私はドイツ戦とマルタ戦のピッチで何があったかを聞いた。

「ドイツと引き分けたそのあと、記者の質問に『このチームになって最高のゲームだったと思う』と答えているけど、チームは有効に機能したの？」

中田は、えっと言って首を傾げた。

「おれ、そんなふうに言ったかな。確かにDFのラインは比較的高く保てていたと思う。大きなドイツ選手と対峙《たいじ》してもボールをコントロールできたということには評価は出せるよ。だけど、忘れちゃいけないのはあの日のドイツが良くなかったこと。ドイツの本物のプレッシャーを受けなかったから、日本はある程度できたんだ」

「パス回しやディフェンスのラインや、チームに必要な意思の疎通はあったんでしょう？」

目を伏せた中田は少しの沈黙のあと、こう言った。

「うーん、正直いって、ひとつの目的を全員で共有するのは難しいと思う。おれが求めている意味での意思の疎通はないよ。ディフェンスにはディフェンスの考えがあり、中盤とは別だという意識が見えるし、中盤とディフェンスが完全にひとつになることは現時点でも本当に難しいよ」

あんなにクロスオーバーしているＤＦとＭＦの間に溝があるということか。

「おれが速いボール回しをしようとしていたら、ディフェンスから前で上手く固めるしかない。ディフェンスにそれを求めても考えが違えば仕方がないよ。中盤から前で上手く決めていくしかないね」

中田のＤＦに対する落胆はその言葉に色濃く出ていた。

「ドイツ戦では守備陣と攻撃陣の意思の疎通があったからこそ、ゴールが決まったのでは？」

「あったらマルタ戦であんなことになっていないでしょう。チームとしてまとまっていない。だからその試合、試合で、行き当たりばったりになる」

「このチームにはついに芯となる信念が生まれなかった、と？」

中田は吹っ切れたといった表情で頷いた。

「残念だけど、そう思う」

「そうしたことを話し合うミーティングは？」

「二十八日かな、一度あった。でも、話し合ってそれで解決するような問題じゃないから」

「ジーコは、どうしてそんな状態を見過ごしてきたのだろう」

私の問いかけに中田は鋭い声で答えた。

「いや、チームの芯は監督が作るものじゃない。もちろん、トルシエのようなやり方、規律で固めるという方法もあると思うけど、芯は、つまり信念を持つことは、選手個人の問題だよ。個人の主張があり、それを話し合う。プレーを重ねながら主張し、受け止める。その作業のうえで、目指す場所でそのための動きはこれだと、信じられる。結果としては、今の世代の選手たちは、それが苦手ってことだと思う」

今の世代の選手たち――。私は可笑《おか》しくなって少し笑った。中田も他の選手もほとんど歳《とし》が違わない。だが、中田の考えは周囲から比べればまるで老成したものだ。セリエAやプレミアリーグで積んだ経験は、中田に状況を俯瞰《ふかん》する客観性と自分を曲げない意志をもたらしていた。三度ワールドカップを経験しようが、自分の立場に酔うようなことは微塵もない。

「なんとかチームがひとつになることを目指してきたけど、もう時間がないよ。今は芯のない状態でもどうすればいい結果が出るか、それを考えている」

私はフランス大会のアルゼンチン戦を思い出していた。初めてのワールドカップでの初ゲーム。序盤戦、選手たちは緊張で体を硬くしながら、しかし、まるで全員が同じ意志を持ったように動いていた。とくに前半二十八分に先制点を奪われるまでの日本代表は、水も漏らさぬ守備を貫き一転攻撃にも打って出た。ピッチを走る選手たちが、まるで一本のロープでつながっているように見えたものだ。

中田が言う〝チームの芯〟とは、哲学であり、目指すべきサッカーである。それを求めるからこそ、チームメイトに憤怒の表情を向ける。私は中田に聞いた。

「ドイツ戦の前半が終わってロッカーへ向かうとき、宮本選手と激しく言い合っていたでしょう」

あれは戦術的なことだよ、と前置きし中田は内容を教えてくれた。

「ディフェンスラインでのボール回しの際のツネ（宮本）のポジションが良くないと思ったんだ。たとえば、ユウジ（中澤）がボールを持ったときにも最終ラインあたりでボールをちゃんと回せていなかった。ユウジがスペースのない詰まったところへパスを出したり、パスを出せぬままボールをカットされたりしてしまうことが結構多かった。だからツネに、もうちょっとボールをもらいやすいところに出て欲しい、と言ったんだ。ポジションのことは前半の最初から気になっていて、何度も言っていたんだよ。ちょうどハーフタイムになる直前にも、ユウジがなかなかパスを出すことができず、サイドで追い詰められた場面があった。それで、ツネにまたポジションを考えて欲しい、と言ったんだけどね」

「宮本選手はなんと？」

「前半最後の場面についてだけどね、彼曰《いわ》く、そういうポジションをちゃんと取っていたけれど、開いてユウジのパスを受けられるような角度がなかった、と」

中田はひとつ息をつくと顔を上げていった。

「ツネは技術も精神力も一流の選手だよ。キャプテンとしての責任も負っている。おれにとっては十四歳から知っている幼なじみみたいな存在だしね。でも、このチームにおいてツネの考え方とおれの考え方には差異がある」

宮本も中田とのディフェンスラインの考え方の違いをマスコミに伝えていた。宮本は、ラインを上げるのはあくまでも試合展開次第であり、前へ詰められるときには上がるが、相手の動きによってはそれができないときもある、とたびたびコメントしている。下がることがベストだと思えば、宮本は中田に「下がって欲しい」とその意思を告げたという。

　では、ジーコはディフェンスラインの問題をどう捉えていたのだろうか。通訳を務める鈴木によれば、ジーコは、ディフェンスラインを高く保つことを主張する中田の思いを支持しながら、同時に、得点力の高いチームに対してディフェンスが警戒して下がることは仕方がないとも考えていた。ディフェンスラインの問題について、ジーコは裁定を下してはいない。選手間で話し合い、その一瞬一瞬に判断し動くことを望んだのである。

　常に連携を取り合うDFとMFに埋めがたい溝が存在する。ボンに来てからの中田は、そのことを認めてピッチに立っていた。そして、マルタ戦では、チームが機能不全に陥った。

「どんな相手でも、どんなコンディションでも、自分たちの力を百パーセント出さなきゃ、勝てるわけがないでしょう。ドイツ戦では最後の失点を別にして自分たちのスタイルがあった。ところが、マルタ戦では完全に相手に合わせてしまったね。気力がまったく感じられなかった。それに走らない。走らないでサッカーができるのか。技術以前の問題だよ。ワールドカップ直前の試合で、そこでやらなくていつやるのっていう場面でしょう。ほんと、やる気がないんだなぁ、としか思えなかった」

　中田の表情がさらに曇った。

「あれが今の日本代表の一番の問題点。ずっと繰り返し言ってきたことだけど、このチームの実力はあるレベルに達していると思う。だけど、その力を毎回は出せない。相手によって変わってしまう。強くなりきれないところはそこにあると、おれは思う。マルタ戦では、完全に相手を舐《な》めきっていたんだよ」

　中田のパスがたびたびラインを割ったのはチームが走っていなかった証《あかし》だ。

「引いたマルタに合わせ、みんな走らなかったことには情けなくなった。だからまぁみんなチンタラしてまったく動かない、だからパスも動かない。おれは、わざわざ厳しいボール出していたよ。問題なのは、普段だったらその厳しいボールにも合わせて動きだすのに、マルタならそこまでしなくても大丈夫じゃない、という雰囲気があったことだ。そんなふうに手を抜いた場面が多かった。だったら試合なんて最初からやる意味はないでしょ」

「Ｊヴィレッジからボンに入って、マルタ戦の頃が選手たちの疲労のピークだったのでは、とも言われているけど」

　私がそう聞いても中田に言い訳はなかった。

「本当に疲れているんならゲームに出場しなければいいわけで、マルタ戦はそうじゃない。自分たちがやらなきゃいけないことをやらなかった、ただそれだけのこと。だからこそ、非常に残念なんだよ」

「疲労で走れなかったのではなく、力を抜いて走らなかった？」

「そう、走らないだけ。足が攣って走れないんだったらおれも理解するけど、そういう選手は一人もいなかった。マルタ戦のように相手が引いた場合には、やっぱりサイドへどんどんボールを出して、前へ走っていくのが常識なんだけど、それをやってないからね。だからまったく攻撃ができなかった。ボールがオープンになっても、前線へ走っていないからスペースが出来ないし、パスもつながらない。それで、一人がボールを持つ時間が長くなる。そんな悪循環だった」

「後半、ＭＦの数が増えたことが問題になったの？」

「別に中盤の選手が多くなったからって問題はないよ。問題は数じゃなく、人数が増えても走らなかったことなんだよ」

試合中、中田は玉田に何度も声をかけていた。

「玉田選手にはなんと伝えた？」

「相手があれだけラインを下げていて、後ろにスペースがないにもかかわらず裏を狙った走りしかない状況が続いていた。ＦＷは、それこそ相手のマークを外して壁を作ったりするべきなのに、そういう動きもまったく見られない。マルタ戦の玉田は後ろへ走る動きか、ハーフウェーラインまで戻ってボールをもらうか、そのどちらかしかやっていなかった。それじゃあ、あいつの持っている能力が活かせない。だから玉田には、あの動きじゃ後ろからゲームを作れないし、前への動きも永遠に生まれないよ、と言ったんだ」

一次リーグ突破を目論んで浮かれている場合じゃない、と中田は切実な声を出した。

「おれの性格はよく知っていると思うけど……、これまでどんなに『駄目だ』と怒っていても、それと同じ心で『絶対に勝てる』という気持ちを捨てたことがなかった。しかし、マルタ戦やって一日休んで翌日に練習して、初めてその気持ちが揺らいだよ。何も変わらないんだから。負けたくはないよ、でも事実、日本は三連敗してもしょうがないところまで追い込まれているな。おれだって負けるのは嫌だけど、敗戦の痛手を受けたほうが日本代表のためになるかもしれない、とさえ今は本気で考えているからね」

中田が練習前のボール回しを断った原因は、ここまで膨らんだ失意にあった。

「練習試合であっても、本当の試合であっても、同じモチベーションでやれなきゃプロじゃないでしょう。対戦する相手にはリスペクトがあって当然だし、だから全力を尽くすわけでしょう。どんな相手でも同じ気持ちでやれないなんて、それってサッカーを戦ううえで最も危険なことだよ。マスコミもこうした状況に、どうしたんだと声をあげるかと思ったけど、それもあまりないよね」

日本全土からの期待に煽られている日本代表は、実は脆弱《ぜいじゃく》だ。中田はそう考えている。

「ジーコはマルタ戦のあと皆に何か言った？」

「ミスが多かったことを言ったかな。そのミスをなくさなければならない、と」

「ドイツ戦、マルタ戦を戦った選手たちは、中田英寿をどう受け止めている？」

「たぶん『うるさい』とだけ。面倒なやつだと思っていると思う。そう思われるのには慣れているけどね」

孤独感に苛まれるほど強くなる中田を、私は知っている。

「人間なんて、所詮《しょせん》はみんな孤独でしょう。群れて仲間のようなふりをしても、実際はみんな一人なんだよ」

日本代表に入るということは常に競争にさらされるということだ。信頼が不可欠だが、チームの中ではポジション争いも同時に進行する。

「おれ、日本代表としてドイツへ来られなかった選手たちのことをときどき思うんだよ。本当はそんなことは考える必要はないのかもしれないけど、そのひとりひとりがワールドカップでいいプレーができたかもしれない、そう思うんだ。サポーターのみんなに対してはもちろんだけど、ここに来られなかった選手のためにも、おれたちには全力で戦う責任があるわけだからね」

その責任は、勝利やゴールを決めるだけでは全うできない、と彼は思っている。

「自分のベストが出せるかどうかだよ。ゴールを決めれば満足、勝てりゃあ満足っていう次元じゃない。自分が全力を出し切ることが重要なんじゃないか。その責任を全うするためにも自らのコンディションを上げていくことに集中したい」

「コンディションはどう？」

「だいぶいい感じにはなってきた。オーストラリア戦をピークにしたいから、残りの練習もピッチを上げていくよ。体のキレももう少し出せると思うから」

「ところで、ジーコが選手に与えた自由を、今はどう理解している？」

中田にそう聞くと窓の外に目をやりながら呟いた。

「自由っていうのは責任と同意語だと思う。自由イコールなんでも好き勝手にやっていいって問題じゃあない。自由という状況は、実は一番難しい。命令されてやるほうが楽なわけだからね」

私は中田に引退への気持ちを問いかけた。

「これほど戦うことに情熱を燃やしながら、しかし、それがあと数試合で終わることを受け入れられるのかな？」

中田は眉《まゆ》を上げた。

「目の前にある試合のことだけを考える。今はその後のことなんて考えないよ。今日と明日では意見が違うかもしれないし、そんなことは分からないから」

「平常心でありながら、同時に自分を追い込んでいくんだね」

「そうだ。今、自分にできることをやる。いきなり技術が飛びぬけて上達するとか、足が突然に速くなるとか、あり得ないでしょう。だから、体のコンディションを上げることと、集中力を高めること、それが重要だと思う」

今夜、ドイツ対コスタリカ戦でワールドカップが開幕する。

「ゲームはテレビで観る？」

「そうだね、食事のときなんかにテレビがついていれば観るよ」

中田は、対戦相手の資料映像以外、サッカー中継を観ることがほとんどなかった。そういえば、ベルマーレ平塚時代には「欧州リーグのゲームは時差があるから観られない。眠いのを我慢して観るのは体に悪いから」と言っていた。

「今大会で観るとしたら、フランス代表のゲームかな。ジダンのプレーは見たいと思ってる」

オーストラリア戦まで三日と迫り、中田の瞳には戦いへの決意が湛えられていた。

「初戦のウエイトは大きい。オーストラリア戦が今大会の試金石になる」

午後の練習に備えヒルトンホテルに戻る時間になった。スタッフに促された中田は、じゃあ次はスタジアムで、と手を挙げ部屋を後にした。

その背中を見送りながら、私はやはり中田が引退の決意を覆していないことを感じていた。日本代表二十三人から漏れた選手を思った、痛みに届せず走ることを誓った、チームに芯がないと嘆いた、孤独など当たり前のことだと呟いた、自由には責任が伴うと叫んだ。中田は、やはり日本のサッカーから去ろうと決めている。

中田を真に理解することなど到底できないと考えてきた私は、彼のサッカー選手としての人生が終わろうとしているこのとき、心の内側をおぼろげながら見たような気がしたのだった。

十日、午前の練習では実戦形式からのセットプレーに重点が置かれていた。しかし、思うようにぴったりとは息が合わない。ジーコの声がスタンドにまで響いた。ジーコのあんな大声をこれまで聞いたことがあるか――。記者の一人がそう言った。

初戦を前にした日本代表は刺すような夏の日差しの下にいながら、チームの内部に立ちこめる霧を完全には振り払えないままでいた。

六月十一日、午後一時からデュッセルドルフのホテル日航で日本サッカー協会会長、川淵三郎によるワールドカップ開催記念の講演が行われた。ボンから車を飛ばし駆けつけると、およそ二百五十人の在留日本人が詰めかけていた。

プレスルームに置かれた講演告知のチラシを見て知った私は、突然に参加を申し込んだ。講演の主催者であるデュッセルドルフ日本商工会議所のスタッフは、快く入場を許可してくれた。

川淵は、Jリーグ発足までの裏話や、ワールドカップ初出場までの道程、〇二年でチームを率いたトルシエとの軋轢、ジーコを更迭しようと考えたシンガポール戦などのエピソードを、笑いを誘いながらよどみなく話した。

「ジーコは、日本に来てから我慢することを学んだ、と言っていました。トルシエのように頭ごなしに選手たちを批判することはしないジーコですが、プレーを見ながらじっと我慢していることもある。ブラジル人が、我慢を覚えるなんて考えられなかったことでしょう」

参加者から日本代表の活躍について問われると、川淵は「心配はしてない。明日、スタジアムに入ったらスッキリすると思う」と、自信を覗かせた。

そして、こんな話を披露したのである。

前日、ボンの練習を見て選手を激励した川淵は、その日の日本経済新聞朝刊に掲載された沢木《さわき》耕太郎《こうたろう》のコラムを皆で読むようにと選手に手渡したのだという。

その内容を川淵はこう紹介した。

「ジーコは選手を信じ、規律で縛ることをしなかった。組織の前に個人がいるのだと考え、選手を組織から解き放った。そして、ピッチの上では自由であるべきだと教えたんです。そのことを沢木さんは書いていた」

川淵は、沢木のコラムを読み、選手たちにもジーコとともに歩んだ四年間を考えて欲しい、と伝えたのだった。

ホテルに戻った私は、日本に国際電話をかけ、顔なじみの編集者に川淵が言ったそのコラムをFAXしてくれるように頼んだ。間もなく、ホテルのレセプションで受け取った「ワールドカップ街道」という随時連載コラムには、〝創意が「規律」の壁破るとき〟という副題がつけられていた。その長文には、三月にアメリカで行われたワールド・ベースボール・クラシックで監督を務めた王と、日本代表監督としてドイツに挑むジーコについて次のような文が記されていた。

《グラウンドやピッチで自由であるためには、まず選手が自立している必要がある。しかも、自由にプレイするためにはそれだけの能力がなければならない。それには自らを律し、能力を高めるための不断の努力が必要になる。つまり、王とジーコが選手たちに与えたのは、「自立」と「自律」に支えられた「自由」だったのだ。

（中略）

試合の主役は選手自身であり、監督はそれに同伴することしかできない。ピッチの上では自由であるべきだ。なぜなら、選手たちの自由な創意がなければ、小さなチャンスを大きく押し広げることも、不意に訪れる予測不能な危機にも対処できないのだから……。

（中略）

果たして、サッカーの日本代表は、ジーコの信頼に応えられるだろうか。残念ながら、彼らには、野球の選手たちのような世界標準の能力はないかもしれない。しかし、ジーコという新しいタイプの代表監督を中心に、チームとしての強い一体感を持つことで、一次リーグ突破という困難を乗り越えてくれるかもしれないとも思う》

（「ワールドカップ街道」創意が「規律」の壁破るとき　文・沢木耕太郎　日本経済新聞二〇〇六年六月十日紙面より抜粋）

日本代表が光り輝くその瞬間を、私も見たい。だが、どうしても楽観的にはなれなかった。野生動物のように敏感な中田の叫び声が頭の中から消せないでいた。

サッカーの知識が潤沢だから日本代表を追いかけたわけではない。中田という選手がいたからこそ、これまでサッカーを取材することになったのだ。中田を介してしかサッカーを知らない者の杞憂《きゆう》であればいい。私はそう願わずにいられなかった。

この日、次原がボンへ到着する。夜、さっそく連絡を取り合うと私は次原に会うためにホテルの部屋に向かった。

フジタとスタッフは日本から来る知人やクライアントのために手配したチケットの割り振りに追われていた。なぜかデスクの前にいた次原は困り果てた顔をしている。海外にローミングできる日本の携帯が壊れたのよ、と言って携帯電話を振ったり叩いたりしていた。

その様子を見たスタッフは思わず手で顔を覆った。次原は、変圧器を使わぬまま充電をしてしまったのだ。日本の電圧は百ボルトだが、欧州の電圧は二百二十〜二百五十にもなる。彼女はホテルに到着すると間もなく、プラグだけドイツのものをつけて無理やり押し込んだ。やがて、ボンッという音とともにショートし、二度と電源が入らなくなった。

「社長、無理ですよ。叩いても、もう生き返りません」

「ああ、そう。じゃあ捨てて」

私は思わず噴き出していた。しかし、次原の大胆かつ大雑把《おおざっぱ》、そして決して後ろを振り向かない超前向きな気質こそが、ビジネスの成功と無関係でないことを私は知っていた。

携帯電話の騒動が一段落すると、次原は私に話があると言ってソファーに座るようすすめた。

「伝えたいことが、ふたつあるの」

次原は渡航に疲れた様子も見せず話しだした。

「実はね、先月三十日のドイツ戦のあと、電話で話していた中田に、引退を考え直して欲しい、と言ったのよ」

テレビ中継でドイツ戦を観ていた次原は中田の躍動する姿に胸を衝《つ》かれ、このまま現役を引退させてしまっていいのだろうか、と極度の不安に襲われた。

受話器の向こう側で無言の中田に、長い時間をかけ説得をした次原は、引退の可能性を数字で示して、と中田に強く迫ったという。

「すると、中田はこう言ったの。引退する可能性は九十五パーセントだ、と。昨年の十二月にイギリスで話し合ったときには、九十八パーセントだった。それが三パーセント、動いたのよ」

中田の心にも何か変化があったのか。

「その理由は？」

私の問いに次原は早口で答えた。

「ドイツ戦の直後だったからでしょう。あんなふうにドイツを苦しめるサッカーが実践できたんですもの。サッカーが好きな彼の心が揺れないはずがない。ただ四日のマルタ戦のあとは口も利かないほど不機嫌で、その話はできなかったんだけれど……。あれだけサッカーに情熱を傾けてきた中田が引退を決意したのだから、中途半端な気持ちじゃないことは分かっている。でも、私は一次リーグを戦う間も中田の気持ちを確かめていこうと思っているの」

中田が引退を考えていることなど想像もしていないエージェントたちからは、移籍の話がいくつも持ち込まれていた。

「フジタの携帯にプレミアリーグとブンデスリーガから移籍についての問い合わせがあったの。そのほかにも複数のクラブから打診があるのよ」

中田はその移籍話を知っているのか。

「その話はもう、彼の耳に？」

「ええ、話したわ。黙って聞いて、何も答えなかった」

十年も手を携えてきた中田の引退は、次原にとっても大きな決断であった。肩で息をついた次原は、少し身を乗り出してこう続けた。

「そして、もうひとつの話はね、前園真聖のことなのよ」

テレビ東京のサッカー解説者・リポーターとしてドイツに入っている前園には、練習場のスタンドで何度も会っていた。私がそのことを告げると、次原は嬉しそうに微笑んで言った。

「そう、今度あったらぜひ声をかけてやって。前園は、サニーサイドアップのサッカー事業に関するすべてのプロジェクトを推進することになったのよ」

次原は、前園との経緯《いきさつ》を話しだした。

横浜フリューゲルス、ヴェルディ川崎（現・東京ヴェルディ1969）、ブラジルのサントスFC、ゴイアスEC、湘南ベルマーレ、東京ヴェルディ1969、韓国の安養《アニヤン》LGチータース（現・FCソウル）、仁川《インチョン》ユナイテッドFCとクラブを渡り歩いた前園は、〇二年、所属していたサニーサイドアップを離れた。

三年後輩であり、自分がサニーサイドアップに紹介した中田が隆盛を極め、次原は中田のために世界を駆け回っている。前園はその現実を受け入れつつも苦悩し、次原との距離を置くことで自分の進む道を模索しようとしたのだった。

前園がサニーサイドアップを去ったことで次原は人目をはばからず落ち込んだ。本人とはもちろん、前園の母親とも母子のように付き合っていた次原は、前園が彼女と一切の連絡を絶ったことに暗澹たる気持ちにさせられていた。もちろん、前園の母親との交流もなくなった。

次原は前園を追い詰めたのは自分なのだと、自らを責めた。そして、彼女自身も傷を負っていた。次原の心に刻まれたふたつ目の深い傷だった。

最初の傷は今から十年も前に受けたものだ。

のちに横浜マリノスに吸収合併される横浜フリューゲルスに所属していた前園は、九六年にスペインリーグ一部のセビリアから移籍要請を受けていた。しかし、前園を手放したくなかったクラブはセビリアへの移籍をどうしても認めなかった。次原はクラブに移籍を認めるよう食い下がったが、無理だった。海外移籍を諦めざるを得なかった前園は新天地を求めヴェルディ川崎に移籍するのだが、その落胆は大きく、彼はサッカーへのモチベーションを急降下させたのである。

次原だけの責任ではなかったが彼女は自分のせいだと言ってはばからなかった。前園をスペインへ移籍させられなかった贖罪《しょくざい》の気持ちはいつまでも薄れない。その後悔こそが、次原をサッカービジネスへと突き進ませたのだ。中田に時間を割かれていても、次原が前園のことを思わない瞬間はなかった。

次原と音信不通になってから三年、〇五年五月十九日、ついに前園は引退を決意した。引退の報告をするために知人のもとを訪れた前園に、その人がこう言ったのだという。次原には引退を連絡しないのか、と。

次原の名前を聞いた前園は突然に涙を流し、声を詰まらせながら「今はまだ連絡できない、自分の居場所を確立してから連絡する」と言ったのだ。

前園の言葉をその知人から伝え聞いた次原は、意を決し自分から前園に電話をかけていた。もう一度サニーサイドアップで一緒に仕事をして欲しい。そう申し出たのである。次原は前園に、この先の人生でバックアップできる仕事があればどんなことでもさせて欲しい、と言って前園の帰還を願った。声を交わし合った前園と次原の緊張はすぐに解けていった。前園はその言葉を待っていたかのように、次原のもとへと戻ったのだった。

中田もこのボンで前園と再会していた。

「二人は十年以上の付き合いだから、すぐにマーくん、ヒデ、と呼び合って元どおりに話せたそうよ。私たちには話しても分からないサッカーの話を、中田は前園にしているのよね」

次原は離れていた家族がようやくひとつになったような気がする、と言った。

「ドイツではテレビの解説やリポートを担当するんだけど、この秋からは少年サッカーの普及と促進のためにサッカースクールも開校するの。中田もそれをすごく喜んでいるわ」

前園には、中田の引退はまだ伝えられてはいなかった。

「ゾノは器用なほうではないし、顔にそのまま感情が出るから、彼のためにまだ話していないのよ」

前園との再会、次原からの引退引止め、オーストラリア戦への消し去れぬ不安——。

試合が行われるカイザースラウテルンのホテルにいるはずの中田は、何を思っているだろうか。私が考えていると、次原が言った。

「中田との信頼はたとえ引退したとしても変わらない。前園と中田がまた以前のように言葉を交わせるようになった。私たちには前進する力がある。でも、やっぱり少し怖い」

沈黙のあとの次の言葉を、私は待った。

「この一次リーグ三試合が終わったら、どんな世界が待っているのかしら」

そう言った次原の目にうっすらと涙が浮かんでいた。

第三章

ワールドカップ・ドイツ大会一次リーグ二敗一分け

1 オーストラリア戦

目覚めるとホテルの部屋の窓を開け、空を見上げた。強い紫外線に瞳を突かれ下を向いた私は、手を額にかざし目を細めながらもう一度空を見る。ピーコックブルーの絵の具をくまなく塗りこめたような広い天空。風もない。そこにあるのは紛れもなく欧州の夏空だった。

私はふと、二〇〇四年八月、アテネオリンピック女子マラソンで野口みずきが金メダルを獲得した日の空を思い起こしていた。ゴールで待っていた私の目の前で、脱水症状を引き起こし女子マラソンの選手たちが次々に倒れ込んだあの日。アテネでは、灼熱の太陽こそが王であると思い知らされ、暑さに耐えることが戦士の宿命であることを教えられた。

きっと、日本代表がオーストラリアと戦う今日も暑さに見舞われる。窓を閉めながら太陽光線を受けて光る芝生を思い浮かべた私は、真冬から真夏へと季節を変えたドイツの気候が選手たちにどんな影響を与えるのか気が気ではなかった。

寒さが苦手な中田は、空が晴れて暑いほうが気分はいいよ、と言った。日本代表は、〇五年六月のコンフェデレーションズカップでもドイツの暑さを存分に経験している。もちろん、コンディション作りにも時間を費やしたはずだ。しかし、やはり不安はつきまとう。気温が上昇すればどんなアクシデントが起こるか分からない。

カイザースラウテルンまでの地図を広げボンからのアウトバーンをたどった私は、選手たちの体力を根こそぎ奪うほどの暑さにならないことを願わずにはいられなかった。

ワールドカップが開幕してから三日が過ぎ、すでに激戦が繰り広げられていた。オープニングゲームとなったドイツ対コスタリカは4－2でドイツが勝った。

テレビをつけると朝のニュース番組はワールドカップ一色だ。リポーターたちが合宿地やスタジアムに飛び詳細をリポートする。この大会の組織委員長でもあるベッケンバウアーや、ニューヨーク・コスモスで彼のチームメイトだったサッカーの王様ペレも日々インタビューに答えていた。

また、開幕前からドイツ入りしているディエゴ・マラドーナは注目の的だ。彼がアルゼンチン代表のユニホームをまとって応援するだけで特集が組まれた。

ドイツ語がまったく分からない私は、英語で放送するユーロスポーツにチャンネルを合わせ、ニュースの中で紹介される各ゲームのダイジェストに見入っていた。

優勝候補と目される国々は順当に勝利を収めている。だが、ワールドカップでは安泰などないことも証明されていた。実力の拮抗《きっこう》はスコアが示す。イングランドはパラグアイに1－0で、アルゼンチンはコートジボアールに2－1で、オランダはセルビア・モンテネグロに1－0で、ポルトガルはアンゴラに1－0で、いずれも一点差で勝利していた。エクアドルは2－0でポーランドをくだしたが、スウェーデン対トリニダード・トバゴはスコアレスドロー。この先、番狂わせが起こることは疑う余地もない。

ケルンの中心街で買い物をした帰りに立ち寄った郊外にあるライン・エネルギー・シュタディオン。そこのチケットセンターでもらった勝敗記入シートに、私はサッカーファンの心そのままに、毎夜各ゲームの勝敗と得点を書き入れていた。ついに日本の結果を書き加える日が来たのだと思うと、息苦しくもなる。

他国同士の戦いなら心ゆくまで熱狂し、薀蓄《うんちく》や能書きも語ることができる。しかし、自国の戦いとなれば高次の緊張を免れない。選手のことを思い、勝って欲しいと願えば願うほどサッカーを単純に楽しむことができなくなる。

身支度をしながらオーストラリアの新聞をインターネットで検索していると、オーストラリア代表監督ヒディンクのコメントが目に留まった。

「いい監督はチームをまとめその力を増幅させることができる。われわれオーストラリアは今、まとまったとても良いチームになった」

傑物、フース・ヒディンク。オランダ人である彼の実力は母国の代表チームをフランス大会でベスト4に導いたことでも知られているが、鮮烈だったのは〇二年日韓大会での戦績だ。率いた韓国代表をベスト4にまで躍進させた指揮官の手腕に、韓国ばかりか世界中が喝采《かっさい》した。

ヒディンクの快進撃はドイツ大会までも続いていた。大陸間プレーオフでウルグアイを破り、三十二年ぶりにオーストラリア代表をワールドカップに出場させたのである。

ヒディンクの真骨頂は闘争心の構築だ。徹底的に選手たちに闘争心を植えつけ、敗者となることを拒絶させる。彼はオランダ人らしく左右のサイドを広角に使うサッカーを好むが、攻撃でも守備でも運動量に裏打ちされた激しくパワフルなサッカーを展開させた。よってラフプレーも多い。サッカー界でも屈指の知将は、ある程度のファールも容認し、フィジカルコンタクトを必須とするサッカーを組み立てている。タッチライン際まで進み出て顔を真っ赤にして叫ぶ姿からしても、激情の人であることは一目瞭然《いちもくりょうぜん》だ。

〇二年六月、日本代表は決勝トーナメント第一戦でトルコに敗退し、ベスト16で日韓大会を終えた。その直後に会った中田は、開口一番こう言っていた。

「ベスト16という結果は誇れるものだと思う。トルコはとてもいいチームだった。今大会を全力で戦った、という満足感もあるよ。でも、心の奥でもやもやした気持ちが完全には消せないでいる。足が攣って動けなくなるまでやったのか、倒れるまで走ったのかと、自分に問い返さないといったら嘘になる」

言葉を続けた中田は遠い目をしていた。

「韓国には何がなんでも勝つんだというがむしゃらな勢いがあるよね。日本代表は気持ちの部分で、最後まで踏みとどまるという厳しさを、完全には持てなかったのかもしれない」

あのとき中田は、その心が、力を尽くした満足感とまだやれたのではないかという惑いとの狭間にあることを教えてくれた。

泥臭くても不格好でもボールにすがりつき、残り一秒までゴールを決めようとする力こそ、サッカーには求められる。韓国をベスト4にまで押し上げたヒディンクが、オーストラリア代表をそうしたチームに変身させたことはこれまでの結果が証明していた。

日本のサッカーが成熟期を迎えているか否かは、闘争心を持続できるかできないかで計ることができる、と中田は言った。

「サッカーで一番大事なものはなんなのか。そう聞かれたらハートだと答える。相手に勝つんだと思う強い心以上に大事なものはない」

十九歳の頃からそう考える中田は、このドイツでもやはり闘争心の塊となることを期していた。ピッチで叫ぶ姿は、命を賭《と》して戦い競うことへの宣言に思えてならなかった。

コーヒーとヨーグルトだけの朝食を終え、午後九時には車に乗り込みホテルを出発した。途中、アウトバーンを走行しているとオージーたちを乗せた数十台の車に出会う。すでに黄色いユニホームを着た彼らは、車の中で何かを叫んでいた。練習場で会った記者の言うとおり、ヨーロッパで暮らすオーストラリア人がカイザースラウテルンに結集しているのだ。

アウトバーンを二時間半ほど走り、正午前にはカイザースラウテルンの中心部へ到着する。ラインラント・プファルツ州の小さな町は、田園地帯に囲まれたのどかなところだった。ガイドブックには、大学やアメリカ軍の基地があり人も多く活気がある、と書かれている。ブンデスリーガに名を連ねる1.FCカイザースラウテルンの人気は絶大で、本拠地となるフリッツ・ヴァルター・シュタディオンはいつも満員の観衆で埋まっているという。

路地に車を止め外に出ると、目の前の丘の上にスタジアムが光って見えた。まるで城塞《じょうさい》のように聳《そび》え立つスタジアムを見上げながら、私は駅に程近い目抜き通りへと向かった。

出店が並ぶ商店街のある通りは、目に鮮やかな青と黄色で染め上げられていた。オーストラリアのサポーターと日本のサポーターとが声をかけ合い、肩を組んで歌っている。国旗を振り記念撮影に興じる光景は、ゲームの前だけに許される和やかなセレモニーだ。駅前にはパブリックビューイングが設営されており、チケットを持っていないサポーターたちがすでに巨大なテレビの前に陣取っていた。

まるで縁日のような人ごみの中で、ばったり中田のトレーナーである山本に会った。

「次原もフジタもブランキーニも、今、車でこちらに向かっています。ヒデの両親とお兄さんもそろそろ到着する頃ですよ」

山本からそう聞いた私は、このゲームが、中田がプロとして戦う最後の数試合のひとつであることを思い出していた。

中田の母節子《せつこ》は、これまで数え切れないほど息子のゲームを観戦している。日本国内はもとよりイタリアへもイギリスへも出向いたし、オリンピックやワールドカップでもスタンドで息子の姿を見つめてきた。しかし、息子の独立心を重んじた父親はテレビで観戦はしても敢えてスタジアムには足を運ばなかった。その父がピッチに立つ中田を見届けるためにドイツにまでやって来たのだ。

正午を迎え強さが増す日差しと喧騒から逃げるように、路地の奥にあったイタリアンレストランへ入る。ワールドカップでしか感じ得ないこの上ない興奮に包まれながら、サッカー選手としての中田に残された時間を思うと、ただ押し黙ることしかできなかった。

午後一時過ぎ、スタンドを目指して歩きだすと思いのほか遠いことに驚かされる。座席により入れるゲートを仕切っているため、決められたゲートにたどり着くまでが一苦労だった。私の持っていたチケットは緑色のゲートで、そこは目抜き通りからは一番遠いところにあった。丘を周回する上りの坂道をひたすら歩かなければならない。

黙々とゲートを目指す間にも気温は上昇し、体感温度は三十度近い。直射日光の下で坂道を歩く私は汗だくになっていた。

ゲートに着くとセキュリティーチェックが待っていた。荷物検査のほかに身体検査も受けなければならない。チケットに記されたバーコードを読み取り機にかざし、ようやくスタンドに向かった。急な角度で連なるシートの下に広がっていたのはサッカー専用のフィールドだ。

日本とオーストラリアのサポーターはほぼ半々。黄色と青のユニホームがスタンドを明るくしている。驚いたのはオーストラリア人サポーターのほとんどがビニール製のカンガルー人形を持参していることだった。

「ここ、いいですか？」

そう聞かれ、わけの分からぬままに「イエス」と答えると、私の横にも空気を吹き込まれ膨らんだ褐色のカンガルーが一頭置かれた。辺りを見れば、座席と座席の間にサポーターと同じ数のカンガルーが出現する。オーストラリアのサポーターは瞬時に倍増していた。

午後二時過ぎになり、選手たちがウォーミングアップのためフィールドへ歩み出ると、スタンドの空気が一気に変わった。ドイツ大会の公式テーマソングとなっているポップスが鳴り響き、ＭＣが日本やオーストラリアの紹介をするお祭り騒ぎから一転、戦いの雰囲気が立ちこめる。

現れたオーストラリア代表の選手たちは大柄に見える。オーストラリアのエースストライカー、キューウェルに故障の噂《うわさ》があったが先発は間違いなさそうだ。

日本選手の中で真っ先にピッチに姿を見せた川口能活は、ゆったりとした足取りで歩きながら、スタンドを見渡した。挙げた両手で拍手し、湧き上がる声援に応えている。続いて芝生に走り込んできた他の選手たちの動きも軽やかだった。

中田は短く前後に走り、また左右の足を大きく踏み出してジャンプする。暑さに対応しようと心拍数を上げているのだ。怪我を負っているはずの左足は大丈夫なのか。私は双眼鏡で中田の動きを追ったが、キレのある動きと細かなステップ、片足に体重をかけた反転動作、足首を巻き込むように打つシュートなど、左足の力を加減する様子は微塵も感じられなかった。

三十分もすると中田の額に汗が浮かんできた。手の甲でそれをぬぐった中田はスタンドに目を向けることなく、じっと視線を落としたままロッカールームに続く通路へと姿を消した。

ここ数日、日本代表はオーストラリア対策ともいうべき守備練習を行っていた。念入りだったのは、オーストラリアの得点パターンであるFWビドゥカのポストプレーへの対応だ。ボールが自陣の中央に落ちれば宮本恒靖が詰め、DFの両サイドがビドゥカとボールを競うときには中盤のサイドを担う三都主アレサンドロや加地亮に代わった駒野友一がマークに入る。ジーコは、シンプルな約束事を徹底させるためのシミュレーションを何度も行っていた。

心配なのは故障者である。初戦直前、中村俊輔は左足大腿部《だいたいぶ》に違和感を覚えると訴え、柳沢敦は右足大腿部痛を抱え、別メニューに甘んじていた。ドイツ戦で右足首を捻挫した加地は、走れるようになったもののまだボールを蹴るまでには至っていない。

故障者が多ければそれだけ戦力は劣り、自分たちの流れを摑むことが難しくなる。スタンドから見ていると別メニューの加地や痛みに耐える中村や柳沢の冴えない表情に不安を煽られるのだが、当の指揮官ジーコはさほど焦っている様子もなかった。

ジーコ自身、一九七八年、八二年、八六年と三度のワールドカップに出場しているが、怪我もなく故障もなく万全なコンディションで戦えた大会は一度もなかった。通訳の鈴木がジーコから聞いた話では、シーズンを通して戦うプロフェッショナルであり国を背負うセレソンなら怪我や故障を抱えて決死のゲームに挑むのは当然のことだ、という。

午後三時、気持ちを昂ぶらせるFIFAアンセム（Anthem）が響き渡り、国旗の先導で選手たちが入場する。〇二年六月、雨の仙台でトルコに敗退したゲームから千四百日余り、日本代表は再びワールドカップの戦いに戻ってきた。

このゲームにすべてがかかっている――。オーストラリア戦が日本代表の運命を左右することは、ジーコもピッチに散った十一人もベンチでキックオフを待つ選手たちも、十分に理解しているはずだ。

日本代表のキックオフで戦端は開かれた。

私は、ノートに目を移さぬまま、ピッチの布陣を殴り書きした。ドイツ戦、マルタ戦と同じ3―5―2。加地のポジションには、マルタ戦に引き続き駒野が入っている。

開始二分、スローインを受けた中村が直角に切り込みながらシュートを打つもオーストラリア守備陣の高い壁に阻まれる。そのこぼれ球をフォローしようと駆け寄りキープした中田が真後ろからタックルされた。衝撃を受けた中田は倒れず踏みとどまったが、緊張が走った。中田に仕事をさせないようマークしているのは一目で分かる。オーストラリアは躊躇なくタフなプレーを繰り広げるのだろう。

このファールにより日本は好位置からのFKを得た。ペナルティーエリアのわずかに外側、左四十五度からのFK、中村は迷うことなく直接ゴールマウスを狙っていた。壁に当たり跳ね返されるが、序盤のFKはペースを摑むきっかけになればいい。中村のセットプレーからゴールを奪えれば、それが最大のアドバンテージになる。

幸先よいスタートを切ったと思ったが、五分が過ぎた頃には形成が逆転する。オーストラリアの猛攻が開始されたのだ。ペナルティーエリア内で縦に流れてきたパスを受けたビドゥカが、意表をついて左サイドゴールライン際からシュートを放つ。とっさに川口が弾いたボールを走り込んでいたビドゥカが頭で合わせようとするが、必死に競った川口がパンチングでクリアすると、彼の咆哮《ほうこう》がピッチに響いた。疾走するビドゥカを見送るだけだった守備陣に活を入れるような声だ。

オーストラリアの波状攻撃は続いた。左のCKから大きな放物線を描いたボールがゴール前に上がる。ビドゥカがジャンプ一番ヘディングシュートを見せた。前のプレーで呆然《ぼうぜん》と見ていた日本のDF陣は、ここではビドゥカと競り合い、シュートを枠へ飛ばすことを許さなかった。再びCK。直接ゴールに向かったボールを川口がまたもパンチングで防いだ。

川口の好セーブで一息ついた日本はカウンターから攻め上がる。中村がドリブルで距離を稼ぎ、右サイドで待つ柳沢へパスを出す。柳沢は中央へクロスを上げようとするが、オーストラリアDFがブロックしゴールラインを割ってCKになる。中村の右CKは急カーブし、ゴールマウスに向かったがオーストラリアのGKシュワルツァーが両拳《こぶし》を突き出して防ぎゴールは奪えなかった。このときゴール前で揉《も》み合った柳沢が反則を取られ、攻撃の糸は相手のゴールキックによって途切れた。

前半十二分、練習で対策を立てていたビドゥカのポストプレーが見られた。ビドゥカはペナルティーエリアへボールを落とすが、そこへ素早く入っていた駒野がクリア。練習の成果が出る。

先制点を奪うことに躍起になっているオーストラリアに歯向かうには、もはやカウンターしかない。短いパスを繰り返しながら前線にボールを運ぶと、福西崇史がドリブルで中央突破を図る。そのままミドルシュートを見せるが、ボールはクロスバーの上を越えていった。

前半中盤はまたもオーストラリアの攻めに慌てる場面が続く。両サイドをワイドに使い大きなクロスボールを連続して入れてくるのだ。ゴール前で活発に動き回るFWビドゥカ、MFブレシアーノがこのボールに反応し、オーストラリアの攻撃を多彩にしていった。

日本はなかなかボールを支配できない。中田も、再三最終ラインにまで下がり守備に挺身《ていしん》している。なんとかカウンターで攻撃に転じようと前を向くが、中田が切り込んでいくスペースもパスを出す選手も見つけられないのだ。オーストラリアの威圧感はＦＷの高原直泰、柳沢までも中盤に縛りつけ、守備に時間を割かせている。

ラインを下げ守備を固めざるを得ない日本代表。三都主が左サイドから中央にドリブルで駆け上がりペナルティーエリア手前で高原へパス、ディフェンスをかわした高原がペナルティーエリア手前からシュートを打つが、精度が低い。

対するオーストラリアはスペースを得てボールをキープし続ける。左右のサイドの深い位置にまでパスを入れ、キューウェルやビドゥカ、ブレシアーノがゴールをこじ開けようと突破を仕掛けてきた。危機は続いた。前半二十四分、中盤でパスをつないだオーストラリア。日本のＤＦを背にしながらポスト役のビドゥカがワンタッチで足元にボールを落とす。そこへ滑り込んできたブレシアーノが強烈なシュートを打った。真横に飛んだ川口がかろうじてセーブし、前にこぼれたボールは中澤がクリアする。

攻め続けながらゴールを奪えないオーストラリアにも焦りの色が見える。中田は、両手を叩き、ボールへの集中力を喚起するように大声を発している。苦しい時間を乗り切ろうと必死に守る日本代表。ところが、思いもしないシーンで日本代表の先制ゴールが生まれたのだ。

前半二十六分、自陣右タッチラインぎりぎりのところでボールをキープしていた駒野が、少し後ろにいた中村へパスを戻す。中村は目の前のＤＦをかわすと左足で長いクロスを放り込んだ。空中にあるボールの行方を目で追った柳沢と高原は、その軌道に沿ってゴール前へと飛び込んでいく。シュートを打たせまいとジャンプしながら前へ出てきたＧＫシュワルツァーと高原が押し合うように交錯する。ＧＫはボールに触ることができず、ボールはワンバウンドしてそのままゴールに吸い込まれたのだ。

オーストラリアの選手たちは、審判に向かって何か叫んでいる。ゴールエリア内で攻撃側の選手が守備側のGKに接触した、つまり高原のキーパーに対するファールではないかとアピールしているようだ。審判はすぐにゴールを宣言、攻め込まれていた日本はリードを得たのだった。

ロングクロスでゴールを奪った中村を真ん中に、日本選手たちは窮地に得た一点を心から歓迎し、笑みを浮かべ歓喜に沸いている。

大型ビジョンにゴール場面の映像が流されるが、ゴール前で何か起こっていたのかスタンドからは詳細が分からない。横にいたドイツ人の中年男性が私のノートを覗き込み、英語でこう言った。

「今のは日本の反則じゃないよ。オーストラリアのGKを押すようになった日本人のFWは、その後ろにいたオーストラリアの選手に押されていただろ」

前列に並んだオーストラリア人たちが立ち上がり、汚い言葉で審判をなじる姿に目を奪われていた私は、その言葉を聞きほっとして、喜ぶ日本の選手たちを見下ろした。

この一点でオーストラリアの闘志がむき出しになった。それまでパスを供給する役だったキューウェルが自らドリブルでど真ん中に切り込みシュートを打った。

華麗に攻めてもゴールを奪えないオーストラリア。その敵を尻目に、日本は積極的にカウンターを仕掛けていくことになる。

ラインを押し上げようと中田が前を向いて走る。最終ラインを底上げする速いパスが前線につながり、柳沢と高原がシュートのチャンスをうかがう回数が多くなる。カウンターからボールを持った高原がドリブルで一気に駆け上がり、レールのように並走する柳沢にパスを送る。追加点は決まらなかったが、二人のFWは激しいチャージを受けながらゴールの機会を探った。

オーストラリアはなんとか同点に追いつこうとする。なかでもブレシアーノが気を吐いていた。ドリブル突破を見せ、またゴールまで二十五メートル付近からのFKでは壁の外側を抜く低いシュートを放つ。苛立ちのせいかボールは大きくゴールの枠を外れている。

選手同士の当たりも激しさを増す。三十一分に宮本、三十三分にはグレラにイエローカードが出され、三十六分には柳沢がタックルを受け転倒、四十分には高原にもイエローカードが出された。

四十五分が過ぎても日本のリードは守られている。ロスタイムの表示は一分。

中村がペナルティーエリアへ飛び込むがオーストラリアのDF二人に行く手を塞《ふさ》がれ、三都主へパス。そのままミドルシュートを放った三都主だが、DFのブロックに遭いゴールには届かない。

前半終了のホイッスルに、走り続けた選手たちは全身の力を抜いて歩きだした。


私は双眼鏡を取り、中田の姿を追った。ゆっくりとした足取りでピッチを歩きながら他の選手に声をかけている。中田の頬が若干こけて見える。体重も数キロは減っているはずだ。

前半はどう見てもオーストラリアが優勢にゲームを進めていた。しかし、幸運ともいえる中村のゴールが導き出されたのは、攻め込まれる時間帯を必死に凌いだ守備の力と、カウンター攻撃に転じる意識を持ったからだ。

中田が口癖のように言う「苦しいときにこそ前を向く」プレーが、なんとか実践されていた。そして、なにしろ序盤戦に見せた川口のスーパーセーブが日本の命をつないだ。

押し黙ったままゲームを追った私は、喉がカラカラになっていることに気がつき、通路にある売店に走って水を買った。観衆の熱気はスタジアムの気温をさらに上げている。熱を持った土と芝生の上に立つ選手たちは、体が焼けつくような暑さを感じているかもしれない。

冷たい水を飲み干し、胸から腹までもがひんやりとしてようやく落ち着いた。ノートに記したいくつかのプレーを反芻《はんすう》すると、オーストラリアに攻め込まれるシーンがフラッシュバックする。なんというめまぐるしいゲームであったのか。私は思わず、このままでは終わらない、と呟いていた。

一点ではとうてい磐石《ばんじゃく》なリードとは言いがたい。オーストラリアの反撃をかわしながら日本が追加点をどんなふうにもぎ取るのか。その光景を想像しながら、私はハーフタイムが過ぎるのをじっと待った。

午後四時を過ぎても太陽はぎらついていた。ピッチに登場した選手は両チームとも代わっていない。中田は周囲を振り返り、手を打って声を発している。あと四十五分を凌げば一次リーグ突破への活路が見出せる。その事実と、スタンドから届くサポーターの声が疲労した選手たちを後押ししてくれるはずだった。

オーストラリアボールで後半はスタートした。いくつかのパスがつながったのち、キューウェルが日本DFの最終ラインの裏にふわりとした浮き球を落とし、そこへボランチのウィルクシャーが走り込むも、間に合わずボールはゴールラインを割った。

攻める気迫に満ちたオーストラリアを前に日本は守備を固めていった。ラインを下げた守備体形からでは、攻撃の主体はやはりカウンターだった。

後半序盤、日本はカウンター攻撃のきっかけを作ろうとロングパスを繰り出していく。それを受けた駒野がゴールをお膳立《ぜんだ》てしようとクロスを入れるが、オーストラリアの最終ラインはなかなか崩れない。ゴール前にボールが飛ぶが、決定的チャンスは作り出せないままだ。

後半八分、ベンチのヒディンクがついに動いた。前半動き回ったブレシアーノに代えてMFケイヒルを投入する。攻守の切り替えが瞬時に訪れるサッカーは体力の消耗が激しい。新しい血液となるメンバー投入が、このゲームの行方を左右しかねない。

ケイヒルがポジションにつくとオーストラリアはさらに攻撃的になっていった。エマートンは中央にスペースがあると見るとミドルシュートを打ち同点ゴールを狙うが、ボールの軌道はクロスバーを大きく外れていた。

九分が過ぎた頃だろうか、足を引きずる坪井慶介が左足を抱えて芝生に倒れ込む。ベンチから飛び出したジーコに向かって腕をクロスして「×」のサインを示している。急いでピッチの外に出され医療チームに治療を受けるが、坪井は立てないままだ。足が攣ったのか、捻挫なのか、原因は分からない。

二分後ようやく交代が告げられる。ジーコが坪井に代わってピッチへ送り出したのは茂庭照幸《もにわてるゆき》だった。

坪井、宮本、中澤佑二の三人は苦しみながらもバランスを保ち、オーストラリアの攻撃を防いできた。ワールドカップ前哨戦《ぜんしょうせん》のドイツ戦、マルタ戦でも出場機会のなかった茂庭は緊迫した場面で守備の要《かなめ》となることを強いられている。彼の重圧を思うと汗が噴き出した。

茂庭が入った直後からゴールを奪うための攻防が再び始まった。オーストラリアは引いた日本のDFラインの前に空いたスペースを有効に使っている。

ペナルティーエリアでフリーになったビドゥカがヘッドで押し込もうとするが、ボールが浮き、全速力で下がった中田がクリアする。

日本の攻めはロングボールが功を奏している。オーストラリアの最終ラインのさらに裏を狙ったロングボールに柳沢、高原が走り込む。

暑さで疲弊した選手の動きが鈍りだしたように見えたのは、後半十五分を過ぎた頃だった。中村のコーナーキックはゴール前に絶好の角度で飛んでいくが、誰ひとり飛び込めずクリアされてしまう。日本人サポーターのいるスタンドから、嘆きが漏れたそのとき、またもヒディンクがベンチを立った。副審に告げられたのは、ＤＦムーアのＯＵＴと長身ＦＷケネディのＩＮだった。

三十度を超す気温の中で行われるゲームは、体力の消耗戦だ。後半、満を持して登場したケイヒルとケネディの新鮮な体力と動きは脅威になりかねない。

日本のベンチはまだ動かない。なぜ、ジーコは動かないのだろうか。

後半二十分にもなると、ケネディが日本ゴールの前で躍動する。サイドからの速攻クロスに反応しヘッドで合わせる。また、ペナルティーエリアへ縦に入ったボールをトラップで自分のものにし、その場でシュートを放つ。かろうじて守備陣がクリアするが、このままでは防戦一方になる。

オーストラリアのサポーターが大合唱を始め、スタンドは騒然となった。一点を追いかけるオーストラリアがボールを支配し、ゲームの流れは完全に日本から遠のいていた。

ブロックされても二度三度とシュートを打ち、ペナルティーエリアに躍り出るケネディに翻弄され、日本はカウンターのチャンスを完全に失っていた。オーストラリアは百九十センチを超えるケネディの身長を活かすため、空中戦に持ち込もうとしているようだ。

後半二十四分、茂庭がファールを取られイエローカードを提示される。ペナルティーエリア手前中央からのFKを蹴ったのはビドゥカだった。グラウンダーの唸《うな》るようなボールは的確なコースに飛び、もはや同点かと思われたそのとき、川口の右腕がピクリと動いた。右手だけでクリアした川口は、素早いリスタートを促し、ラインを上げろと叫んでいる。

守備のために自陣に張りつかざるを得なかった中田は、残り二十分となった頃、その意識を攻撃に切り替えていた。三都主と中田とのワンツーでペナルティーエリア内にボールを進め、中村からのクロスにシュートを打とうと走り込む。

ところが、中田がラストパスを送るべき柳沢と高原は完全に体力を使い果たし、ゴールを狙いすます気力が失せていた。

残り十五分、ヒディングはさらに新たなカードを切ってきた。MFウィルクシャーを外し、FWアロイージをピッチへと送り出したのだ。

ケイヒル、ケネディ、アロイージというスリーFWの投入の目的は明快だ。ゴールを奪い同点にし、さらに逆転へ持ち込むこと。この選手交代により簡潔なテーマを共有したオーストラリア代表は、ただ攻めまくるためにピッチを走り回っている。

防戦の中でもゴールを目指そうとする日本は、ドリブルで切り込むがそのあとがまったく続かない。ときおり放り込まれるクロスも、正確ではなくたびたびゴールラインを割った。

後半三十四分、ジーコがこの日初めての戦術上の選手交代を告げた。体力を使い切った柳沢に代わって、小野伸二がピッチへと駆け出していく。

しかし、この交代直後、日本はオーストラリアに攻め込まれてしまう。ケネディのヘディングシュートは、中澤のファールを誘い、オーストラリアにＦＫが与えられる。アロイージが蹴ったＦＫは、ゴールには結びつかなかったが日本を震え上がらせるには十分だった。

日本選手の動きは何かがおかしかった。選手が叫び合っているのは、ポジションの確認だろうか。体力に余裕のある小野は、中田、中村の間を走りぬけトップ下まで走り込んでいく。中田と中村は、顔を見合わせるようにして小野の背中を見ている。小野は精力的にボールを追いかけるが、他の選手へパスをつなぐことができない。投入された小野と中盤の連携がいまひとつ馴染まないうちに、オーストラリアは嵩《かさ》にかかって攻めてきた。

後半三十九分、左サイドからのロングスロー。川口がこのボールに反応して飛び出すがボールには触れられない。ケネディがそのロングスローを頭でゴール前に落とすと、待っていたキューウェルと詰めていた駒野が競り合った。両者からこぼれたボールをケイヒルがシュートする。三都主が飛び込むが間に合わず、日本はついに同点ゴールを奪われたのだった。

呆然とする日本の選手たち。同点のまま終わるわけにはいかない彼らは、反撃に出ようとラインを押し上げる。ところが、ミドルシュートは見せるもののペナルティーエリア前まで走り込みシュートする者がいない。体力と気力が続かないのだ。

一度途切れた緊張の糸は簡単にはつながらなかった。とくに先制点を糧に守りについていたＤＦ陣の落胆は大きかった。足が止まり、ボールにも相手選手にも追いすがることができない。

攻めることも守ることも場当たり的になった日本は、ついに逆転を許すことになる。

後半四十四分、日本のクリアボールを拾ったアロイージがケイヒルにスルーパス、駒野がマークしていたがペナルティーエリア手前であっさりとかわされてしまう。フリーのケイヒルは悠々と左足を振りぬき、ボールは川口もノータッチのままゴールネット右中央に突き刺さった。

ロスタイムは三分と表示されている。しかし、逆転を許した日本代表は、心臓を射抜かれたように足が止まっていた。

後半四十六分、ジーコはようやく最後の交代を行った。茂庭に代え、FWの大黒将志を入れたのだ。しかし、狂った歯車はもう二度と元には戻らなかった。大黒投入から一分後、一点でも返そうとラインを上げた日本の裏を突き、アロイージが華麗なテクニックでペナルティーエリア手前まで躍り出ると、難なく駒野をかわしシュートする。またも川口にはノータッチで、ボールはゴールネットを揺らし、オーストラリアが三点目を奪ったのである。

終了のホイッスルに、オーストラリアのサポーターたちが絶叫している。

終盤、叫び続けていた中田はゲームオーバーとともに顔を空に向け、目を閉じて動かなくなった。やがて、ピッチに残りサポーターに挨拶に行く選手たちには目も向けず、ロッカールームへと続く通路へ消えていったのである。この日、あれだけ練習していたシュートを、中田はついに一本も打てなかった。

九分前まで勝利を摑みかけていた日本代表は、終わってみれば三失点で逆転負けを喫していた。まるでシナリオがあるかのような結末だった。ヒディンクがメンバーチェンジでピッチに送り出したケイヒルとアロイージが日本から三つのゴールを奪ったのである。

呆然とする私の上に、空気で膨らんだカンガルーの人形がいくつも降ってきた。痛快な逆転勝利に踊りだしたサポーターたちの興奮は当然のものだ。

一方、声を失ったすべての日本人は、馬鹿騒ぎに興じるオーストラリア人たちの横を無言で通りぬけ次々にスタジアムを後にしていた。

黙ってピッチを見下ろすことしかできなかった私も、選手たちの姿が消えると一刻も早くカイザースラウテルンを離れたいと思っていた。

「すぐそこに日本代表の危機があるんだ。今のままでは、日本サッカーが崩壊してしまう可能性だってあるかもしれない」

中田から聞いた言葉が現実となって迫り、追いかけてくる。逃げられないと分かっていながら、少しでもその事実から離れようと必死になった。

階段を大股《おおまた》で飛び降り、ゲートを走りぬけ、汗だくになって上った坂道を逆に駆け下りる。走って車を止めた路地までたどり着くと、エンジンをかけボンに向けて走りだした。ラジオもつけずCDも聴かない車内にはエンジンの音だけが響いている。

間もなく携帯電話が鳴った。

電話の主は中田のマネージャーであるモラーナだった。彼もまた、小林や山本と同時期に、中田から引退を告げられていた。

「プロント、今どこにいる?」

もう車の中にいてボンに向かって走っていることを伝えると、彼は次原やフジタ、ブランキーニと一緒に観戦していたと言い、英語と日本語を交ぜこうまくしたてた。

「昨晩遅くにミラノを出発し、十二時間車を飛ばして試合直前にカイザースラウテルンに来たんだよ」

イタリアのフィレンツェにある中田のアパートを引き払うため、モラーナはイタリアに残っていた。

「それなのに、見せられたゲームがこれだ。いったい日本代表は、この四年間何をしてきたというんだ」

イタリア人でありながら中田と日本を一番に思うモラーナは、FIFAエージェントの資格を取り、現在は欧州だけでなく日本でも活動を始めている。だからこそ彼は悪態をつかねば気がすまない様子だった。

「イタリア代表があんなゲームをしたら、腐ったトマトを投げられるだけじゃすまないね。国へは帰れないよ。この大会だってそうだ。アズーリは優勝しかないと思ってドイツへ来ている」

ユベントスのモッジGMらが中心となり審判を巻き込んだ八百長事件は、選手には責任がなかったもののユベントスのセリエB降格という結果をもたらした。イタリア代表のキャプテンで、中田にとってはパルマでのチームメイトでもあったカンナバーロが、インタビューを受け、「われわれはワールドカップで負けることが許されない。最後まで勝ち続けなければ、国には戻れないと思っている」と、答えていたのを私もニュースで見ていた。

急に穏やかな声を出したモラーナは、強烈な皮肉をこめてこう言った。

「大丈夫さ……、だって日本には野球があるじゃないか。イチローというヒーローだっているじゃないか」

いつもなら笑える冗談に、私は凍りついた。モラーナには、もし分かれば中田の様子を教えて欲しい、とだけ伝えた。

「分かった。社長が間もなく電話で中田と話すだろうし、僕もボンで彼に会えると思う。必ず様子を伝えるよ」

今日の不甲斐ないゲームを振り返れば、中田は怒り、そしてまた自分を責めるだろう。いや、気持ちを切り替え、クロアチア戦とブラジル戦だけに集中しようと気を鎮めているだろうか。

フロントガラスから後方に流れていく風景の上には、最後の九分間の映像が繰り返し浮かんでいた。

2　クロアチア戦

あの暑さの中でよく戦った。八十三分の間は、確かに日本が善戦していたのだ。しかし、ロスタイムも含めて残り九分の三失点により日本代表の努力と健闘は水泡に帰した。

ブラジルのいるF組で決勝トーナメントを目指す日本代表にとって、一敗することは織り込み済みだ。二勝一敗がベストであり、一勝一敗一分けでぎりぎりボーダーライン。それ以下の結果なら、その先に進むことは無理だ。日本はオーストラリアに負けたことでブラジルに負けることが許されなくなってしまった。さらにオーストラリアに三失点したことで、クロアチア戦、ブラジル戦でもゴールが必要になってくる。

どんなに希望を持とうと張り切っても、絶望を打ち消すことができなくなっていた。

日本の各地で声援を送っていたサッカーファンも落胆し、スタンドにいたサポーターたちと同じく叫喚し、ただ悲嘆にくれている。その姿と様子を、あちこちのメディアが報じていた。

オーストラリア戦の翌朝、私はようやくゲーム中に記したノートの文字を見返した。明け方、エスプレッソコーヒーを飲みながら、他人には解読不可能な文字を目で追って一人ゲームを振り返った。オーストラリアはこれまで中心だった4バックのシステムを変更し、日本と同じ3バックの布陣を取った。両サイドが上がり中盤にスペースができて、日本がボールを支配することを嫌ったためだ。

3バックの布陣で対峙した両チームは、序盤、一対一の厳しいフィジカルコンタクトに終始した。

中田が攻撃に打って出ることがままならなかったのは、守備に時間を取られたためでもあったが、タフなマンマークによるところも大きかった。それでも中田は中盤でボールを左右と縦に展開した。中田にパスが渡れば、そこが攻撃の起点になった。

鍵となったのは後半十六分の選手交代、FWケネディの投入だろう。オーストラリアはここでFWを三人にした。ビドゥカを中央に、キューウェルを左に、ケネディを右に置いた。

後半三十分、右のMFウィルクシャーをアロイージにチェンジするのだが、これがもうひとつの鍵だった。アロイージはじりじりとポジションを上げ、ゲームの終盤には最前線に立っていた。オーストラリアはついにFWを四人にまで増やしたのだ。このスーパーアタックが的中し、日本は短時間に三点をもぎ取られてしまう。この戦術は、ヒディンクが日韓大会でも見せていた。韓国代表がゴールを量産できたのは、確かに既成概念を取り払った4FWのおかげだった。

キックオフから後半に至るまで、体格も気性も違うオーストラリア代表選手に日本の先発メンバーはよく立ち向かっていた。守り抜いたと言ってもいい。DF陣はもとより、MF陣もFWも守備に力を尽くした結果である。

運は日本代表にあった。だからこそ前半二十六分、中村のラッキーなゴールも生まれた。あれは、深いポジションからでもゴールを目指す気持ちと、FWのゴールへの意識が活かされた一点だった。

しかし、その後の日本代表は追加点を奪うことができなかった。もちろん、速攻からのサイド攻撃を何度か見せたが、後半は〝電池切れ〟の状態で、プレーの精度を欠いていた。とにかくシュートがゴールの枠に飛ばないのだ。

私がノートに二重丸で記した「決定的なチャンス」は二度だった。一度目は前半二十三分の高原のシュート。フィールド中央にドリブルで駆け上がった三都主が、ペナルティーエリアの手前でクロスしてきた高原にボールを残す。身を翻してオーストラリアのDFをかわした高原はど真ん中からフリーでシュートする。だが軌道はゴールの左側に大きく外れた。

二度目は同点で迎えた後半四十五分。ドリブルでスペースに抜け出した福西が、ゴールの真正面十五メートルのところから絶妙なタッチでシュートを打った。ところが、このフリーのシュートもあっさり右に外れてしまう。

決めるべきときに決められなかったことのつけを、選手たちはゲームの最後に払うことになった。

力と力が拮抗していた後半、選手交代で流れがオーストラリアに傾いたとき、日本はなす術がなかったのだろうか。的確にゴールを奪う狩人を次々に送り込んできた敵に比べ、日本の能動的メンバーチェンジは小野だけだ。後半開始直後、足が攣った坪井と茂庭の交代は致し方ないにしろ、スーパーサブ大黒が入ったのはロスタイム。攻撃にしろ、守備にしろ、なぜもっと早く明確な任務を負ったスペシャリストを投入しなかったのか。ジーコに何か戦略があったことは間違いないだろうが、フレッシュな選手の動きによってゴールを奪ったオーストラリア代表を目の当たりにした後では、日本のメンバーチェンジがあまりにも遅すぎたと言わざるを得ない。

同点を導いたのはGKの一瞬の混乱が原因だった。それまで鉄壁の守備を貫いていた川口は、あのロングスローが入った場面でわずかな逡巡を見せた。いつもならじっと待ってボールを受け止めるか、一気に飛び出してボールにパンチを食らわす彼が、一瞬躊躇し、そして飛び出したことにより相手に競り負けてしまったのだ。川口はボールに触れぬまま芝生に倒れ込み、ケイヒルは悠々と無人のゴールにボールを蹴り込めばよかった。

日本は、ピッチの上では三十度を超えていたであろう気温にも苦しめられた。最後の九分、完全に足が止まってしまったのは、同点から逆転されたショックだけではなかった。脱水症状に近い選手たちの何人かは、ふらふらだった。

中田に聞かねばならないと思うことをノートに箇条書きにした私は、彼がなんと答えるのかとしきりに考えた。いつもなら中田の言い分が思い浮かぶのだが、このときばかりはまるで想像がつかなかった。

すっかり目が覚めると、パソコンの電源を入れ新聞やスポーツ新聞の記事をつぶさに読んだ。ジーコは記者の問いにこう答えている。

「1－0のリードを活かせなかった。チャンスはあったが無駄にしてしまった。リードしている間にはカウンター攻撃から何度かチャンスを作ることができた。しかし、そこでしっかり決められなかった。オーストラリアが3トップにしてパワープレーに持ち込み、こぼれ球からシュートを打たれて二点を失った。オーストラリアが3トップにした時点では、彼らの守備は薄くなっていた。あそこで追加点を取っておけばこういう結果にならなかった」

選手のコメントは切実なものであった。

宮本は今日の負けは誰も想像していなかったとその衝撃を語り、川口は同点から盛り返せると思ったがこちらが考えている以上にみんなが下を向いてしまった、と言った。高原は、チームはまとまっているので明日から気持ちを切り替えていきたい、と何とか希望を口にしている。

開幕前、中田は何度も「ミスを恐れてはならない」と、言っていた。

「強い気持ちで攻めていくとき、ぎりぎりのプレーが必要になる。そのときに、ミスを犯すことを恐れては駄目だよ。勝つためのチャレンジの途中で起こったミスを怖がっていては、勝利につながるプレーは生まれない」

中田が忌み嫌ったのは、妥協したり、挑む気持ちを捨てたり、自分に甘えることだ。果たしてオーストラリア戦で見られたミスは、チャレンジの過程に起こったものなのか、それとも、戦う気持ちが緩んだ結果なのだろうか。中田はどんな判断を下しているのか——。

勝者となったヒディンクは次のように話していた。

「暑く、乾いたピッチ……、このような中で選手たちはよく戦った。交代で入った選手は必ずやってくれると信じていた。私の采配《さいはい》は上手くいったと思う。彼らの最後まで諦めない精神は素晴らしい。素晴らしいサッカーをしてくれた」

オーストラリア戦の衝撃を乗り越えることは易しくはない。次戦に向け気持ちを高揚させる時間はあと五日間しかない。

メールボックスには多くの受信があった。初戦惨敗にショックを隠せない日本からのメールがほとんどだった。陰鬱《いんうつ》なメールは頭だけを読んですぐに消去した。

その中の一通に、知り合いのハンガリー人ジャーナリストからのメールがあった。五〇年代に丸四年間負けなしの強さを誇り、欧州最強のチームと謳《うた》われたハンガリー代表・マジックマジャールを少年時代に見ていた彼は、老練なジャーナリストとなった今もサッカーに対する厳格な意見を持っている。

ブダペストを訪ねたときに出会った彼は、〇六年のワールドカップでは日本に注目しよう、と言い、その約束を守ってくれていた。彼のメールにはこうあった。

「日本対オーストラリアのサッカーを観て、なんと日本は正直なサッカーをするのかと思ったよ。正直といってもそれは褒め言葉ではない。言い換えればなんと幼稚なのだ、ということ。一点をリードしている日本が勝つための方法はふたつあった。追加点を奪うことか、一点を守って逃げ切ること。ゲーム終盤、もはや追加点を奪うパワーがなくなっていた。残り五、六分から、日本は一点を守ることに全神経を注がなければならなかったのだ。つまり、ボールをキープして相手に触らせないプレーに徹しなければならなかった。そして、ボールがラインを割ったら一秒でも二秒でも時間を稼ぐことだ。九十分間、相手にボールを触らせないことなど不可能だよ。しかし、欧州のチームならどんなに弱くても、五分ぐらいは相手に触らせずボールを回す技術を持っているよ。日本はそれができない。敢えてしなかったのか、できなかったのかは分からないが、明らかなことは監督がそうした指示を出さなかったことだろう。ヒディンクは勝つために必要な手立てをシンプルに講じたのだ。日本はクロアチア戦で、勝つためのサッカーをしなければならないよ。そうすれば……、天から光が降り注ぐチャンスは、まだあるだろう。最後に、いつの日か日本にも、フェレンツ・プスカシュのようなＦＷが誕生することを願っている」

フェレンツ・プスカシュ。ブダペストにある国立競技場には彼の名前がついていた。マジック・マジャールのキャプテンでありエースストライカーである彼は、代表通算ゴール83という驚異の記録を残している。

このメールを何度も読み返した私は、ワールドカップで勝利することの難しさと、日本のサッカースタイルを作り出す難しさを思っていた。

六月十三日、昨日のゲームに出場した選手たちは休みである。トレーニングを行ったのは控え組だけだった。

私はホテルの部屋にいる中田に短いメールを書いた。足首の具合を問い、またジーコの様子やチームの雰囲気を聞いたのだ。中田からの返信は翌朝だった。

〈もちろん体は問題ないよ。今はもう、気持ちを切り替えて次の試合のことだけを考えている。それは俺だけじゃない、みんなも同じだと思う。試合やチームのことに関しては細かく伝えたいことがあるけど、文字に書くより直接話したほうがいいんじゃないかな。クロアチア戦が終わった頃に、またミーティングに顔を出してよ〉

中田は自分の叫んでいた危機が結果として証明されたことに憤怒している。しかし、感情を爆発させている様子でも、暗く落ち込んでいるふうでもなかった。夢想を嫌い、現実主義者であることを信条とする彼は、昨日の結果を受け入れることで前進する力を得ている。中田の心は、やはり人並みはずれて強いのだと私は思った。

午後九時からベルリンで行われたF組のもうひとつの試合、ブラジル対クロアチアは、クロアチアが善戦したもののブラジルが1―0で勝利していた。

すなわち、日本の次の試合は、一敗同士の戦いとなる。

六月十四日、SSFボン競技場で、クロアチア戦を想定した練習を見て記者たちが色めき立った。ジーコは、システムをオーストラリア戦の3バックから4バックへと変更していたのである。守備重視から攻撃的サッカーへ転換するという狼煙《のろし》である。ドイツに来てから控えに回っていた小笠原満男がジーコに呼ばれ、細かな指示を受けている。中田もジーコに声をかけられ、動きの中で何度かポジションを確認していた。

翌十五日、オーストラリア戦後に中村が発熱し、体調を崩していることが伝えられていた。実は中田もオーストラリア戦で負傷していた。中田の様子をつぶさに聞かせてくれた次原とフジタ、そしてモラーナから、私はその症状を聞いていた。

オーストラリア戦の後半開始直後、接触プレーで右の腿《もも》を強打され、痺れて感覚がなくなるほどだった。中田は、この腿の打撲をトレーナーにだけ告げ、痛みを隠しながら今でも部屋で一人アイシングを続けているという。

捻挫した加地はもちろん他の選手たちも当然痛みを抱えているはずだ。満身創痍《まんしんそうい》の戦士たちは休むことも逃げることも許されない。スタンドから選手を見下ろしていると、痛みに耐えながら走る彼らの心の奥から発せられる吐息が聞こえるようだった。

六月十六日、練習を見る合間に私はニュルンベルクのホテルを探し予約した。カイザースラウテルンなら日帰りができたが、ボンから五百キロ以上離れているニュルンベルクでは安全を期して前泊したかった。電話した中心地のホテルはどこも満室だったが、郊外のホテルの予約が取れた。

ニュルンベルクはドイツの南、バイエルン州ミッテルフランケン行政管区にある人口五十万人の商業都市である。十六世紀まで神聖ローマ帝国の一部であり自由帝国都市として繁栄した。中世からはマイスター（職人）の街として知られ、ドイツで最初に鉄道が開業した地域でもある。第二次世界大戦のあとには国際軍事法廷が設置され、ナチスの指導者たちの戦争責任を追及した「ニュルンベルク裁判」が行われたことはあまりにも有名だ。

十七日の朝、ボンを出発しアウトバーンを南東へ向かって走る。この日は土曜日とあって週末を田舎で過ごすキャンピングカーが連なり、大渋滞を引き起こしていた。途中、キャンピングカーの横転事故もあってニュルンベルクのホテルに到着するまでには七時間を要した。

到着するとすぐフランケンシュタディオンの場所を確認しようと地図を持って外へ出た。ブンデスリーガの1.FCニュルンベルクの本拠地であるスタジアムのすぐ隣には、ナチスが党大会を開いたツェッペリンフィールドがある。

今から六十八年前、ヒトラー率いるナチスはこのツェッペリンフィールドで、一週間に百万人を動員する党大会を開いていた。

ヒトラーが立ち党員たちを熱狂させたバルコニーは観光名所となり、誰もがそこに立つことができる。日本のサポーターを含む観光客が訪れていて、皆そこで記念撮影をしていた。私もバルコニーに立ち身を乗り出して周囲を見渡してみる。ファシズムの象徴であったその場所からは、整備された運動公園と、明日日本が戦うスタジアムの白い屋根が輝いて見えた。

私はふと、二〇〇〇年の夏、中田がベルリンのオリンピアシュタディオンでトレーニングしている姿を思い出していた。ASローマの一員としてブンデスリーガのヘルタ・ベルリンと練習試合を行うためベルリンに滞在していた中田は、開会式でヒトラーが立ったスタンドの下でボールを蹴った。

時間は過ぎ、時代は大きく旋回した。統一ドイツは、歴史の暗い影をワールドカップというスポーツの祭典ですっぽりと覆い隠している。

ツェッペリンフィールドからトラムに乗り、旧市街に出る。そこには大勢のサポーターが集結していた。白地に赤の四角を散らしたクロアチアのユニフォームは目に刺さるほど派手だ。国旗を打ち振る彼らは、がなり声をあげ歌っている。行き交った数人のクロアチア人と話してみると、ほとんどが車で国境を越えドイツへやって来ていた。

「日本に勝って一次リーグを突破する。クロアチアは勝利するためにニュルンベルクに来たのだ」

そう話すクロアチア人。彼らの代表チームは、日本を叩きのめすことでしか先へ進めない。立場は日本も同じである。両国のサポーターたちが自国の勝利を信じる歌を歌い叫び声をあげ、街のあちこちは騒々しさに包まれていた。

夕刻になり、ルネッサンス期の画家、アルブレヒト・デューラーが暮らした家とカイザーブルク城を見た私は、夕食を摂るため地元の人たちが集まるレストランへ行った。そこで、この地方の名物、独特の風味を持つ短いソーセージ「ニュルンベルガービュルスト」を思う存分頬張った。しかし、観光気分は長くは続かなかった。明日の試合が終わったそのときのことを思うとじっとしていられず、私は間もなく店を出た。闇に街灯が浮かんでいる。私はニュルンベルクの旧市街をあてもないまま歩き回った。


六月十八日、ニュルンベルクは朝から晴れ上がっていた。テレビの天気予報ではドイツ全土に太陽マークがついている。

午前中、スタジアムに隣接する駐車場に車を止め、周囲の運動公園を散策する。そこからトラムに乗り街に出た。

カフェに入ると次々に日本人サポーターが訪れ、その都度挨拶を交わした。驚いたことに一人で来ているサポーターも多く、彼らは誰とも群れることなくキックオフの時間を待っていた。

午後一時、スタジアムのゲートに到着し、セキュリティーチェックの行列に並んだ。カイザースラウテルンより遥かに厳しい検査で、時間がかかっている。

私のすぐ前の日本人青年は大きなリュックの中にあったペットボトルを何本も没収されている。そればかりか、ビニール袋に入れて小分けにした荷物をすべて調べられていた。他の列よりも進みが遅い。少しいらいらしながら見ていると、錠剤の入った小さなビンを高くかざしたセキュリティー係の男が「これはなんだ」と、彼に聞いた。

「……ドラッグ」

青年の答えを聞いたセキュリティー係は他の仲間に目配せし、とっさに青年の腕を軽く掴んだ。顔色が変わった屈強なドイツ人たちを見た私は、思わず大声で叫んでいた。

「ノー、イッツァ　メディスン」

「メディスン!?　本当か？」

「それは市販の薬です。胃薬ですよ」

セキュリティー係の男たちが大声で笑いだす。憮然《ぶぜん》とする青年を通過させ、私のバッグの中からメガネケースやペンケースや双眼鏡を取り出してくまなく調べている。彼は忙しく手を動かしながら、「あのビンに入っている薬がドラッグだったら、あいつはすぐに逮捕だったよ」と言って、また笑った。

青と白のユニホームの列はさらに長くなり、日本人が取り上げられたペットボトルがゲートに何百本も置かれている。直射日光が強く暑さで気分が悪くなる人たちも出始めた。ワールドカップを観戦する前の儀式とはいえ、この行列に慣れることは難しい。

スタジアムの外周路を歩き、急な階段を昇ってスタンドに出る。建造からすでに七十年余りが経過しているフランケンシュタディオンは、ワールドカップのために改修工事が行われ新たに生まれ変わっていた。ピッチはトラックに囲まれており、スタンドからはいくらか距離がある。一見すると、味の素スタジアムか駒場《こまば》スタジアムのような雰囲気だ。

スタンドの席につき、昨晩ノートに書き記した中田のメールをいま一度読んだ。二日前の十六日、nakata.net に寄せた文章である。

〈その試合（オーストラリア戦）の結果、内容に色々と言いたいことがある人が多いと思うし、今ここで俺が何を言っても〝言い訳〟としか取られない可能性が高いので。俺のコメントは控えておきます。

それに今は、終わってしまった試合のことを考えるよりも、次の試合にすべてを傾ける事が大事だと思うから……〉

その中田からは昨夜、短いメールが入っていた。

〈とにかく、勝つことしか考えていないよ。ゴールを決めるために走る。ここで攻めるサッカーができなければ、その先に進む資格などないんだから〉

もちろん、プレミアリーグ最終戦で痛めた左足首のことも、オーストラリア戦で打撲した右の太腿《ふともも》のことも、決して言葉にしない。オーストラリア戦では自らシュートを打てなかった悔しさもあるだろう。痛みを凌駕する闘争心が、中田の心と体を熱くしている。

オーストラリア戦のあと高熱を出し倒れた中村も、まともな練習ができないままそれでもピッチに立っていた。

練習を終えピッチに駆け出した選手たちの声がスタンドにまで届いている。クロアチア戦に勝てば活路を見出せる。整列し唇を一文字に結んだ彼らの顔からは、勝利を求める強い意志が滲み出ていた。


午後三時、クロアチアボールのキックオフで試合は開始された。

小笠原を先発させた日本は、やはり4－5－2で臨んでいる。DFには、宮本、中澤、三都主、そして怪我から復帰した加地が入った。4バックにより中盤が厚くなれば、それだけボールを支配できるはずだ。

序盤戦、日本は速く短いパスや大きく時間をかけたパスをつなぎ、突破口を探っていった。右サイドを担った中田も、中盤でボールを奪ってはゴール前にクロスを上げている。

一方、クロアチアの戦術は単純明快だった。完全なるカウンター狙い。自陣に引いてゴール前のスペースを埋め中盤でパスを回す日本の前で壁を作っている。

九八年、フランス大会で対したクロアチアには、シュケルやボバンという傑出したFWや司令塔がいた。今チームにはそうしたスター選手がいない分、まとまったチームだと評されている。百九十センチ近いFWプルショとクラスニッチは、もし最前線でボールを持てば脅威そのものとなる。キャプテンである司令塔のコバチは、攻守の要としてめまぐるしい動きを見せている。

互いの様子を見るようにゆったりと始まったゲームに緊張が走ったのは、前半十四分からのクロアチアの連続攻撃だった。右CKと右サイドからのFKを、川口が立て続けにパンチングでクリアした。

その直後日本も反撃を試みる。三都主がピッチを縦に切り裂いたパスを、くさびになっていた柳沢が足元に転がした。そこへ走り込んでいた中田がミドルシュートを打つ。両足が地面から離れ、体が宙に浮くほど跳躍した彼は、枠の上に外れたボールを目で追った。

前半二十一分、日本はこれ以上ない窮地に陥っていた。

クロアチアのＦＷプルショと宮本がペナルティーエリア内で体をぶつけ合った。こぼれ球を奪いに行くプルショの勢いに宮本が足を出してファウルを奪われてしまう。クロアチアにＰＫが与えられた。主審にゆがんだ顔を向けた宮本は、オーストラリア戦に続く警告でブラジル戦には出場できなくなった。

ＰＫに挑むのはこのファールの当事者ではないスルナ。これまでのシュートをパンチングで凌いできた川口は、一対一の局面でどちらに飛ぶのか。息を詰めたその刹那、ボールが飛んだゴール右下に川口も飛んでいた。

伸ばした両手にボールが当たった瞬間、スルナの後ろで見守っていた中田が声をあげながら一直線に駆け寄って川口に抱きついた。中田がこんなにも喜びを露にしたことが、これまでにあったろうか。驚きがこみ上げ、それが塊となって胸につかえた。

またも幸運は日本にあった。ＰＫを止めた川口に促された選手たちは、リスタートから猛然と走りだした。

一点を奪い損ねたクロアチアもゴールに執念を燃やしている。攻撃的ミッドフィルダーのクラニチャルがヘディングシュートやミドルシュートを見せ、日本ゴールを脅かした。

川口のスーパーセーブに後押しされた日本代表も攻める手を休めなかった。三都主、高原、小笠原がシュートを打ち、前半三十二分には中村がＦＫで直接ゴールを狙う。が、ゴールの扉をこじ開けるまでには至らない。

前半三十六分、右サイドにいた中村が斜めのドリブルで中央へボールを運ぶと、ペナルティーエリア手前でパスを送った。クロアチアのＤＦに当たって転がったボールを中村のドリブルを見て駆け上がっていた中田が右足で強烈にヒットした。弾丸ミドルシュートをクロアチアのＧＫプレティコサが懸命に弾く。ＧＫに阻まれ、一瞬空を見た中田は、ひとつ手を打って、またピッチ中央へと走りだしていた。

前半終盤、日本にとって我慢の時間となった。暑さのせいで動きが鈍くなってきた選手たちにはパスミスも目立つ。つながるはずのパスがつながらず、その度にクロアチアのチャンスになった。

守る日本はぎりぎりのところで持ちこたえていた。前半四十分には川口がこのゲーム二度目のスーパーセーブを見せる。日本のパスをカットしたプルショがクラスニッチにパス。クラスニッチが振り向きざまに打った強烈なシュートを、地面と平行に飛んで防いだ川口は、その後もクラスニッチのダイレクトボレーシュートを止め、ついに前半の得点を許さなかった。

一分のロスタイムが終わり前半終了のホイッスルが鳴ると、選手たちはがっくりと肩を落とし、体の力を抜いて立ち尽くした。ニュルンベルクは十二日のカイザースラウテルン以上の暑さに見舞われている。汗をぬぐいながら歩く日本選手の横で、何人かのクロアチア選手は、芝生に腰を下ろし両手で上体を支え、喘《あえ》ぐような呼吸を繰り返している。

残酷な暑さとの戦いを強いられた選手たちは、ハーフタイムで体力を取り戻すことができるのか。デスマッチと化す後半に備えロッカールームで短い休息を取る彼らの体力の消耗が、とにかく気がかりだった。

ハーフタイムの間、スタンドは静かだった。どちらのサポーターも、陽気に振舞うことも過激になることもなかった。カウンター攻撃の応酬は観ている者にも緊張を強い、打っても決まらないシュートにただやきもきさせられた。それでもお互い一歩も引かない展開に、スタンドは息を呑む緊迫感に包まれていた。

苛立ちはクロアチアのほうが大きかったかもしれない。クロアチアをいらつかせているのは言うまでもなく川口だ。ＰＫを止め、再三のシュートも超人的な身体能力を発揮して防いでいる。

中田が前へ走る回数を増やすことで、クロアチアに重圧を与えていた。中田が動けばマークしないわけにはいかず、その動きで日本に有利なスペースが生まれていた。

中田は、「走らなければサッカーにはならない」と言うが、以前その理由をこう話してくれたことがあった。

「日本代表の選手のテクニックはとても高い。その技術を駆使するためには、相手と揉み合ったり接触したりすることを避けて自由でいなければ。体格がよく、接触プレーでイニシアチブを取ろうとする相手にはなおさら当たられることを避けなければ駄目だ。無駄だと思っても、走ると相手のパスコースを消せるし、それが物凄いプレッシャーになるんだよ。攻めるにしたって、走ってフリーになれば、チャンスは何倍にも広がっていく」

中田が走ることを自分にもチームのメンバーにも強いるのは、日本人の体力に自信があるからでもあった。

「日本人は忍耐強いでしょう。どんなに暑くても、長い時間でも、気力で走りぬくことができる。おれが思う限り、耐久力なら日本は世界にも引けをとらないと思う」

中盤では押される場面があったが、日本はサイドではクロアチアのＤＦを切り崩し、走るサッカーを展開した。後半にゴールを奪うのは、日本かクロアチアか。不意に、自分でもゴールを狙っていくよ、と言った中田の声が耳の奥で蘇っていた。


日本ボールでキックオフしたすぐ後、福西に代わり稲本潤一が入る。前半で体力を使い切ったかに見える福西に代わりピッチに出た稲本は、腕を振り、腿を高く上げてラインを押し上げている。

後半五分、カウンターから一気に前へ出たプルショがダイナミックなクロスを入れたが、稲本が果敢なスライディングでカットする。コーナーキックを与えてしまうも、守備陣は落ち着いて体を寄せクロアチアはシュートを打つことができなかった。

クロアチアの攻撃を防いだ日本はすぐさま反撃に転じていた。

後半六分、右サイドの加地が高原とのワンツーを見せ、ゴール前に絶妙なパスを送り込む。ゴール前、フリーで待ち構えていたのは柳沢だった。ゲームに一度訪れるか訪れないかの絶好のチャンス。体をやや開いた柳沢は、前へ踏み込みながら右足のアウトサイドで合わせたが、ボールはあらぬ方向へ飛び、ゴールの右に大きく外してしまう。

「なんで、アウトサイドなんだ！　インサイドで普通にシュートすれば、決まってるじゃないか！」

私のすぐ前の席に座っていた二人の日本人が立ち上がり、そう叫んだ。

「フリーで、あの至近距離で、なぜ入らない！」

ゴールを外してしまった柳沢は頭を抱えている。失望の溜息がスタンドのあちこちで上がった。ざわついた日本のサポーターの一部は、轟々《ごうごう》たる非難の言葉をピッチに浴びせかけていた。

時間は戻らない。悔やんでも仕方ない。そうとわかっていても「なぜ」と思わずにはいられなかった。ベンチで立ち上がっていたジーコも悔しさを叫びに変えている。

ボンの練習場ではジーコが柳沢を呼び、諭すように話す姿が見受けられた。鹿島アントラーズで育て上げセリエAにも送り出した愛弟子《まなでし》に、ワールドカップで戦うことの意味を、ゴールを決める使命を、ジーコは説いていた。ジーコはドイツ入りした後、柳沢に「ミスを恐れるな」と、繰り返し語っていたのである。

ゲームはめまぐるしさを増していった。クラスニッチのボレーシュート、中田のミドルシュートと、お互いにチャンスがありながらそれを得点に結びつけられない。

後半十六分、ジーコは、決定的チャンスを外してからすっかり気落ちした柳沢に代え、玉田圭司をピッチに送り込んだ。

後半二十分を過ぎても激しい攻防戦は終わらない。玉田と中村がワンツーでゴール前へ躍り出る。三都主がドリブルで前進し、小笠原がクロスを上げ、稲本がシュートを打つ。だがあまりにゴールは遠かった。

残すところ十五分になると、ゲームのリズムが明らかに遅くなっていった。それぞれの選手の運動量が目に見えて落ちている。あと一歩というところで足が出ず、その影響でパスコースが単純になっていった。

諦めないクロアチアは、日本選手の動きの鈍さを察知すると、また前線での動きを活発にした。投入されたオリッチとモドリッチが猛攻を仕掛けるが、どのプレーもゴールに結びつかない。

持久戦を制するために必要なのは、たったひとつのゴールである。中田は、攻撃の起点になろうと前へ走りだしラインを押し上げている。自分で掲げた「走る」というテーマを終始実践しながら縦横無尽に動き回る。

双眼鏡で見ると、中田の疲労の度合いが濃いことは一目瞭然だった。中田は、息苦しさから逃れるために少し首を傾げ、マラソンランナーのように拳を握って肘を振っている。体内を駆け巡る乳酸が表情を厳しくし、走り込むたびに喘ぐように口を開けるのだ。

後半四十分、やはり体力を使い尽くした高原に代え、大黒がピッチに送り出される。

後半四十四分、加地が右から上げたクロスを三都主がフォロー、トリッキーな動きでクロアチアのDF二人をかわしゴール前にグラウンダーのクロスを送った。クロアチアDFがクリアして、CKを得る。

左コーナーから中村が蹴ったボールは高く上がり、ファーサイドで待っていた中澤に届く。ジャンプした中澤が頭で落とし、ゴール前に詰めていた大黒の足元に転がった。大黒は体を屈《かが》めクロアチアのDFのプレッシャーを避けようとするが、体勢が崩れて打ち切ることができない。

オーストラリア戦でも、クロアチア戦でも中村のセットプレーが光らない。体調を崩し、微熱に苦しんだ中村が本調子でないことは明白だ。

ロスタイムの表示は三分。中田は両手を広げ、チャンスがあればカウンター攻撃を仕掛けろと、懸命に示唆している。しかし、実際にはクロアチアに押されなかなか前へ出ることができない。むしろクロアチアに攻め込まれる場面が続いた。

中田が縦に走っても、手を挙げてボールを呼び込んでも、ゴールを決めるため施すべき方法は何もないように思われた。

ロスタイムが四分になろうとしたそのとき、試合終了のホイッスルが鳴り響く。スコアレスドロー。これで日本の決勝トーナメント進出はきわめて難しい状況に陥った。

笛の音を聞いた中田は、まるで気を失ったように崩れ落ち、芝生の上に大の字になったまま動かない。酸素を求める肺だけが大きく動き、胸が上下している。

中田を取材し続けて十年、ゲームのあとピッチに倒れ込み動かなくなったことなど一度もなかった。青く澄んだ空と青い芝生の間で中田は何を思っているのだろうか。

中田の脳裏に去来するのは、勝てなかったことへの責任か、日本サッカーの敗北か、引退という決意の確認か——。そのどれであっても、彼の心には途轍もない寂寥感が広がっているはずだ。

選手たちがスタンドに向けて歩きだしたそのとき、場内のアナウンスでマン・オブ・ザ・マッチに中田が選ばれたことが告げられた。懸命に走り、果敢にシュートを連発したことが評価されたのだろう。ようやく立ち上がった中田はその表彰に呼ばれ、すぐにピッチから姿を消した。


スタジアムを後にする日本人サポーターの誰もが静かだった。喜びは微塵もない。しかし、負けなかったことへの安堵はある。引き分けで勝ち点1を手にしたのは事実だ。一敗一分けでがけっぷちに立ったことは疑う余地がないのだが、まだゲームオーバーを宣言されているわけではない。ブラジルに勝つことが最低条件だが、そこで奇跡が待っているかもしれない。

こうしたなんとも中途半端な状態が、ドイツにまでやって来て声を嗄らしたサポーターたちから覇気を奪っていた。

駐車場に出て車に乗り込み、アウトバーンに入りボンへ向かう。

二時間ほど走ったところで水を買おうとサービスエリアに立ち寄った。売店の横にあるテレビではフランス対韓国のゲームが行われている。歩み寄り画面に見入ると、そこには1－0というスコアが示されていた。フランスがリードしている。

その場でずっと観ていたというドイツ人が、前半十分にもならないうちにアンリが決めたよ、と教えてくれた。

残り十分。リードしているフランスが韓国に押されている。とにかくゴールが欲しい韓国はロングボールを最前線へ放り込み、同点のチャンスを狙っていた。長いパスがきれいにつながる確率は低いが、韓国はそれしかないと信じてロングパスを繰り返している。

後半三十七分、韓国は右からの大きなクロスをヘッドで折り返す。そこへ走り込んでいたパク・チソンが右足でシュートし、同点に追いついた。

ジダンがその大きな右手で額を覆い、下を向いている。

そのままゲームは終了した。十三日にスイスとも0－0で引き分けているフランスは、二試合連続の引き分け試合を演じてしまった。

優勝候補フランスと互角に渡り合ったスイス、粘りを見せ同点にまで持ち込んだ韓国。ワールドカップの厳しさは、この大会を限りに引退するジダンにも重くのしかかっていた。

駐車場に出たところで会ったアルゼンチンの記者とカメラマンは、テレビ局の中継車の前で陽気に歌をうたっていた。初戦はコートジボアールに2－1で勝利し、十六日にはセルビア・モンテネグロに6－0で勝って波に乗ったアルゼンチンは、オランダとのゲームを残すものの、すでに決勝トーナメント進出を決めていた。

挨拶を交わした彼らに、私は聞いた。

「アルゼンチンは今大会、優勝できそうですか？」

「もちろんだよ、そのためにドイツに来たんじゃないか。七八年と八六年に優勝したわれわれは、〇六年、三度目のチャンピオンになる」

苦しむフランス、負けたら国には帰れないと思っているイタリア、骨折が治ったばかりのルーニーを一次リーグ二戦目からピッチに送ったイングランド、連覇を狙う王者ブラジル、ブラジルからワールドカップを奪還しようと目論むアルゼンチン——。一次リーグの戦いは悲喜こもごもだ。

「あなたたちは本当にいいチームを作りましたね」

クレスポ、サビオラ、リケルメを擁するチームは、アルゼンチンに再び黄金期をもたらすかもしれない。私は言った。

「そうそう、マラドーナさんに体に気をつけてと伝えてくださいね。日本人は、あなたがアルゼンチン代表監督になる日を待ち望んでいますよ、と」

私の言葉を聞いて、髭面《ひげづら》のカメラマンが車の中から背中にMARADONA10とある水色と白のストライプのユニフォームを持ち出してきた。サッカー場で会うアルゼンチン人の着ているユニフォームのほとんどには、MARADONAの名前が記されている。彼のユニフォームは、アルゼンチン人にとって国旗であり、魔よけなのだろう。

「オーケー、そう伝えますよ。アルゼンチン人だって全員がディエゴに代表を率いて欲しいんですからね」

彼らの陽気な声を背に、再びアウトバーンを走りだした。

ボンに近づく頃には漆黒の闇が訪れていた。クロアチア戦がまるで数日前のことのように感じられる。ただ、芝生に倒れて動かなかった中田の姿だけは、いつまでも脳裏から消せなかった。

3 二試合を終えてのインタビュー

スコアレスドローに終わったクロアチア戦の翌日、マスコミは一斉に日本の決勝トーナメント進出の可能性が著しく低くなったことを報じた。

十八日、ミュンヘンで午後六時から行われたブラジル対オーストラリア戦では2—0でブラジルが勝利し、いち早く決勝トーナメントへ名乗りを上げた。日本が予選敗退を免れるためには、そのブラジルに二点差以上の差をつけて勝利しなければならない。

新聞のインターネット版やスポーツサイトには、試合直後の選手たちの声が掲載されていた。

川口は、PKを止めた瞬間のことを話し、「持ちこたえて流れを引き寄せたかったが得点が奪えなかった。ブラジル戦は、可能性がある限り全力でやるしかない」と語り、宮本は、「前半はパスが回っていた。後半クロアチアの足が止まっていたので、勝てるという思いもあった。自分たちはブラジルに勝つための準備をするだけ。次の試合は出られないが、自分にできることをやりたい」と言った。

中村は「自分は玉田とのワンツーをミスしてしまったけれど、玉田が入って良くなった。どの選手かの一番いいところを出して、それに次の人が連動していけば絶対に崩せるはずだったが、そこまでいけなかった。日本にはずば抜けた選手がいるわけではないから、そういうプレーをしないといけない。ひとつ良くてもふたつ目のプレーが駄目、ふたつできてもみっつ目が駄目、そういうことがすごく多かった」と、ゲームを振り返った。玉田は、「クロアチアがでかいからサイドからボールを放り込んでも難しいし、ドリブルでつっかけていったほうがチャンスになると思った。とりあえずブラジルに勝つことだけを考えてやるしかない。ワールドカップのゲームもあまり特別なものという感じはなかった」と、その気持ちを語った。

三都主も稲本も「希望が持てる結果、まだ可能性はある」と次への決意を語り、高原は「集中してやらないと次の相手にはやられてしまう」と、勝利を諦めてはいなかった。

母国ブラジルとの戦いが決勝トーナメント進出を決める一戦となってしまったジーコは、クロアチア戦後の会見で、二試合を戦った選手たちに敬意を表したあと、こうぶちまけた。

「午後三時開始という暑さの中で、われわれは二試合を戦った。三時試合開始……、世界が止まってしまうような太陽のもと、皆の注目するなかで試合をした。にもかかわらず選手はこれだけの素晴らしい試合を見せることができた。それを嬉しく思う。サッカーはビジネスになった。三十度という暑さの中での試合では。いくら体調を整えていても、これだけの暑さでは選手が失敗する部分はある。この大会を目指して戦ってきたが、選手が百パーセント守られているわけではない」

もはやオリンピックやワールドカップといった巨大なスポーツイベントでは営利主義を無視できない。三時の試合開始は、明らかに七時間時差のある日本でのテレビ放映に合わせてのことだ。十時のゴールデンタイムの放送と午前一時や午前四時の放送では、視聴率や提供するスポンサーからの収益が違う。F組の中で、午後三時からの試合を二連続で戦ったのは日本だけである。ジーコはそのことに猛烈に憤っていた。

しかし、ジーコは、ブラジル戦への戦意を喪失しているわけではなかった。

「困難な状況は分かっているが、われわれは勝利を目指して戦うしかない。まだ希望を捨ててはいない。とても難しい試合になることは分かっている。彼らは優勝候補だ。しかしサッカーの世界では何が起こるか分からない。準備を整え勝つ気で戦う。ゴールを決められずチームは苦しんできたが、われわれはまだ呼吸し生きている」

そうサバイバルを宣言したのだった。

初戦のオーストラリア戦のあとは一言も発せずバスに乗り込んだ中田は、二戦目を終え、次のように記者に答えていた。

「暑さについては、どちらも天候は同じ条件でやるわけで、それについてはあまり話したくはない。前半は日本のリズムでボールを回せたと思う。ある程度崩していけたが、チャンスにきちんと決めることができなかった。後半は相手のペースになってしまった。日本がパスを回すというより、回させられてしまった。そこから速攻を使われた。後半、リズムの緩急をつけられず相手を崩せなかった。それが非常に残念だ。正直、勝てるチャンスは十分あったと思う。引き分けは、大きなマイナスだと思っている。自分自身は、開始直後からロングシュートを狙っていこうという気持ちがあり、ある程度打っていった。しかし、ロングシュートを打ったそのあとに、真ん中から細かいパスをつないでサイドを使うプレーがチームとしてできなかったのが残念。自分としては、もう少し前に出たほうがいいのか、引いて守ったほうがいいのか判断が難しく、その判断に少し悔いが残っている」

その文字を目で追いながら、私は、攻めては全力で下がり、守備をしては前線へ駆け上がる中田の姿を思い浮かべていた。

午前中、次原とフジタに電話を入れた私は、その足で彼女たちの部屋に向かった。二人に笑顔はなく、忙しく電話の対応に追われている。フジタは長いリストを前に、一時リーグ最後の試合の応援に日本から駆けつける友人やクライアントのチケットの準備をしていた。次原は東京へ国際電話をかけ、本社のスタッフにさまざまな指示を出している。

電話を切った次原が、ソファーに座って待っていた私を見て眉をひそめた。

「クロアチア戦の前に中田は左の足首に痛み止めの注射を打ったのよ。あの暑さの中で走り続けて、終わってみれば、体重がかなり減っていたの」

「オーストラリア戦で打撲を負った右太腿の痛みは？」

「まだ完全には引いていないみたい。ここまで満身創痍でありながら、私やフジタにはどんな状況かを詳しくは話してくれないのよ」

心配そうな彼女は次にこう続けた。

「その一方で、中田への移籍オファーの電話が鳴りやまないのよ。オーストラリア戦のあとには、ブンデスリーガとプレミアリーグのあるチームから話が持ちかけられたことは聞いたでしょう。実は他のリーグからも話があるのよ。いくつかのチームはワールドカップが終わらないうちに話がしたいというし、具体的な金額を提示して籍があるフィオレンティーナに交渉したいと言いだすところまである。中田の力を認めてくれてのオファーだから、彼にとって素晴らしい話もあるのよ」

欧州のエージェントたちはワールドカップのゲームを観ながら移籍のターゲットとなる選手を選別する。携帯電話と一体になった手のひらに乗る小さな端末、つまりモバイルコンピューターを持ち移籍の情報を交換し合うのである。実際、通信のやり取りは欧州全域で行われている。エージェントたちの共通言語は英語だ。

めぼしいと感じる選手がいればゲームの途中にその選手のエージェントにコンタクトする。打診程度の連絡もあれば、巨額の金額が提示される正式な移籍申請もある。実際、中田のエージェントであるブランキーニや次原には、話の深い浅いはあれ、ゲームの途中に「中田が欲しい」といういくつもの連絡が入っていた。

中田はそのことを知っているのか。私の問いかけに次原は目を伏せた。

「もちろん、伝えているわよ……。でも、今はオファーを聞いても何も答えない」

いま一度引退の時期を考え直すようにという説得を、次原は続けているのだろうか。

「もちろんよ。彼の意思であれば引退を阻止しようとは思わない。でも、その時期をもう一度考えて欲しい、そう言い続けているわ。ワールドカップが終わったそのあとが本当に一番いいのか、ここでサッカーから離れてしまって悔いはないのか、もう一度考えて、と毎日話しているわよ」

「何か変化はありますか？」

私が聞くと次原はただちに首を振った。

「黙って聞いているけれど、考えるとも前言を撤回するとも、言わないの」

次原は、中田の心を察していた。

「オーストラリア戦のあとも、クロアチア戦のあとも、中田は勝てなかったことに計り知れない怒りを持っていた。日本のサッカーの実力が出し切れなかったことに激怒し、自分自身に対して怒っていたのよ。彼はたぶん、物凄く自分を責めていたんだと思うの。この二試合、中田は全力で戦ったのだけど、もっとできたのではないかとも思っている。そして、心のどこかには、『このチームのために、おれにできることはもうないのかもしれない』という思いがよぎっているかもしれないわね」

次原は、最後の最後まで話し合ってみるわ、と言った。

次原は鳴り続けている電話に再び手を伸ばした。ブラジル戦に訪れる人たちの名前と人数を丁寧に確認していたフジタは、私を見てその手を休め、スケジュール帳に目を落としている。

「中田は、明日またこのオフィスの打ち合わせに来るんです。なので、ぜひまたここへ来て、彼の話すことを聞いてください」

もちろんその言葉を私は受け入れた。明日の午後二時に再び訪れると言って、一旦自室へと戻ったのだった。

ライティングデスクに置いたままにした携帯電話には、フランスのサッカー誌「フランスフットボール」の記者、ヴァンサン・マシュノーからのメッセージが残っていた。今大会、ブラジル担当となった彼は、フランス訛《なま》りの英語で、こう言い残していた。

「食事をする約束だが今日の昼はどうだろう？　ブラジル代表は午後から軽い練習をするだけで、二、三時間はゆっくり話せるよ」

私はすぐに彼にコールバックし、正午にブラジル代表がキャンプを張る町で会う約束をした。

サッカージャーナリズムの世界で名を知られるその敏腕記者とは、九三年十月、カタールのドーハで知り合った。日本がワールドカップ・アメリカ大会への出場権を逃したアジア地区最終予選をともに取材したのだ。以後、マシュノーは日本やアジアのサッカーに興味を持ち、黎明《れいめい》期のJリーグや◯二年の日韓大会を精力的に取材していた。九八年に日本がワールドカップ初出場を決めたときには、チームの若き司令塔となった中田を追いかけインタビューもしている。

カタールで連絡先を交換して以来、私はマシュノーと世界各地で会っていた。もちろん、そのすべてでサッカーのゲームが行われていた。彼は私に世界のサッカーの情報を惜しみなく与え、まるで家庭教師のようにサッカーにまつわるさまざまなことを教えてくれたのだった。

ブラジル代表がキャンプを張るのはファルケンシュタイン。フランクフルトから二十キロの距離にあるその町には、アウトバーンと山間《やまあい》の道を走れば一時間半ほどで到着することができた。

ブラジル国旗で埋め尽くされている町の路地にある小さなイタリアンレストランで、彼は待っていた。

挨拶を交わした私たちは互いの肩を抱き、会わなかった数年間のことを早口で話し合った。互いの近況報告が終わる頃には、目の前には本格的なイタリア料理がいくつも並んでいた。ナプキンをさっと膝の上に広げ、ナイフとフォークを手にした彼が、私の顔を覗き込みこう切り出した。

「落ち込むことはないよ。日本はまだ何度でもワールドカップに挑戦できるんだ」

私は唇を尖《とが》らせ、そんなに落ち込んではいないと、彼に告げた。

「いやいや、酷い落ち込みようだと顔に書いてあるよ」

大声で笑ったマシュノーは、日本のゲームを二試合ともテレビで観戦したよ、と言った。

「考えてもごらんよ。十三年前、われわれが取材したあのドーハのアジア地区最終予選で、日本はワールドカップへ出場する切符を手に入れられなかったじゃないか。それが四年後のフランス大会には出場を決めた。ワールドカップ出場のメンバーになれたことが大事で、あのときは三連敗など問題じゃなかった。自国開催の〇二年にはベスト16にまで勝ち進んだ。日本人は勤勉で向上心が強い。だから目標もおのずと高くなる。ドイツでは予選敗退が濃厚だが、まずは三回連続ワールドカップに出場したことを誇りに思ってもいいんだよ」

マシュノーの言っていることは正論だ。日本はこの短期の間にアジアの代表となり、ワールドカップ出場国に名を連ねた。だが所詮は新参者なのだ。

「日本がワールドカップで勝利を求めるなど時期尚早だ、ということでしょう？」

「ほら、そうやって自分たちを省みる生真面目《きまじめ》さが、日本を強くしたんだよ」

溜息をつく私を見てマシュノーは笑いながら言った。

「もちろん、現在の日本代表がドイツで勝利する可能性はあった。オーストラリアにクロアチアにも、もう一度やれば勝てるかもしれない。欧州でも十分に戦える才能が集まっていることも認めるよ。日本サッカーはJリーグを発足させ、フランス大会でワールドカップに初出場して以来、本当に素晴らしい進歩を遂げたと思う。実際日本は、アジアではチャンピオンになる実力を持ったわけだ。しかし、残念ながら、ワールドカップに出場する三十二カ国の中では、突出した力を持っているわけではないよ。ワールドカップでは、日本はアベレージ（平均値）のチームなんだ」

三十二チームのうち一次リーグで十六チームはふるいにかけられ姿を消す。

「F組の組み合わせを見ると、一次リーグ三試合のうち確かに一勝はできる可能性はあると思う。だけど一次リーグで勝ち点6を難なく得て、決勝トーナメントにまで悠々と勝ち上がっていくことはアベレージの実力では難しい。勝つかもしれないが負けるかもしれない、そんなチームは消えていくのさ。どんなに調子を落としていようが、このゲームだけは落とさない、このプレーだけは決めてやるという爆発的なパワーを持ったチームが、勝ち残るんだ。今の日本にはそうした存在感がない。チームを牽引する個性も見当たらないしね」

マシュノーは常々、強いチームにはその国のサッカーを体現していく個性的な選手がいる、と言っていた。強豪国にはその国の顔がある。良《あ》し悪しや好き嫌いではなく、強烈な個性が浮かび上がる選手だ。イングランドにはベッカムやルーニーが、ブラジルにはロナウジーニョやカカが、アルゼンチンにはクレスポやリケルメが、ポルトガルにはフィーゴやクリスティアーノ・ロナウドがいて、自国のプライドを喚起する闘争心溢れるプレーを見せつける。勝つために必要なプレーを究極の状況で披露する選手がいるのだ。

マシュノーは、今回の日本にはその選手が見当たらない、と呟いた。

「フランス大会と日韓大会では中田が日本のサッカーを体現していた。中田のリーダーシップや際立った個性は、もちろん欧州でも広く知られているよ。だが、ドイツ大会に挑む日本代表では、誰がこのチームを牽引しているのか、分からない。ジーコは中村をチームのキーマンにしたつもりだろう。だが、中村はピッチの上でほとんどの時間、消えてしまっているじゃないか。そして、ワールドカップを三度経験し、チームリーダーである中田は、まるで個性を殺されているように見えるよ。私には中田が、このチームで戸惑っているように感じられたんだが……。中田のゴールへの執念が、空回りして見えるのはなぜかな。それは中田が中田として機能していないからだ」

マシュノーは強くそう言ったあと声を裏返し、少しおどけてみせた。

「フランスは日本よりサッカーの上では先輩だから、少し偉そうなことを言ったけどね、実は、個性の消失は日本だけの問題じゃないんだ。フランスでも同じ問題が起こっているよ。ドイツ大会が終わってジダンが引退すれば、フランスのサッカーは、フランスらしさを失うだろう。彼が十五年以上にわたって作り上げたフランスのサッカーを踏襲する者は、今どこを探しても見当たらないよ」

華麗なサッカーを演出し、その国民の気質や伝統すら表現する。そうした選手がその国のサッカーの伝統を築いていく。中田も日本のサッカーを築き上げた一人だ。ジダンが去ったフランス代表の前途をマシュノーが悲観するように、私は、中田が去った日本代表は、その後継者をやすやすとは見つけられないだろうと、思っていた。

フランスリーグはもちろん、欧州に移籍した日本人選手たちもつぶさに取材しているマシュノーは、日本が抱える問題点をJリーグ開幕当時から言い当てている。

「日本には九十分の間に、たった一本のゴールを、しかし確実に決めてくれるフォワードが必要なんだ。サッカーはどんなに守っても、九十九パーセントは勝つことができない。攻めることでしか勝機を見出せないんだ。スコアレスはつまり、サッカーのゲームにおいては〝何も起こっていない〟ということだよ。守備はサッカーの二次的な要素。極端なことを言えば、素晴らしいゴールキーパーさえいれば、ゴールを守ることはできるわけだからね」

日本はゴールを奪えるフォワードを手に入れなければならない。そうしなければ、アベレージのチームであることから抜け出せないと、マシュノーは断言する。

「調子が悪い、選手のコンディションが万全でない。それでも、なぜブラジルがゲームになれば強さを発揮し、勝利を収めるか分かるかな。それは、わずか五秒もあれば形成を逆転できる術を持っているからだよ。どんなに太っていても、ロナウドはゴール前でフリーになれば得点を奪うんだ。ロナウジーニョやアドリアーノ、カカ、どの選手を見ても一撃のゴールを数秒で決める決定力を持っている。彼らは、どこまで追い詰められようと、一瞬で流れをひっくり返すことができる」

フォワードの不在――。クラマーと同じことを言った彼に、私は問い返した。

「どうすれば、そんなフォワードを見つけることができますか？」

マシュノーは力なく首を横に振った。

「その答えは簡単には見つからないな。全世界のクラブチームが、ワールドカップを目指す国々が、必死に探してもわずか数人しか見つかっていないのが現状なんだ。つまり……」

「つまり……」

「フォワードは、天からの贈り物なんだ。だってそう思わないか。野性的な身のこなしを持ち、どんな状況にあっても攻撃的な精神を忘れず、立ちはだかる敵をかいくぐってゴールを奪う嗅覚《きゆうかく》を持った人間なんて、決して人工的に作り上げることなどできないよ。日本にもいつか、フォワードになるために生まれてきた選手が現れるかもしれない。希望を捨てないで。素晴らしい贈り物が届くことを、期待しているよ」

私は唖然《あぜん》として食事の手を止めた。天性のストライカーは、いつどこに現れるかさえ分からないというのだ。何十年後か、はたまた百年後になるか——。天の配剤に任せるしか方法がないのなら、希望と呼ぶには儚《はかな》すぎる。

「偶然を待つことしか手段はないのですか？」

むきになって聞く私を見て、マシュノーは自分のことを話しだした。

「私も若いときには将来を嘱望されたフォワードだったことを話したかな」

「いいえ、初めて聞きます」

「十代の頃には物凄く足が速くてね、プロはもちろん、フランス代表を目標にしていたんだ。信じてもらえないだろうが、アンリとトレゼゲを足して二で割ったような選手だったんだよ」

「凄《すご》いじゃないですか！」

「当時はね。でも、結局、怪我でサッカーを続けられなくなった。弁護士である父の言いつけで司法試験を受けるために勉強していたんだけど、どうしてもサッカーから離れたくなくてね、弁護士になることをやめてサッカージャーナリストになったのさ。父は怒ったね。サッカー記者など不良のすることだと言って、許してはもらえなかった」

マシュノーの過去を初めて聞かされ、私は彼の言葉が説得力を持つ理由を知ったのだった。

「つまり私が言いたいのは、才能を見出し、それを結実させることは、人知の及ぶところではない、ということだ。才能を見つけ出しても、怪我で失うこともある。そこには常に運、不運がつきまとう」

彼は続けた。

「しかし、人材を見つけ、育てることを諦めるわけにはいかない。なぜなら、そのことが国のサッカーの行方を左右するからだ。贈り物はどの場所にもたらされるか、どこで育っているかわからない。だからこそ、小さな子供たちの教育が大切なんだよ。大人たちは幼い頃から才能を見極め、その才能が間違った道を進まないように教育しなければならない。それが未来のサッカーのためにできる最良のことだ。そうした過程があってこそ、その才能は花を開き、ワールドカップで人々を魅了するんだからね」

マシュノーは、自らが追いかけているブラジルを例に挙げた。ブラジルでは多くの市民が貧困に苦しむことも少なくない。衣食住に事欠く人々にとって、スポーツは成功への機会となる。自分の子供に才能があると感じた親は、それを伸ばすことに夢中になり、また子供自身も上を目指すために努力を怠らない。ハングリー精神は、目指す場所を明確にする。

「スーパースターであるロナウジーニョは、路地でサッカーをしていた。靴が買えず、裸足《はだし》でボールを蹴っていた。しかしブラジルでは、貧しくても彼の才能が見逃されることはなかったわけだね。少年時代のコーチが目を留めた。そして、サッカーという競技に必要な思考やテクニックを教え込んだんだ。それが超人的な身体能力と絡み合い、彼はプロへの階段を駆け上がった。日本でもそうした才能を探し、育てることを怠ってはいけない。それが結実したとき、日本はアベレージのチームであることを脱し、決勝トーナメントでも存在感を示すことができるだろう」

マシュノーのそうした意見は、サッカーが歴史なしに語れないことを教えていた。

「一夜にして勝利は得られない。そのことは分かるけれど、ワールドカップで勝つための道程を想像すると、気が遠くなりますね」

「確かにそうだね。でもできることはあるよ。少年たちの育成に力を注ぐことはとても重要だ」

一敗一分けの日本は未来のワールドカップに向けて走りだすしかない。マシュノーの助言に頷きながら、私はまた溜息をついた。彼の手のひらが私の手の甲を二度叩いた。そして、マシュノーはこう続けた。

「ドイツ大会はもう後戻りができないから仕方がないが、日本はこの先のワールドカップを見据え、監督の選出を間違えてはいけないよ。スーパースターが、そのまま名将ではないことを肝に銘じることだ」

ジーコは失敗を犯したと、マシュノーは言った。

「オーストラリア戦は、間違いなくジーコの戦術ミスが日本を敗戦へと導いたんだ。残念なことだが、対するヒディンクの見事な戦術の前で、二人の監督の明と暗がくっきりと浮かび上がったよ」

私は、ジーコがどれほど日本のサッカーに貢献してきたかを彼に伝えた。九二年に鹿島アントラーズの前身である住友金属へ入団し、アマチュア集団を一から指導した。Jリーグ初年度には優勝を果たし、そのプレーではプロサッカーの醍醐味《だいごみ》を披露した。鹿島だけでなく、多くの日本人に愛された彼は、その実績と人望ゆえに日本代表の監督に就任したのだ。

私の話を聞きながら、もちろんそれは知っている、と彼は言う。

「ジーコが素晴らしい選手だったことは私も十分に知っているよ。フラメンゴやウディネーゼ時代の素晴らしいプレーも見ているからね。世界のサッカー少年たちが憧《あこが》れた存在だ。そのジーコが日本を大切に思っていることも、日本人がジーコを尊敬していることも知っている」

しかし、そのことと今回の采配はまったく別なのだと、彼は力をこめた。

「〇二年に韓国代表を準決勝にまで進め、オーストラリア代表を三十二年ぶりにワールドカップへ連れてきたのは明らかにヒディンクという監督の力だよ。闘争心を煽り、緻密な戦術に長《た》け、諦めない心を持っている。日本もそうした監督と出会わなければ――。日本代表の個性を見極め、それを伸ばし、日本が誇るサッカーを堂々と展開する監督が絶対に必要なんだ」

ジーコは、そうした存在ではないのか。マシュノーは「ウィ」とすぐに肯定した。

「ジーコは自分の理想を持っていて、それを優先させたんだ。彼がブラジル代表を率いて同じ指揮をとれば成功していただろう。しかし、発展の途上にある日本代表でその理想を追うのは、検討違いだったのかもしれないね」

食後のエスプレッソコーヒーを飲む頃には三時間が過ぎていた。

彼はあちこちに電話をかけだした。私がブラジル代表の練習を見ることができるように取り計らうためだった。しかし、案の定、パスを持つ担当プレス以外は練習を見ることが許されない。

「今日はゲームの次の日だし、出てこない選手も多い。たいした練習はしないはずだ。最初だけでも、見られればよかったんだけど、パレイラは厳しいよ」

マシュノーは私以上に残念がり、こう耳打ちした。

「実はね、私は今大会、ブラジルは優勝できないいんじゃないかと思っているんだ。世界のスーパースター集団であるから実力は言うまでもないが、勝負に対する切迫感が感じられないんだよ。ブラジルが持っているはずの命がけの凄みを感じない。みんな陽気で楽しそうだよ。歌ったり踊ったり、ときにはワインを飲んだりして、ワールドカップを楽しんでいる。だが、いくらブラジルとはいえ、ワールドカップは楽しんでいるだけでは勝ち残れない。そうさ、日本にもまだ勝機はあるかもしれないよ」

ブラジル代表が練習するスポーツクラブのグラウンドへ車で向かったマシュノーを見送り、私も車に乗った。日本にも勝機はあるかもしれない。そう言った彼の声が頭の中で繰り返し響いていた。

途中、夕食を摂って部屋に着くと、カイザースラウテルンとニュルンベルクのスタンドでノートに綴った試合経過を何度も目で追った。ピッチの上で何が起こっていたのか。中田のプレーとその意図を推考していると、いつの間にか明け方になっていた。

六月二十日、午後二時、次原とフジタの部屋へ行くと中田はすでに到着していた。日本代表の濃紺のウエアを着た彼は、グラスに注がれたコーラには口をつけずに座っていた。部屋には、中庭で撒《ま》かれる水の音だけが響いている。中田の顔が蒼ざめて見えた。

　次原やフジタは別のスタッフと別のテーブルで打ち合わせ中だ。中田はときおり村上やシゲに話しかけ、これからのスケジュールなどを確認するが、表情に明るさはない。向き合ってソファーに座り、その理由が分かった。顔が蒼ざめて見えたのは気のせいではなかった。彼はクロアチア戦の一試合で体重が四キロも減っていた。全身の筋肉に滲《し》み出した乳酸は筋肉に痛みを与え、ゲームのあとにも倦怠感をもたらしていたのである。

「昨日のゲームでずいぶん体重が落ちてしまって、なかなか元に戻らないんだ。ブラジル戦までには戻そうと思うけど」

　中田は、午後の陽が差し込む大きな窓の外にある中庭に目を向けている。外の気温はまたも三十度近くに達しているはずだった。

「どんなに苦しくても、どんなに不甲斐なくても、これが本当にワールドカップなんだよ」

　そう言った中田に、オーストラリア戦とクロアチア戦の詳細を聞かせて欲しいと頼んだ。中田は目を細め、そして頷いた。

「そうだね、あの二試合で何があったのか、おれが何を考えたのか、忘れないうちに話しておいたほうがいいよね。できるだけ思い出してみるよ。遺言じゃないけど……、実際にプレーした一選手の証言が、このドイツ大会を振り返るときに何か役に立つかもしれないからね」

　視線を目の前のテーブルに落とし、静かに話し始める。

「分かりきっていたことだけど、オーストラリア戦は絶対に落としちゃいけないゲームだった」

　その頬が少し紅潮した。

「このゲームの鍵は、オーストラリアの原動力であるFWキューウェルとMFブレシアーノの動きをいかに封じ込めるかだ、とは思っていた」

身体能力が高く、中盤から瞬時にゴール前へ飛び出すキューウェルやブレシアーノへの対応が終始危うかったと中田は言う。

「オーストラリアは開始まもなく物凄い勢いで攻めてきたから、引くのは当然だけど、日本はただポジションを引いて走り回るだけで、攻める選手個人にはなかなかつききれていなかった。今になってみれば誰が誰につくと、事前に個人のマークを決めておけばよかったんだと思う」

オーストラリアの徹底した波状攻撃で、DFは常にゴールの前に張りつかなければならず、中盤にスペースができる。そのスペースを埋めるためMFやFWまでもが広い範囲を走らされることになった。

私は試合前に、ジーコがどんな指示を出したのかを聞いた。

「そんなに多くのことは言っていない。オーストラリアは高いボールを入れてくるから、それに的確に応じよう、とそんな感じだったかな」

前半、必死の守備がありオーストラリアに得点を許さなかった。中村の幸運なゴールも決まったが、CKやFKというセットプレーからは有利な展開が見られなかった。

「攻められ続けていたから、セットプレーでこそ切り崩せればよかったんだけど、それができなかったね」

中田は前半戦を振り返る。

「俊輔のゴールが決まってリードしたわけだけど、あのまま1―0で守りきるだけの力は、日本にあると思えなかったし、オーストラリアの攻めを封じ込めるのは、追加点しかないと考えていたんだ。あの波状攻撃ではどうやっても零点に抑えきるのは難しい。別に日本の実力がどうこうというよりも、ゴール前でボールを操られるのが一番危険なんだ。こぼれ球を蹴り込まれてどんどんシュートを決められてもおかしくない。だからこそ、日本はカウンターで攻めるしかなかった。二点目を取ることが、最大の防御だったんだ、それなのに……」

後悔が滲んだ。

「オーストラリア戦は九十分を通じて、ずっとラインが低かった。とくに相手の平均身長が高いからこそ、守備のラインは低くなってしまってはいけなかった。大きい相手だからこそ、こぼれ球を拾われても、シュートを狙われてもゴールに届かないような高い位置にラインを引かなければいけないんだけど、日本のディフェンスラインは残念ながら、自陣のゴール前にまで下がっていたよ」

前半戦、中田が叫んでいたのはやはりディフェンスラインのことだったのか。

「それもある。あの戦い方をしていたら、日本のいいところはなかなか出ないよ。そのことを伝えたかったけど、オーストラリアの勢いに押されていたせいもあって修正はできなかった」

私はピッチ上の暑さについて聞いた。

「暑さは、やはり選手たちの体力を奪ったでしょう」

「そうだね、前半戦の守備で、相当エネルギーを使わされたからね。MFだけじゃなくFWも守備で走らされた。ヤナギや高原も下がって守備をしていたから。ハーフタイムのロッカールームでも体を横にする選手もいたし、足の疲れを取るためにベンチに足を上げていた選手もいた」

リードしながら後半戦を迎える選手たちは、体力の消耗を自覚していた。ハーフタイムの最中、ロッカールームでジーコはなんと言ったのか。中田は思い出そうと小首を傾げている。

「そうだな……、ジーコはボールを回せと言っていたと思う。これ以上体力を消耗しないよう、自分たちが走り回るのではなく、ボールをつなげ、と」

「当然、追加点を奪う号令はかかった？」

「とくに言わなかったけど、そんなの当たり前だよ。全員が追加点を奪わなければ、勝利は決まらないと思っていた」

後半に入ると、このままでは勝てないという思いを中田は強くしていった。

私は言った。

「残り九分まで日本はよく凌いでいたよね。ゲームの分かれ目は、やはりあの終盤……」

中田が私の話を遮った。

「いや、ゲームの分かれ目は、オーストラリアが選手交代を始めたときだね」

ヒディンクの矢継ぎ早の選手交代。八分にケイヒル、十六分にケネディ、三十分にアロイージが入り、日本同様疲れの見えていたオーストラリアは完全に活力を取り戻してしまった。

「三人の選手交代が終わったときには、向こうはフォワードを五枚置いていたような状況だったから、これはどうやっても零点に抑えきるのは難しいと思っていたよ。日本がどんなに必死に守ろうが、五人のＦＷがめまぐるしくクロスを上げて走り込めば、ゴール前で何が起こってもおかしくないからね。こぼれ球がひとつゴールにつながれば、それで同点だから。この試合に勝つためにはこのまま守りの態勢に入っては駄目だ、二点目を入れていく以外に方法はない、と何度も声を上げた。でも、守備に走り回ったヤナギも高原も疲れきっていたし、カウンターを仕掛けても相手の裏に走って出ることができなくなっていた。そうやってつながらないパスが、今度はオーストラリアボールになり、カウンターを仕掛けられてしまった。悪循環に陥っていたんだ」

オーストラリアに攻め込まれて慌てる日本。この状況でフレッシュな選手の投入を中田は望んでいたのか。彼はただちに頷いた。

「メンバーチェンジはいつなのかと待っていたのは事実。ヤナギと高原は、後半に入って十五分くらいかな、それぐらいから本当に動けなくなってしまったんだ。ツートップをそのままピッチに置いても、難しい状況だった。でも、その時間帯、日本だけじゃなく相手のディフェンダーも動けなくなっていたんだよ。ここは中途半端に守るのではなく、足の速いフォワード、玉田か大黒を入れて相手の息の根を止めるために総攻撃を仕掛けるべきだと思っていた。もしフォワードを交代していれば、体力があるわけだからどんどん走って相手の裏を突くことができる。それによってオーストラリアが前に押し上げてくる力を、後ろに下げさせることだって、できたはずなんだ」

中田には、教訓を活かせなかったという悔しさもあった。

「五月三十日のドイツ戦だよ。あのゲームと同じようなことがオーストラリア戦でも起こったんだ。リードしていながら、残り十五分で足が止まってしまった。あの時間帯、ドイツの逆襲を凌ぐことができなかった。あそこで学んだはずだったのに……」

後半三十一分にクローゼ、後半三十五分にシュバインシュタイガーとドイツは2ゴールを決めた。

「動きが止まったときディフェンスを入れたところで守り切れるかといえば非常に難しい。むしろ、FWを入れて攻めることで押し込まれる局面を変えられたかもしれない。おれはそう思っていたんだけど」

そして中田は、やはり最終ラインを問題にした。

「自陣のゴールのペナルティーエリアの前あたりからまったく押し上げられなかった。何度も言っているけど、ディフェンスラインが低ければ低いほど自分たちのサッカーができなくなるんだよ。逆に高く保てれば保てるほど自分たちのサッカーが展開できるのだけど、オーストラリア戦は終始、まったく駄目だったね」

ドイツ戦でジーコが選手交代を告げ、大黒と玉田をピッチに送り出したのは、2—1になった時点と同点になってからだった。

中田は、ドイツ戦の残り十五分でも、オーストラリア戦の残り三十分でも、攻められる苦しい局面を乗り越えるために、新たなFWが投入されることを待っていた。

疲れた選手を目の当たりにしながらジーコはなぜ、後半の早い時期に選手交代をしなかったのか。中田は分からない、とだけ言って口をつぐんだ。

しかし、両チームの状況は明らかに選手交代によって明と暗に分かれている。私は誰もが思っていることを中田にぶつけた。

「選手交代で流れを摑んだヒディンクに対し、ジーコは後れをとった。ジーコは選手交代のタイミングを逸し、ミスを犯したのではない？」

中田は逡巡し、そしてこう言った。

「疲れたツートップをそのまま引きずっても難しい状況だと、おれは思っていた。ジーコがどう判断したかは、分からない」

後半三十四分、ついにジーコが動く。柳沢に代わってピッチへ送り出されたのは小野だった。追加点をあげるために攻撃を仕掛けなければならないはずの日本は、高原のワントップになる。この交代劇は、どんな意味を持っていたのだろうか。私の質問に、中田はそのときの戸惑いを隠さなかった。

「ヤナギが出て伸二が入ったときには、どうして大黒か玉田じゃなく伸二なんだ？　と思ったよ」

ここで中田は、小野投入の意味をこう受け取っていた。

「伸二が下がって、守備を厚くしてくれる間に、おれや俊輔が前に出てゴールを狙おう、とっさにそう考えていた。ところが、伸二は前に出て攻撃に参加している。伸二がどんな役割なのかと、考えなければならなかった」

ジーコは後日、小野を入れた意図をこう説明していた。

「小野にオーストラリアの中盤を抑えさせ、中田と中村に攻撃のためのスペースを作らせたかった。小野がボールをキープしてくれることを期待したが、残念ながら、思いどおりには機能しなかった」

選手たちのコメントを拾っていくと、その混乱が浮き彫りになる。

宮本は、小野の投入が「ボールを回すため」と理解したが、隣の中澤は「守備に戻らずポジションを上げろ」と小野に合図していた。中澤の声を聞いた小野本人も「中盤の守備は福西に任せ、前へ出て攻撃に参加した」と語っている。中村は「ボランチの位置で守備につく人間が福西だけになり、前へ出るのか、残って守るのか、迷うことになった」と言った。

激しい戦いの中で完璧に状況を把握し、理路整然とプレーすることなど限りなく不可能に近い。しかし、選手たちはなんとか凌がなければならなかった場面で、まったく意思の疎通を欠いていたのである。

「これまでの試合や合宿の中で、こうした状況が起こった場合はこう対処する、というような指示がジーコからは出なかったのかな？」

　私の問いかけに中田はそっけなく答えた。

「とくにはない。第一、監督がピッチで起こっているプレーひとつひとつに指示を出すことなんてあり得ないからね。その状況を考え、瞬時に判断するのは、選手だから」

　対日本戦を終えたヒディンクは後日、次のようにコメントしていた。

「苦しい時間帯はあったが、ハーフタイムには必ずチャンスが来ると選手たちに話していた。中田、中村は要注意の選手としてマークするよう言った。日本はＦＷへのパスのつなぎが上手くいっていないのでそこを崩す作戦を立てた。前半孤立していたキューウェルを後半はＭＦに下げ、キューウェルには、前に出る中田と中村ではなく、福西の後ろについてボールを奪え、と伝えていた。それがゴールにつながったのだ」

　ここには、シンプルかつ的確な指示がオーストラリアの逆転を現実にしていた事実がある。

　小野投入後の混乱が、好セーブを連発していた川口のリズムを崩したのだろうか。後半三十九分、オーストラリア得意のロングスローに誘われるように前へ出たことから、こぼれ球を許し、ケイヒルがシュートして同点になった。そこからの九分間、さらに追加点を奪われるまでのことを、私は聞いた。

「あの時間帯、何が起こったのか覚えている？」

「覚えているよ、はっきりね。一点取られて、集中力が切れたとしか思えない。実際、あの前からいつゴールを奪われてもおかしくない状況があり、選手たちはついにそのときが来てしまったと愕然《がくぜん》としていたんだ」

守備においてオーストラリアの高さに対する不安はあったのだろうか。中田は首を横に振る。

「ドイツやオーストラリアよりも平均身長が低い国なんて、日本だけじゃないし、いくらでもあるわけでしょう。オーストラリアだって、背が高いから勝ったわけじゃない。勝つために必要なプレーをしたからでしょう。日本のラインが低くなったところで得点を取られたんだよ。背の高さが怖かったらラインを上げればいいんだよ。いくらヘディングで負けようが、高い位置ならそのままゴールに結びつくことはないけれど、ラインが低ければ低いほどヘディングすればそのまま入る可能性もあるし、リスクは増える。そのことをずっと伝えたかったが、分かってもらえなかったね」

攻撃は最大の防御である。しかし、ディフェンス陣は上がることで受けるリスクも考え、中田の言うことに百パーセントは準じなかった。

「ラインを高く保つっていうのは、別に攻撃するためじゃあなくて、自分たちができる限り失点を抑え、リスクを軽減させるためなんだと、おれは言ってきた。だけど、多分それをいくら説明してもディフェンスラインを守る選手たちは『自分が攻撃型のサッカーをやりたいだけだろ』と、思っていたんだろうね」

中田は、日本代表が一対一で完全に抑えきるサッカーを九十分通すのは現時点では難しい、と言った。

「だからこそ、ゴールより遠いところにいて、抜かれてもまだ追いつける、カバーできるサッカーをしなくちゃいけない。ディフェンスラインが下がることにももちろん理由はあるよ。裏のスペースに入られると防ぎようがないからね。でも、おれは日本の選手には裏に入ろうとした選手を抑えるだけの足の速さがあると思っている。日本の守備陣、とくに坪井なんか非常に足が速いし、ラインを高く保ったところで裏を取られても絶対に追いつけるはずなんだよ。全部とは言い切れないけれど、統計を取れば日本がラインを高く保っているときには必ずいいサッカーしているはずだよ。日本は、低くなったときには攻め込まれることが多くなっていると思う」

さらに中田は、コンパクトなサッカーを求める理由に言及した。

「たとえば、日本のフォワードにビドゥカのようなボールをずっとキープしてくれるターゲットマンがいたとしたら、その間に下がったラインを押し上げることができるかもしれない。ただ、日本の場合はタイプがまったく違うフォワードでしょう。パスをビルドアップしてフィニッシュにつなげるわけで、そうすると攻めようとするときにボールをカットされる可能性がある。そこから速攻を食らって走らされるという形になってしまうんだ。そうならないためには、全員がコンパクトになってできるだけフォワードも含めてツータッチぐらいで速くボールを回すっていうことが必要になってくる。だからこそ、そういう意味で、日本のサッカーには、ラインが低いっていう選択はまずあり得ない」

立て続けの失点で選手たちの足が止まった初戦終盤。私には、ピッチに棒立ちになっている選手たちが、強い衝撃を受けているように見えた。

「逆転されてショックを受け、体が動かなくなってしまった選手もいたようだけど」

「おれにもそう見えた。でも本当のところはおれには分からないよ」

「分からない？」

「人のことは分からない。でも、残り十分で同点にされ、逆転されることなんて、サッカーでは当たり前だよ。そう思わない？」

「もちろん、そう思う」

「だから、足が止まった原因が同点ゴールによるショックだったとしたら、なおさら理解ができないね。高校生じゃないんだから」

中田はチームがゴールを奪う気力を失ってしまったことを嘆いていた。

「1—0で勝っていて、そのあと同点に追いつかれたら、次にゴールを決めることを考えるでしょう。負けたのは、同点になって足が止まってしまったこともあるけど、その前からゴールのチャンスを作りきれなかったからだよ。後半、オーストラリアは交代の選手が出て前では元気な選手が走り回っていたけれど、守備陣の疲労は日本以上だった。本当にばてばてで、日本だってカウンターから何度も相手のゴール前まで行けていたんだ。それなのに、最後の崩し、つまり、決定的なラストパスやシュートにまで持っていけず、ゴールを決められなかった。日本が実践できるはずのサッカーをやりきれなかったということだよ」

「対戦国に負けたというより、問題は日本代表にあった？」

「そう思う」

私は指揮官の様子を知りたかった。

「ジーコは何か言った？」

「ゲームのあとは、ショックを引きずらず気持ちを切り替えていこう、とだけ。ジーコの顔からは表情が消えていたし、衝撃は大きかったと思う」

中田はゲームが終わった瞬間、悔しさが涙になって溢れそうになり、慌ててロッカールームへ戻ったことを告白した。

二十歳になったばかりの頃、中田は自分の思いどおりのプレーができないと悔しくてゲーム中でも涙を滲ませることがある、と話していた。その後は、頑なに内心を表に出さなくなったが、このドイツでは違った。残された時間に悔いを残さないため、感情を爆発させることまでも自分に許したのだ。

私は、続いて最も気にかかっていた太腿の打撲について聞いた。中田は、一瞬、誰が言ったんだ？というような顔をして、仕方なさそうに話しだした。

「打ったのは右の太腿。どのプレーだったかは覚えていないんだけど、前半早々だった。最初、痛みがかなり酷くて、足が痺れて動かなかった。一瞬、交代しようかと迷ったくらいだよ。無理して走っていたらなんとか感覚が戻ってきたから、交代しなくて済んだけど」

「左の足首は？　クロアチア戦の前には痛み止めの注射を打ったんでしょう」

私の問いかけに中田は鋭く切り返す。

「痛みなんて我慢すれば済むことで、本当に駄目なら最初からゲームには出ていないよ。怪我が怖いとか、体調がどうこうって思うんだったら最初からワールドカップに来なければいいだけのこと。練習中でも怪我する可能性だってあるし、普通に生活をしていたって転んで骨折する危険はある。やるときにはやるしかない。試合をやる、練習をやる。おれたちは日本代表に選ばれているんだから。そこで何かを恐れるようなら、最初からやらないほうがいいんだよ」

中田が強がりであることは十代の頃から変わらない。痛みや苦痛に耐えるのは、彼のプロとしてのプライドでもある。

「もちろん痛いところはあるけど、それを短期間で治すこともプロとしての技量でしょう。決戦の最中に、どこが痛いとか、体調が悪いとか、おれは言いたくはない。それを他人に見せる必要もないと思うし」

中田にはずっと曲げられない持論があった。

「痛いとか、苦しいとか言っている時点で『いいプレーができなくてゴメン』と言い訳してるようで嫌なんだよ。もちろん、練習していても、試合前にウォーミングアップしていても、痛みが酷くなったこともあったけど、『やれる』と自分に言い聞かせた。それで動けたら、人に話す必要はないでしょう」

私はオーストラリア戦後に体調を崩した中村のことを聞いた。

「報道では、初戦後に熱を出した中村選手が、ジーコに『クロアチア戦の先発メンバーから外してもらってかまわない』と、言ったと伝えられているけど……」

中田は目を見開き、知らなかった、と言った。

ジーコは、この日本代表からは中村を絶対に外さないと、公言していた。アジア地区一次予選で中村が調子を上げられず、「中村を代表から外せ」という大合唱が起こったときにも、ジーコは「中村は代表で最も重要な選手だ」と言って、そうした声を撥《は》ねのけた。

「ジーコは、中村選手に『その申し出は受けられない。メンバーから外して欲しいなどと二度と言うな』と諭したそうだけど」

中田は黙っている。

私は彼にこう聞いた。今大会の中村のプレーはベストだとは言いがたい。ならば、小野を起用するとか、稲本を入れて中田のポジションを上げるとか、そうした選択肢もあるのではないか、と。

「ここまで体調を崩していても、やはり彼のフリーキックに期待しているのかな？」

彼は首を振った。

「選手それぞれに意見があり、考え方だって違うかもしれない。でも、選手が何を思おうと、チームのことはすべてジーコが決めるんだ。それが当たり前だし、決められたことに対してどうこう言うつもりは毛頭ないよ」

私は話題を変えた。オーストラリア戦の三日後、選手だけで行われた食事会について聞いたのだ。六月十五日、ボンの郊外にある和食レストラン『上條《かみじょう》』での食事会の提案者が中田だとマスコミは報じていた。

「みんなを食事に誘ったの？」

「うん、そうだよ。オーストラリア戦に負けたこともあってチームの雰囲気もあまりよくなかったし、ホテルでの食事に飽きてきている選手も多かったから、みんなで外出して、思いっきり食べて、気持ちを切り替えるのはどうだろうと提案したんだ。クロアチア戦に向けて少しでもいい雰囲気を作りたかったから。そう考えてジーコに話しに行ったら、ジーコも『それはいい考えだ。まったく問題ないから、ぜひ行ってくるといい』と言ってくれた。それでツネに話して皆を誘って、あの和食のレストランに行ったんだよ。スタッフも外して選手だけでね。俊輔だけは少し熱があるということで来られなかったんだけど」

「楽しかった？」

「うん、みんなリラックスしていたし、すき焼きを食べたんだけど、美味《おい》しかったよ」

私は、何度も中田のこうしたバランス感覚に驚かされてきた。ピッチの上で激論を交わし、渾身だと認めないプレーには迷うことなく激昂している彼が、同じ心でチームの和を心から思い欲しているのだ。それは十代の頃から変わらない。

「チームの雰囲気は変わったのかな。クロアチア戦に向けて士気は高まった？」

「それが……」

中田は目を伏せる。

「負けた衝撃は大きかったしクロアチア戦に勝つ以外なくなったわけで、チームがひとつになって奮起することを期待したんだけど……、あまり変わらなかったね。このチームは、集中することと、厳しさを求めることが苦手なんだよ。だからどうしても、練習がだらだらしてしまう」

中田には気がかりなことがあった。試合に負けた直後にもポータブルのゲームに夢中になり、笑い声を上げる一部の選手たちの姿があったのだ。中田は邪心のない笑い声を聞きながら、そこにワールドカップを戦う姿勢や魂を感じ取れないでいた。

さかのぼること一カ月前、ドイツに挑む日本代表に選出された小野が記者会見に臨み、「ワールドカップに持っていくものは？」と記者に聞かれると、「選手の間で流行《はや》っているゲームですね」と答えている記事を私も読んでいた。

「もちろん、気分転換は絶対に必要だし、ゲームをやったって音楽を聴いたって、それぞれ自由だよ。おれだって音楽を聴くし本も読む。だけど……負けてあとがない状況の中で、なぜ笑いながらゲームに興じることができるのか。それは信じられなかった」

中田は、緩んだ雰囲気を象徴する出来事があったと話してくれた。

「十六日の練習で、ジーコが怒ったんだよ。八対七での攻撃の練習のときだったかな。そのときにも選手にまったくやる気が見えなくて動きもちんたらしていたから、ジーコが練習を止めて、先発組の選手の前で怒鳴ったんだ。四年間で初めてジーコが語気を強めて怒ったのを見たよ。驚いた」

「ジーコは、四年間、一度も声を荒らげたことはなかったの？」

「おれの知る限りでは、なかったね」

日本に来て我慢を覚えたジーコが怒鳴ったのは我慢の限界と見たからか。私は引き続きクロアチア戦の話を聞いた。

「ニュルンベルクも暑かった？」

「うん、そうだね。でも、条件はクロアチアも同じだし、それに、フランス大会のときの暑さを覚えている？　あのときのほうがずっと暑かったよ。勝てなかったことを、暑さのせいにはできないね」

クロアチア戦は、オーストラリア戦とは違う4バックであり、小笠原が投入された。

「前から話しているけど、システムはあまり問題じゃない。システムでサッカーをやるわけじゃないし、システムがどうであれ試合中には常に形は変わっていくわけでしょう。必ず四枚でディフェンスやって、必ず四枚で中盤をやって、必ず二枚のフォワードで攻める、なんてことはあり得ない。はっきり言って、システムで、サッカーの良し悪しを論じる人たちは、サッカーのことをわかっていないと、おれは思っている」

「システムは、キックオフのときの形でしかない」

「そうだよ。4−4−2、3−5−2というのは、『はい、ゲームを始めましょう』というときの形であって、ゲームが始まったら、関係ないよ。誰かが上がったら誰かが下がってスペースを埋める。その逆もある。それは当然のこと」

「ジーコは、二戦目を前に何か指示を出した？」

「前日、ニュルンベルクでの練習のあと、ロッカールームで集まって、明日は私の言うとおりに動いてくれ、というようなことを言われた」

「それはどういう意味？」

「そのままでしょう。勝つために必要な手段を講じるからそれをピッチで実践して欲しい。そういう意味だと、おれは理解したけど」

対クロアチア戦、日本は序盤、自分たちのサッカーを展開していた。

「前半はとくに日本のペースでボールを回すことができたと思う。クロアチアも警戒して引いていてあまり突進してこなかった。日本は、後ろでボールを回しながら、クロアチアが止まるのを待って、止まった瞬間にディフェンスラインの間に人が入って、そこにパスを出し、前を向いてクロスに行く、という目指した形を作ることができたと思う」

ディフェンスラインはどうだったのか。

「クロアチア戦はオーストラリア戦に比べてラインが高く保てたからね。コンパクトだったからパスを回しても返しが速い。ある程度はスペースを作っていたから、パスのコースの選択肢も多かった」

前半二十一分、川口がＰＫを防いだ話をすると中田の顔がほころんだ。

「素晴らしかった。能活は、オーストラリア戦、クロアチア戦と試合を経るごとによくなってきているし、よく怒鳴っている。彼は怒鳴っているほうがプレーもよくなるし、他の選手の気持ちを引き締める役目を果たしてくれている。〇二年の頃から、妙におとなしくなっちゃって怒鳴り声を聞くことが少なかったんだけど、以前の能活が復活したね。あのＰＫを止めた瞬間、流れはまた日本に傾いた、これならやれる、と思ったよ」

ボールを持った中田は常に前を向いていた。このゲーム、中田はミドルシュートを積極的に打っていた。

「クロアチアの選手が引いていて、ゴール前にはなかなか飛び込めなかったから、ミドルシュートを狙うことは必然だった。それに今大会の新しいボールは、縫い目がなくて、蹴ると変化するし滑りやすくてGK泣かせなんだ。ゴールに向かってボールを出せば、シュートが決まらなくても次のチャンスにつながるからね」

中田は、クロアチアのゲームメーカー、クラニチャルをマークしその動きを必死で封じていた。前半終盤は体力の消耗戦ともいうべきものだった。

「日本よりもクロアチアのほうが先に疲れを見せていた。ハーフタイムでロッカーへ帰るときのことなんだけど、日本の選手が歩いて普通にロッカーへ向かっているのにクロアチアの数人の選手たちは芝生の上に座り込んでいたんだよ。その時点で、これは後半早々にチャンスが来る、と思えたんだけど……。ゴールを奪うべき時間帯に日本の選手も動かなくなってしまったんだ」

ハーフタイムが終わり、後半戦が始まる。疲労の度合いの濃いクロアチアに対し有利なゲーム展開をするはずが、そうはいかなかった。

「前半は、ある程度クロアチアがスペースを与えてくれたけど、後半はなかなかスペースを作れなかった。スペースがない場合、どうするかといったらワンツーからのシュートとか、サイドからの切り崩しを行うんだけど、足の止まった日本はそうした攻撃を仕掛けられない。疲れのせいだろうけど、みんなパスを出したあとに止まってしまうんだ。動かないからパスコースが少なくなっていく。とくにDFのボール回しはワンパターンになってしまった。そこから、無理に中央をこじ開けようとしてはカウンターを食らったんだ。だから、後半はずっと相手のペースで戦うことになってしまったんだよ」

　私はゲームの流れを思い浮かべた。

「サイドからの攻撃でいくつかは効果的なプレーがあったと思うけど」

「そうだね、後半のチャンスはサイド攻撃からだけだった。だからこそ、サイド攻撃をもっとやらなきゃいけなかったんだけどね……。サイド攻撃というのは、別にサイドの選手だけが上がっていくことじゃないからね。フォワードがサイドに入っていってもいいわけだし、中盤のやつが入っていってもいいわけ。だけど、ボールを持っている選手を追い越して前に出ていく動きというのが、日本はあまりにも少なすぎる。そういう動きが得意なのはアルゼンチンだね」

　後半六分には溜息の出る柳沢のシュートミスがあった。

「普段のヤナギなら、あの位置からアウトサイドで打つことはない。受けたクロスにスピードがあって強いボールだったから、合わせるのは難しかったんだと思う。まあ、インサイドでいってたら絶対に入っていたよね」

「あのプレーで、チームが落胆することはなかった？」

「もちろん、決めて欲しかったけど、ゲームは流れているんだから、終わったプレーを後悔しても始まらないよ」

　有効な攻撃が継続してできなかったのは、意識の希薄さだと中田は断言する。

「ゲームの流れの中で、このドリブルが始まったら一気に上がろうとか、このパスから押し上げていこうとか、プレーをどう展開するかという思いが、プレーを作っていくわけでしょう。チームが同じ意識、同じイメージを持てなかった」

中田はカウンターに苦しんだ状況をこう説明した。

「パスを受ける側も動きが止まり、相手のプレッシャーをまともに受けることになった。それで、無理にパスを出すからカットされカウンターを食らう。自分たちがボールを持って回しているにもかかわらず、苦しい状況になってしまった。走ってプレッシャーを受けない、クリアできる余裕のある場所でパスを受けることが大事なんだけど……。常にみんなボールを取られることを怖がっている気がしたな。攻めるときは攻めて、取られたら追いかけてカバーすればいいだけの話なんだけど、そういう認識がチームにはなかったと思う」

中田の縦パスがクロアチアのディフェンダーの裏の無人のスペースに落ち、転々とする場面が何度かあった。

「おれは、ああいうパスをわざわざ出している。パスミスだと思われることがあるけど、こっちは『フォワードがここへ動いてくれればチャンスが生まれるよ』というスペースにボールを出しているんだ。でも、やっぱりその気持ちは通じなかった」

ピッチで走ることの意味はさまざまだ。クロアチアの選手からプレッシャーを受けずにボールをつなぐことができなかったそのことが、押し込まれていった原因だと中田は言った。

「相手が予測できる範囲の動きしかできなくなっていた。本当なら、敵の裏を突くなど予想もしなかった動きをして相手を疲れさせることだって重要なんだよ。体だけでなく頭を疲れさせるプレーだよ。そうすれば、プレッシャーはだんだん少なくなっていく」

クロアチア戦ではＦＷの動きが少なかったのではないか。そう聞くと彼は、そうだ、と答えた。

「くさびの動きにも入らなかったよね。前へ行くわけでもないし、サイドを狙うわけでもなかった。

ＦＷが動かないからディフェンスの動きも少なくなるし、真ん中からワンツーでシュートという形がまったく出ない。あれでは相手のディフェンダーを手前に引き出すこともできないし、散らすこともできない。やっぱりフォワードが動いてくれないと攻撃するのは難しいよ。日本のフォワードに多いのは、下がってボールを受けようとすること。でも、中盤にはおれたちがいるわけで、本来なら前でどっしりと構えてボールをキープしたり、ワンツーではたいたりして欲しいんだけど……、それがなかなかできなかった」

途中交代した玉田について中田はこう思っていた。

「玉田はまだまだ自分の良さをわかっていない。あいつの良さは前に飛び出るスピードとキレだ。いかに相手の裏を狙ってボールを受けるかということを目指さなければならないのに、下がりすぎたりサイドのほうへずっと張っていたりする。お前がここにいてどうするんだ、と何度か声をかけたよ」

後半クロアチアに流れが傾いたのは、ボールのカットが少なかったことが理由のひとつだ。

「日本は、相手選手の前でボールをカットすることが少ないんだよ。きれいなマークにこだわって乱雑に当たることを避けているように感じる。イタリア代表のキャプテンであるカンナバーロのディフェンス。彼の何が凄いかといえば、あいつのプレーには『絶対止めるぞ』という意志がはっきりこめられているんだよ。彼にガツンと当たられると『こいつは抜けねえな』と、選手の頭に刷り込まれるんだよね。それはゲームのときだけじゃなく、練習のときからそうなんだ。パルマで一緒にやっていたときも、強烈な当たりを何度食らったことか。日本も、ああいうディフェンスを目指すべきだと、おれは思うんだ」

後半、日本は守備に多くの時間を割かれた。四人で攻めるクロアチアに日本は六人が下がって応戦している。

「マークが緩くつききれていないので、クロアチアにシュートを許してしまう。人数だけ多く下がっても、守りきれていなかった。あの守備のわずかな甘さがクロアチアを勢いづかせたんだよね」

終盤中田は一点を奪うために前へ出ようと何度も走り込んだが、カウンターを受け続け、守備を選ばざるを得なかった。

「昔だったら、マラドーナのような選手が一人いてその選手が決定的な仕事をすれば勝てるというゲームも多かったと思う。だけど、今はチームとして戦えるかどうかが勝敗を分けるよ。機能的な守備が非常に重要だし、攻撃ではセットプレー、ロングシュート、速攻が非常に重要になってくる」

スコアレスドローで試合が終わった瞬間、芝生の上に大の字になった。

「あんな姿を初めて見たけど……」

私にとってあの姿は衝撃だったと伝えると、中田の唇が小さく震えているのが分かった。

「あのときには何を考えていた?」

「もう、悔しさしかなかった。悔しさに縛られて動けなくなったよ。ただ残念だった。あそこでこのワールドカップが終わったとは思わなかったけど、勝てた試合だったのにまたゴールを奪えなかった。もちろんクロアチアにもチャンスはあったが、それ以上にチャンスを作る場面が日本にはあったんだ。だけど勝てなかった」

中田はクロアチア戦のあと飛行機でボンに戻り、夕食後の自由時間をサニーサイドアップのスタッフとカフェで過ごしていた。そのとき、店にあるテレビでフランス対韓国戦を観たのだという。

「韓国は八十分手前ぐらいまで1―0で負けていたのに、そこから同点にしたでしょう。韓国は失敗を怖れない強さを持っていた。画面を観ていても、最後まで攻めて点を取るんだという気持ちがひとりひとりから伝わってきた。あの同点には感服したし、同時に言葉にできないほどの悔しさがこみ上げたよ」

　オーストラリア戦の大敗、クロアチア戦の引き分けは、監督の采配に起因するのではないか。私の質問に中田は黙り、また「分からない」と呟いた。

　ドイツへ発つ直前、私はテレビでブラジル代表のドキュメンタリーを観た。合宿トレーニングでは徹底的な規律が求められ、食事やアイシングの方法にまで細かい指示が与えられていた。何より驚いたのは、夕食後のミーティングだった。監督のパレイラは、選手全員をミーティングルームに集め、ホワイトボードに置いた二十二個のマグネット動かし、守備のマークと、その後の攻撃展開を繰り返し叫んでいた。カフーも、ロベルト・カルロスも、ロナウドもロナウジーニョもカカも、全員がパレイラの動かすマグネットの動きを見つめ、自分の動きを確認していたのだ。ミーティングは二時間も続いた。私はその光景を中田に伝え、続けて聞いた。

「セレソンでさえあんなに細かい指示を監督から受けている。日本代表でもそうしたミーティングはやらないの？」

「やらないね」

「選手全員が、集まって守備や攻撃の布陣についてミーティングをしたことがある？」

「おれが代表に来ている間では、全員での戦術ミーティングはない」

「四年間、一度も？」

「一度もない」

「オーストラリア戦のあとにも、クロアチア戦のあとにも？」

「オーストラリア戦のあとは、ジーコが練習後、宿舎でディフェンダー陣だけを集めて守備の確認をしていたようだ。だけど全員ではないよ」

「なぜ、やらない？」

「分からない。ジーコに聞いてよ」

驚く私に、中田はこう告げた。

「ジーコのやり方に何も言うつもりはないし、それを肯定も否定もできない。何度でも言うけど、おれたちの監督は誰でもない、ジーコなんだから」

休憩時間の終わりが迫り、中田がホテルへ戻る時間が来ていた。私は残されたブラジル戦について問うた。

「あの、九六年のアトランタオリンピックでのブラジル戦を再びと願う人たちがいるけど」

中田は淡々と語った。

「余計なことは何も思い浮かべない。もう、勝つことしか考えていないよ」

中田は未だ怒りに身をやつしている。悔しさは活力となって中田を突き動かしている。そのことが私は嬉しかった。

「二点差以上で勝たないことには、一次リーグ突破の可能性もないわけだから。進むべき道はひとつしかない。おれは絶対に諦めない。ブラジルを二点差で破るなんて無理だと笑うやつがいるかもしれない。それでもいい。サッカーにはそのチャンスがあることを、見せるだけだよ」

私は頬を打たれたような衝撃を受け、ホテルへ帰る中田の背中を見ていた。

4 欧州での八年

中田がホテルへと戻って間もなく、ブランキーニや次原、フジタとともに彼の移籍契約を取り仕切る弁護士のクラウディオ・ミンゲッティが訪れた。小学生の息子と一緒だ。彼は、次原と今後のことを相談するためイタリアからドイツに入っていた。

中田の引退の最終決断はここ数日のうちに下される。中田が引退を決めれば、契約をあと一年残すフィオレンティーナに契約解消を通知し、さまざまな手続きを取らなければならない。ミンゲッティは静かに、すでにその準備を始めていると言った。

次原は私にミンゲッティを引き合わせ、「彼がいなければ中田も、私もここにこうしていなかったわ」と、微笑んだ。ミンゲッティもまた、次原とフジタに微笑みを投げ返している。

「中田というジョカトーレ、次原さん、フジタさんとの関係は、私にとって大きな財産です。彼らとは家族のような付き合いをしているし、FIFAエージェントの最高峰にいるブランキーニさんと仕事をする機会を作ってくれた。もし中田が引退すれば、これまでの仕事には一旦線が引かれますが、友人としての間柄は何も変わりませんよ」

フジタがミンゲッティを見ながら言った。

「ペルージャにいた頃、私たちが経営者の悪意に満ちた要求に窮していたとき、助けてもらったことは一生忘れられませんね。中田の代理人をイギリス人のコリン・ゴードンからジョバンニ・ブランキーニにすることも、ミンゲッティさんのアドバイスです。もし、彼がいなければ、中田がペルージャより先のキャリアを積むことはできなかったかもしれません」

ミンゲッティは穏やかな声で続けた。

「私は、法律を使って彼らを助けただけですよ。残念ながら、カルチョの世界にはブランキーニさんのような正当な人だけが住んでいるわけではない。中田の成功は、本人と彼を支えたこの二人の女性が自ら勝ち得たものですよ」

フェミニズムの浸透する現代の欧州にあっても、サッカーの世界はその常識が違う。クラブの経営やFIFA代理人、マネジメントに関わる人々などに女性は皆無である。ミンゲッティも、この世界で働く女性は二人以外会ったことがない、と言った。

「この世界には男でも辟易《へきえき》するようなことがたくさんあります。しかし、彼女たちは勇敢に戦った。中田が最も信頼しているスタッフが女性であったことに、私もブランキーニさんも、違和感を持ったことはありませんよ」

ミンゲッティの言葉を聞き、次原とフジタから幾度となく聞いた「移籍」の話を私は思い出していた。海外への移籍を希望した中田が、セリエAのペルージャに所属したその後の途方もない軌跡は、まるで数奇な人生を描く小説のようだ。

私はミンゲッティに言った。

「いつもあなたの話を伺っていました。ほとんどの日本人は、サッカー選手の移籍が複雑な要素をはらみ、困難であることを知りません。移籍が単なるサクセスストーリーではなく、激しい戦いを伴うことなど、想像もできないんですよ」

ミンゲッティは頷いた。

「ブランキーニがどれほど中田の才能を認めていたか、中田が欧州のサッカー界でどうプレーしたか、私は多くの方たちに知って欲しいと思っていますよ」

ミーティングを始めるという三人に別れを告げた私は、自分の部屋に戻った。そして、これまでの次原とフジタから聞いた欧州での戦いを詳細に記したノートを取り出していた。私はその分厚い五冊のノートに、九八年から最近に至るまでの中田の移籍にまつわる話を書き込んでいた。

次原とフジタの証言は生々しく、耳目を驚かすことも多かった。しかし、決して報道されなかったこれらのことこそが、中田にとっての現実だった。この薄汚れたノートには、海外に挑んだ日本人サッカー選手の人生が凝縮されている。

私は自分で記した文字を読み、インタビューで聞いた中田、次原とフジタの声を蘇らせていた。

ブラジル戦までの間、ほとんどの時間を、中田が繰り返した移籍と彼と過ごした日々を振り返ることに費やしたのだった。

九八年七月、中田が海外への移籍を決意したのは、高度なサッカーを求めたこと以外にも理由があった。新聞記事を発端とした思想団体からの脅迫、中田が「真実を報道しない」と憤ってコメントを拒んだことで生じたマスコミとの確執。そうしたストレスが中田を圧迫し、全身が神経性の湿疹に覆われたこともあった。

日本を離れ海外でプレーすることを切望した中田と、それを実現するために奔走した次原とフジタは、まるでラビリンスに迷い込んだような体験を重ねた。架空の移籍話を中田サイドとクラブサイドに持ちかけ、勝手に中田の代理人だと名乗るエージェントが何人も現れた。また、中田に最高の移籍話を持ちかけてきたエージェントが、実はインターポールから国際指名手配されている詐欺師だったこともある。

彼らは、自分たちの周囲に魑魅魍魎《ちみもうりよう》が大勢いるのだと覚悟しなければならなかった。

ワールドカップ・フランス大会が始まる直前に中田が契約したイギリス人エージェントのコリン・ゴードンは、意欲があり正直だったが、まだ若く、いかんせん代理人としての経験が不足していた。次原はこう振り返ったことがある。

「そもそも、海外に移籍するということが実際にはどういうことなのか、私たちにはよく分かっていなかったの。クラブが選手を欲し、その間を代理人が取り持つわけだけど、欧州には各国ごとにリーグがあるし、選手の代理を務めるエージェントには人を動かす力とサッカーや法的な知識が必要になる。私たちはゴードンを信頼し契約したのだけれど、ペルージャへ移籍した中田や私の盾になることはできなかった。理由は、彼がイタリア人でなくイギリス人であったこと。イタリア人はイタリア人としか話をしないし、信用しないのよ。そして、エージェントとしてはまだ新人のゴードンにはペルージャのオーナーであるあのガウチ一族を牛耳《ぎゆうじ》るほどの戦略も人脈もなかったの」

九八年七月、中田の移籍先の最終候補として残ったクラブは、プレミアリーグのセルティックとセリエAのペルージャだった。中田が、ペルージャを選んだのは交渉のために訪れたときに街を見て気に入ったからであり、当時監督だったカスタニェールと話し、監督の目指すサッカーに共感したからでもあった。自ら「直感で決めた」ペルージャは、中田のキャリアのスタート地点になった。

セリエBから昇格したばかりのチーム。選手たちは若く向上心もあり、監督が求めた日本人の司令塔を受け入れた。これがセリエAの上位を占めるビッグクラブなら、新人の中田がすぐにレギュラーとしてトップ下に入り、ゲームメイクすることは難しかっただろう。しかし、二シーズンぶりにセリエAに復帰したペルージャは、力を持つ選手であればポジションを獲得することができた。市民もまた、可能性を秘めた未完の大器を、日本人だからと排斥することなく歓迎したのである。
「プロの世界では結果でしか受け入れられない」と、自らに言い聞かせていた中田は、ワールドカップ後の疲れも見せずシーズン前のキャンプ中から全力疾走し、一本のパスや献身的な動きでチームメイトの信頼を得ていった。

日本を離れ、ストレスから解放されていた中田も潑剌《はつらつ》とした表情でピッチに立った。イタリア語を学び、自分から打ち解ける努力を惜しまなかった。

中田、そして次原とフジタの挑戦は、セリエAの九八―九九シーズン開幕戦でひとつの結実を見る。九八年九月十三日に行われた対ユベントス戦、三連覇を目指す名門クラブと戦ったペルージャで先発フル出場した中田は、このゲームで鮮烈なふたつのゴールを決めたのだ。3―4でユベントスに敗れはしたものの、欧州全土に中田英寿の名前を轟《とどろ》かせるには十分だった。

中田の前途は洋々として輝かしいものになる。衝撃のデビュー戦に歓喜した者は誰もがそう信じていた。しかし、現実はその真逆ともいえる状況にあった。フジタは深刻な事態の詳細を覚えていた。
「中田は、あの開幕戦の直後、次原と私に会い最初にこう言ったんです。『ねえ、これで移籍できるよね』って。笑い話のような話ですが、当時の私たちは真剣でした。そう、あの時点で中田と私たちは、大きな問題を抱えていたんです」

　聞けば信じられないことばかりだった。中田を窮地に追い込んでいたのはペルージャの社長であるアレッサンドロ・ガウチ。派手な記者会見を開いて中田を賞賛した彼は、常識では考えられない所業に及んでいた。

　契約の前には、移籍を承諾しなければ日本へは帰さないとペルージャの古城に〝監禁〟したり、選手のエージェントであるコリン・ゴードンに「この条件で中田を説得してくれれば君にボーナスを払う」と買収を目論んだりした。さらに、見ず知らずの日本人を代理人に立て、日本でのセリエAの放映権や中田の肖像権を譲るという違法な契約を結んだと主張したこともあった。

　アレッサンドロの常軌を逸した行動は中田が契約書にサインしたあとも収まらなかった。契約の諸条件を詰めるために次原が雇ったイタリア人弁護士を裏で買収し、クラブ側の要求をすべて盛り込んだ契約書を偽装させたこともある。結局、中田へは正規の金額が支払われることはなく、次に移籍するローマが肩代わりをするのだった。

　アレッサンドロはクラブのオーナーである父親のルチアーノ・ガウチの財力で手に入れたペルージャをビッグクラブにしたいという野心に燃えていた。しかし、輝いて見えた若い社長の志は、その一方で法や道徳の無視という悪質な行為にもつながっていた。

　契約時、次原は、アレッサンドロから持ちかけられた話に驚愕することになる。

「ある日、中田への支払いを現金で行いたい、と告げられたのよ。ついては、イタリアとの国境付近にあるスイスのルガーノという街で現金を渡すので、毎月そこで落ち合いたい、と言ってきた。それができないのなら、満額は払えない、とまで言ったわ」

アレッサンドロは、毎月支払われる中田への俸給を現金で払う理由を言わなかったが、銀行口座に振り込まないわけは容易に想像できた。脱税である。次原は即座にアレッサンドロの申し出を断った。当時、ペルージャのニュースターとして登場し、ファンの声援を浴びて戦っていた中田は、実はクラブのオーナーに陥れられていた。

九八年当時、ACペルージャのオーナーだったルチアーノ・ガウチとクラブの社長と役員だった二人の息子、アレッサンドロとリカルドが〇六年二月に犯罪者となった。親子三人は、不正経理による横領罪に問われ、アレッサンドロとリカルドは逮捕され刑務所に収監された。父親のルチアーノは、現在も中米カリブ海にあるドミニカ共和国の首都、サント・ドミンゴで逃亡生活を送っている。イタリアに帰れば即座に逮捕されるルチアーノは、犯人引渡し条約が締結されていないドミニカ共和国で生涯逃亡生活を続けるつもりなのだ。

次原はその頃を振り返り、何度も悔しさを滲ませた。

「中田への支払いがきちんと行われないことが私には苦しかった。正規の評価をされなければ、選手のモチベーションは下がるでしょう。まして、契約を結んでいながら、契約書を偽装したり、反故《ほご》にしたりするなんてあまりにも悪質だった。中田は新しいチームで努力を重ね、徐々にゲームでも結果を出していた。なのに、約束のお金も支払われない。私たちは、このクラブから一刻も早く移籍しなければならないと考えたのよ」

次原とフジタは、アレッサンドロの不誠実な対応に翻弄されながら、中田のために諦めるわけにはいかない、と思っていた。次原は感慨深げに言った。

「ガウチとの交渉は本当にタフだった。今となれば犯罪者とまともに交渉していたなんて笑い話にもならないわ。でも、暗躍する敵がいたからこそ結束は強くなっていったのも事実」

二人は開幕後もイタリアに残り、中田の側で善後策を練ったのである。

開幕戦で2ゴールを決めた中田だったが、その後はなかなかボールを回してもらえずストレスを感じることも少なくなかった。しかし、シーズン中盤になる頃には「ペルージャの中田」は認知され、サッカーに精通した人々を興奮させていった。

中田の力を認めたジャーナリストやサッカーファンは、「中田はペルージャへ留まるのではなく、いずれは優勝を狙えるビッグクラブへ移籍するべきだ」と言った。

九九年の五月、次原とフジタは密《ひそ》かにいくつかのチームを回っていた。ベネチアやボローニャといったチームである。とくにボローニャは本気で中田の移籍を望み、フランコ・バルディーニという若いイタリア人エージェントが仲介役として名乗りを上げていた。実際、中田とゴードンもそのエージェントに会ったが、条件面の折り合いがつかず、実現には至らなかった。

フジタは、中田が移籍するまで長い戦いになることを予感したという。

「ガウチを相手に四年の解約を解消し、次のチームに移ることが至難の業であることを悟ったんです。これだけがめついアレッサンドロに移籍金を払い、中田を手放してもいいと思わせることができるクラブが本当にあるのかと、あの当時は不安でしたね」

アレッサンドロの浅はかな行為は続く。日本をマーケットに中田の名前を使ってビジネスを始めようと考え、九八―九九シーズンの終盤、中田に新たな要求を突きつけてきたのだ。フジタから聞くその内容は、驚きを禁じ得ないものだった。

「アレッサンドロは個人で、ペルージャのユニフォームやグッズなどを販売するガレックスという会社を持っていたんですが、そこで中田のサイン入りユニフォームを高い値段で販売すると宣言し、中田にユニフォームへサインすることを強制してきたんですよ。ペルージャのホームページにそのユニフォームがすでに販売され、さらには中田と食事のできるツアーがあると謳って参加者を募ったこともありました。もちろん、有料でそれも高額です。中田は自分のサインや一緒に食事をする機会をお金に換えることなんて考えたこともありません。まして、そうした契約などあるわけがない。すぐに断りましたが、何日までに何枚サインしろと、脅迫まがいの電話をよこしました」

アレッサンドロは、中田と結んだ四年契約を事あるごとに持ち出し、「お前はおれの庭から出られない。四年間、たっぷりと働いてもらう」と嘯《うそぶ》いていた。

中田を解放するため、移籍を急がなければならない。そう考えた次原は同時に、慎重にもなっていた。ウンブリア州の古都と、そこで出会った人たちに愛着を感じていた中田は、ペルージャというクラブを出たいという気持ちと、ペルージャやそこに住む人たちを心から愛する気持ちの両方を抱えていたのである。彼が持つふたつの思いを知っていた次原は、ペルージャのファンが歓迎してくれる素晴らしい移籍を決めなければと、自分に言い聞かせていた。

「ベルマーレのときもそうだったけれど、ペルージャというBクラスのチームをチームメイトとともに強くしていくことに、中田はとてもやりがいを感じていた。チームの選手たちもペルージャの街も、そこで暮らす地元のファンも中田は心から大切にしていたわね。だから、ペルージャを欺くような移籍はできなかったの。きちんとした手順を踏んで、皆が賞賛を与えてくれるような正式な移籍を発表することが必要だったのよ」

ところが、移籍の見通しなど、現実にはまったく立たなかった。具体的な策のないまま時間を過ごした次原とフジタは、ボローニャを訪れたときに紹介された弁護士のミンゲッティに会い、何度となく話す機会を持っていた。サッカー関係者をクライアントに持っていたミンゲッティは、訪ねてきた二人の話を親身になって聞いてくれたのだった。フジタは言った。

「次原と私は、九九年の夏、一カ月ほどボローニャに滞在していたのですが、そのとき、ミンゲッティさんにあらゆる相談を持ちかけたんです」

シーズンが終わろうとしていた頃、中田の移籍先を探す次原は、その一方で中田の身近な環境を整えることに懸命になっていた。身の回りの手助けをする個人マネージャーとして小林をつけることにし、クラブや監督とのコミュニケーションを円滑にし、メディアを担当するバイリンガルの広報マネージャー、モラーナ・マウリッツィオを雇い入れたのだ。

次原は、中田がセリエAで戦う日々の中で、スタッフには何が必要なのかを学んだのだと言った。

「移籍を決めて突然ペルージャへ渡ったときには、まるで素人の集団だった。中田がベストの状態でプレーするためにどんな人材が必要か、その頃になってようやく分かったのよね。それでマネージャーを替え、サッカーの知識もあってイタリア語と日本語ができるモラーナを広報担当として採用したんです」

マネジメント態勢を整えた次原は、イタリアに長期滞在し、正当な移籍を求めて情報収集する日々を送った。

「ガウチとの交渉は狂気の沙汰《さた》で、これ以上は続けられないと思っていた。イギリス人エージェントがイタリアで活動するのにも限界があって、ゴードンとの連絡も途切れていたのよね」

契約を途中解除するため違約金を払わなければならないという条件付きの移籍は、簡単には決まらない。ゴードンもいくつかのチームを回ったが移籍は成立せず、イタリアのマーケットでは、彼は手も足も出せなかった。

「実際、あの頃は、新しいエージェントを探さなければ中田は永遠に移籍できないと、はっきり分かったわ」

一方、フジタは、中田からの言葉を重く受け止めていた。

「中田は、移籍のことはすべて二人に任せるよ、と言っていました。『移籍を決めてくれるのは二人の仕事だから』と。だからこそ、責任を毎日、毎日、感じていました」

何度となく繰り返されるミーティングの中で、なんとか突破口を見つけ出そうとする次原は、ある時、ミンゲッティにこう聞いていた。

「困難を克服できる、イタリアで一番実力のあるエージェントは誰なのですか？」

ミンゲッティは答えた。

「それはもちろん、ジョバンニ・ブランキーニさんですよ。私は会ったことがありませんが、彼の力はイタリアのサッカー界でビジネスをする者なら誰でも知っています。誰もが彼を尊敬している。それに彼はイタリアだけではなく、欧州の他の国々や南米でも力を発揮できます。彼の選手に対して傍若無人な態度をとる者は、サッカーの世界にはいないと思いますよ」

九四年のワールドカップ・アメリカ大会の決勝戦。ブラジル対イタリアでピッチに立つ二十二人のうち十一人の代理人を務めていたのがブランキーニだと、ミンゲッティは言った。

「しかし、ブランキーニに代理人を頼むのは簡単ではない。彼は、自分のクライアントを選んでいますからね」

当時ブランキーニが契約を結んでいた選手は、ロナウドやボバン、ルイコスタ、シュケルなどである。

「なんとか、そのブランキーニさんに中田の代理人を頼めないかしら。会って話を聞いてもらうことはできないでしょうか」

中田がサッカーだけに専念できる環境を整えたい。次原の一途《いちず》な思いを聞いたミンゲッティは、すぐにボローニャのGMに連絡をし、ブランキーニと面識があるかどうか聞いてくれた。ボローニャのGMはブランキーニと知り合いであり、中田のマネージャーからいずれ連絡があるとブランキーニに伝えてくれたのだった。

ボローニャのGMから一報が入り、次原とフジタは晴れてブランキーニのオフィスに電話をすることになった。フジタは頰を紅潮させ、このときのことを語ってくれた。

「ブランキーニの顔も年齢も知らない、英語ができるのかも分からない。最初はミンゲッティさんに電話に出てもらいイタリア語で挨拶をして、英語ができると分かって私に代わったんです。中田のマネジメントをしているんですが、と伝えると、彼は、中田のことは知っていますよ、と言いました。とても困った状況にありぜひ話を聞いて欲しいのですが、と言うと、だったら明日オフィスにいらっしゃいと、すぐに会うことを約束してくれたんですよ」

九九年六月、二人は急遽ブランキーニのオフィスがあるミラノに飛んだ。部屋に通された瞬間の感激を、次原はこう表現した。

「シンプルなライティングデスクがあって、その前に座っているブランキーニもシンプルなジャケットを羽織っている。部屋のどこを見回しても、スーパースターの代理人だと分かるような物は何ひとつ置かれていないのよ。それまで会った代理人の多くはスター選手と並んで撮った写真をこれ見よがしに飾っていたし、高価な時計やアクセサリーをじゃらじゃらさせている人も、自分がどんなに有能なエージェントかと話し続ける人も少なくなかった。ブランキーニの部屋にはツーショット写真もなかったし、豪華な装飾品も身につけてはいなかった。メガネをかけた顔は、まるで学者のように見えたわ」

その佇《たたず》まいを見ただけで、次原はその人が本物であることを悟っていた。次原とフジタはイタリアで最も有名なエージェントを前に、中田が抱える問題を語りだした。三時間も話をしたのち、ブランキーニは彼女たちにこう言ったのだ。

「分かりました。私がお手伝いしましょう」

次原とフジタは、ついに中田の移籍が叶うのだと興奮を隠し切れなかった。喜ぶ二人を前にブランキーニはこう付け加えた。

「ひとつだけお願いがあります。コリン・ゴードンのことを決して悪く思わないでください。イギリス人の彼がイタリアで仕事をするにはいろいろな困難があったでしょう。しかし、中田を見出したのは彼なのです。一年前、私は中田という選手を知らなかった。ゴードンは最初に中田の才能を信じてイタリアへ来た。それができたゴードンに対する評価はきちんとしてくださいね」

その言葉には若い同業者への尊敬と気遣いとがこめられていた。ブランキーニの言葉の意味を汲《く》んだ次原とフジタは、契約を解消したゴードンとも良好な関係を築いていくのである。

六月、日本へ帰国して代表に合流し、キリンカップを戦っていた中田は、その後二週間のバカンスを終え、六月下旬にはグアム島に飛んでいた。前園と二人でハードな自主トレーニングを行うためだった。

中田は「この自主トレから帰ったら移籍だ」と心に決め、出発前に引越しの準備をしていた。ペルージャの自宅ですべての荷物をダンボールに詰め、あとはトラックに積むばかりになっていた。

しかし、移籍は不可能だった。ブランキーニという欧州最高のエージェントを見つけ出し、契約を結びはしたが、次のシーズン開幕までの短い時間では最良のチームが見つかるはずもない。次原はそのことをグアムにいる中田に伝えたのだった。

「国際電話で、今は移籍できる状態ではない、次のシーズンオフには移籍できるように動くから、と話したんだわ」

次原の説明を聞いた中田は「分かった」とだけ言って電話を切った。移籍することを前提に自主トレーニングにも打ち込んでいた中田の無念を知っていた次原は、彼の悲しみを慮ったが、その時点ではどうすることもできなかった。

中田が移籍を熱望する気持ちを察知していたのか、アレッサンドロがまたも中田にプレッシャーをかけてきた。フジタが回想する。

「正式に決められた集合日よりずっと早くペルージャへ戻れという命令がファックスで来ていたんですよ。理不尽な通達には特別な理由もなく、ただ社長の権限だ、と書いてある。移籍の報道が駆け巡っていたので、それを阻止しようとしたのかもしれません。自主トレの途中だった中田を呼び戻すわけにもいかず困った私は、またミンゲッティに相談したのです。私が手にしたアレッサンドロからのファックスを見たミンゲッティが、『大丈夫、この書類はなんの効力も持たないよ』と、言ったんです」

ガウチと戦うには機知に富み、豪腕さえふるえる弁護士が必要だ。そう思った次原は、この一件のあとミンゲッティに正式な契約の依頼をした。ミンゲッティはもちろん快諾したのだった。

七月初旬、自主トレからペルージャに戻った中田をフジタは出迎えた。

「二カ月ほどイタリアにいた私は、ペルージャに入って中田を待っていました。マネージャーのモラーナと二人で、山積みになったダンボールを部屋の隅に寄せてベッドを作り、彼の寝場所を作りました」

中田は無表情だったが、がっかりしていることは明らかだった。

「とにかく、ブランキーニと手を組んで次に向かって動きだそうね、中田にはそう言うしかなかったんです」

中田は頷き、それ以上言葉を発しなかった。

八月下旬、ペルージャの合宿や遠征が終わり、選手に数日の休みが与えられると、中田はフジタとともにフィレンツェへ向かう。

ブランキーニは、ビジネスパートナーが持っているフィレンツェ郊外にある森の中のヴィラで中田を待っていた。この次期、中田の移籍を追いかけるマスコミがその行動を監視していたこともあり、会う場所にこのヴィラが選ばれたのだった。

ブランキーニに初めて会った中田は、彼に丁寧に挨拶すると、すぐに打ち解けて会話を始めた。ブランキーニもまた気さくに話しかけている。中田は、自分が目指すサッカーのこと、クラブに対する考え方、移籍を求める理由とどんなチームへ行きたいかなどを語り、二人は心おきなく会話を重ねていった。

ブランキーニは「あなたのエージェントになることを、とても光栄に思っています」と告げ、こう続けたのだ。

「私があなたのエージェントになれば、ガウチさんはこれまでのような無理難題は言えなくなるでしょう。必ず私が壁になります。大丈夫、安心してください」

詳細な契約書を作成し、選手の権利を守ることに力を尽くす著名なブランキーニ。サッカー界の名士である代理人が防波堤になってくれる。中田は安堵の表情を浮かべた。

ブランキーニは次のようにも言った。

「私はあなたのことをリスペクトするし、あなたのプレーもリスペクトする。お互い、この先もずっと尊敬を忘れない関係でいましょう。では、これからよろしく。最後にあなたから何か言いたいことがありますか？」

「ひとつだけお願いがあります」

中田がブランキーニの顔を見て言った。

「僕のことをリスペクトしてくださることに感謝します。そこでお願いなのですが、僕のマネージャーである次原とフジタを僕と同じくらいリスペクトしてくださいますか。僕は彼女たちにすべてを任せています。だから、どうか次原とフジタのことも尊敬し、僕と同様、彼女たちとこの先もずっと一緒に時間を過ごしてください」

「わかりました。もちろん約束しますよ」

中田は、自分たちはチームなのだという自負を持っていた。

ジョバンニ・ブランキーニが中田の代理人となったというニュースは、イタリア全土で報じられた。中田がいつ移籍するかと躍起になっていた日本のマスコミはもとより、選手の移籍など慣れっこになっているイタリアのメディアまで、「ブランキーニと組んだ中田は本気で移籍を考えている。移籍先のクラブは、セリエAのビッグクラブに違いない」と囁き始めた。

事実、アレッサンドロからの無分別な注文も小休止し、中田はようやくサッカーに専念することができるようになった。

九八―九九シーズンの終盤戦、残留争いにしのぎを削ったペルージャはB降格を免れていた。シーズン終盤にはマッツォーネという老練な監督を迎え、セリエAでひとつでも順位を上げることを目指していた。

九九年八月の末、九九―二〇〇〇のシーズンが始まるとマッツォーネがこれまで以上に中田を重用し戦略を授けていることが分かった。中田も監督の期待に応えようと、研ぎ澄まされたプレーを見せていく。中田の心には、このシーズンをペルージャの一員として戦い終えたら今度こそ移籍する、という思いも隠されていた。彼は「懸命に戦うペルージャから、シーズン途中で去ることはできない。移籍はシーズン終了後に行う」と決めており、ペルージャで有終の美を飾ることに全力を傾けていた。

九九―二〇〇〇シーズン開幕から四カ月後、中田に移籍のオファーが届く。ACミラン、ユベントスと並ぶビッグクラブ、ASローマからのものだった。

ローマからのオファーにはある経緯があった。私が聞いたフジタの説明は次のようなものだった。

「フランコ・バルディーニというイタリア人は、ＦＩＦＡエージェントの資格も持っていて九九年五月、ボローニャと話をしたときにクラブとの間に入ってくれました。中田の力をとても評価してくれていたんですね。ボローニャへの移籍は叶わなかったけれど、その後も交流があり、中田の代理人になってくれないかと頼んだこともありました。でも、彼には断られてしまった。バルディーニはローマの強化部長になることが決まっていたんですよ。強化部長に就任後の彼は、ローマの監督カペッロの右腕で、スクデット獲得のために必要だと思う優秀な選手を集めていたんです。そのバルディーニが、カペッロ監督に『中田を他のチームに取られてしまう前に取ったほうがいい』と、進言していたそうなんです」

バルディーニの助言を受けたカペッロもまた、中田に大きな興味を持っていた。開幕直後、ローマが対戦したペルージャで中田は光り輝いていた。カペッロは、「戦力が十分とはいえないペルージャが連敗を逃れているのはあの日本人選手がいるからだ」と語り、中田獲得の決意を固めていった。当時、カペッロは記者の質問にこう答えている。

「第四節、九月二十六日のゲームだ。そこで見せた中田の動きは、ほぼ私の理想に近いものだった。フレキシブルな動き、中盤での手堅い守備。ローマの屈強なディフェンダーたちのマークを彼は次々にかわしてしまった。中田は、攻撃的ＭＦとして戦ってきたが、私は、攻守の要になる中盤の深いボランチのポジションなら、さらに彼の特性が生かされると直感している。われわれローマは、そのポジションに中田のような強い選手を必要としていたんだよ。私はずっと中田に興味を持ってきたが、あのゲームを観て決断した。すぐに『中田を獲得して欲しい。優勝するためには彼のような選手が必要だ』と、ローマのセンシ会長に申し出たんだ」

シーズン真っ只中《ただなか》の十二月、カペッロの命を受けたバルディーニは次原とフジタに何度も「非公式でいいので会いたい」と連絡を取ってきた。次原とフジタは、「シーズン途中の移籍は考えていない」と、その時点で申し出を断っていた。

しかし、カペッロは諦めず、極秘で中田に会うことを要請した。カペッロクラスの監督が自ら選手に会い説得するなど、普通ではあり得ない。ブランキーニは中田に、「移籍をするかしないかは自由に決めればいい。しかし、カペッロが直接会って話をしたいと言ってきたなら、それを拒める選手はいない。まずは話を聞いてみよう」と言った。

次原は次のように語った。

「マーケット（選手の移籍が許される）がオープンした二〇〇〇年一月、カペッロ監督本人が中田と話をさせて欲しい、と訪ねてきたのよ。七日の夜、ペルージャとフィレンツェの間にあるキャンチャーノ・テルメという温泉のある保養地で、私たちはカペッロ監督に会ったんです」

ペルージャから五十キロ離れた温泉地で会ったのは、やはりマスコミに察知されることを避けるためだった。すでにカペッロが中田を欲しがっていることは周知の事実であり、記者たちはローマの中田が誕生する瞬間を抑えようと躍起になっていた。

話し合いは、中田、ブランキーニ、次原、フジタ、そしてカペッロとバルディーニの六人で行われた。セリエAで四度スクデットを手にしている名将は、雄弁にローマが優勝するためのチーム構想を中田に向かって語りだした。

フジタのメモにはこのときの様子が細かく書き残されていた。

「私たちは保養所のある小さなレストランに入り話をしました。挨拶を済ませるとすぐにカペッロ監督は、ローマが目指すサッカーに中田が必要なのだと言い、その理由を解説し始めたんです。やがて、グリッシーニ（食卓に置かれるスティック状の乾燥したパン）を短く折って白いテーブルクロスの上に置き、チームのフォーメーションの解説をしていましたね」

カペッロは中田にふたつのことを求めていた。ひとつはすぐにローマに移籍して欲しいということ、そしてもうひとつは、トップ下ではなくボランチに入って欲しいということ、だった。中田はイタリア語での会話のほとんどを理解していた。

二時間ほど話を聞き、「一緒にスクデット獲得を目指そう」と言ったカペッロに、翌日の正午までに返事をすることを約束した中田は、午前零時になると帰路についた。

しかし、そこから中田は押し黙る。次原は、あれほど苦しんだ中田を見たことがない、と言っていた。

「中田には、ローマというビッグクラブへの誘いを光栄に思いながら、単純に喜べない理由がふたつあった。ひとつはシーズン途中の移籍であるということ。クリスマス明けから調子を落としているチームを突然去ることが、彼にはこの上なく苦痛だった。もうひとつは、ポジションを変えること。トップ下でゴールを演出することは彼の大きなモチベーションだったし、急にボランチという未知のポジションを与えられてどうなるのか、考えなければならなかったのよ」

中田は悩んでいた。ブランキーニは思案する中田に淡々と助言した。

「移籍を決められるのは唯一、ヒデ自身だ。しかし、カペッロのような監督がヒデを認め、移籍を求めてくるような機会は、何度も巡ってくるものではない。それにボランチへのポジションのスイッチにしても、いい経験になるのではないか。今のうちに違うポジションを経験することによって、ヒデのサッカーはもっと変わるはずだ。それに、私もボランチのポジションは、ヒデに合っていると思う。この先、またいつか移籍するときにも、どんな監督の要請にも応えられる。それによって選手生命も延びることになるだろう」

話し合いは結論の出ないまま終わった。ブランキーニとも途中で別れた中田と次原とフジタは、ペルージャに戻り、彼女たちの宿泊しているホテルの部屋で朝四時まで話し合いを続けた。

いつもは中田の迷いを払いのける役目の次原も、ローマへ移籍したほうがいい、と簡単には言えなかった。

「中田は、何度も『ポジションを下げるのはなぁ』と言っていた。それにシーズン中に移籍するとなれば数日後にはローマへ引越し、チームと合流してゲームにも出なければならない。一緒に頑張っているペルージャのチームメイトのことも考えたんだと思う。どう考えても答えが出なくて、コインを投げたり、あみだクジを作ったりもしたのよ」

一旦休息を取るために別れた三人は、翌朝の十時から中田の自宅アパートで話し合いを続けた。そこにはブランキーニも訪れていた。約束の時間が迫っていた。ついに中田はローマ行きを決断した。

中田の意思がカペッロに伝えられ、ローマとの正式契約のための手続きがすぐに開始されたのだった。

移籍が正式に締結する数日前、中田は一人でマッツォーネを訪ねている。彼は正直にローマへの移籍話があることを告げ、最も信頼する監督に考えを聞いたのだった。ローマの監督を務めたこともあるマッツォーネは、自分の考えを打ち明けた。

「当然、監督としての私は君に残って欲しい。けれど、君自身のことを考えれば、このチャンスを逃すべきではない。君はローマへ行くべきだ」

マッツォーネの言葉が中田に勇気を与え、彼の困惑は完全に払拭されたのだった。

二〇〇〇年一月十三日、中田は nakata.net でローマとの移籍契約が成立したことを発表する。センシ会長自らの中田獲得宣言とローマの資金力は、ガウチ会長やアレッサンドロの口を完全に封じた。ローマは巨額な移籍金を払い、またペルージャが払わなかったサラリーの一部を肩代わりする約束までして中田を迎え入れたのだ。

すぐにローマのホテルに移った中田は、十四日、チームの練習にも合流した。

一月十六日、間もなく二十三歳を迎える中田は、対ベローナ戦でローマの一員としてピッチに立った。二月十三日にはペルージャのホーム、レナト・クーリ・スタジアムでゴールも決めた。

しかし、九九―二〇〇〇のシーズン中盤以降、ローマは波に乗れず自滅していった。スクデット獲得のチャンスがありながら、上位チームとの戦いで勝ち星を落とし早々に優勝戦線から離脱する。

中田はボランチで出場することもあったが、たびたびトップ下でも起用されている。ゴールが決まらず得点を奪うことができない状況を打開するため、カペッロは中田のポジションを上げたり下げたりしていた。

シーズン途中の移籍で戦術やチームメイトのプレーを理解する時間がなかったことを嘆いていた中田は、他にもストレスがあった。次原には、中田が息苦しさを感じているのが分かった。

「家を見つけるまでの間、引越しもできない。中田は、そのシーズンのほとんどをホテルで暮らしていたの。それに、ローマのファンたちはペルージャと比べられないくらい熱狂的で、ジョカトーレがいる場所はどんなところでも喧騒が巻き起こったわ」

イタリアメディアの熱狂もペルージャの比ではなかった。

「記者たちが中田に張りつき、彼のボランチとしての評価やローマの王子であるトッティとのポジション争いなどを書きたてたのよ。それでなかなかサッカーに集中することができなくて、本当に困っていたわね」

中田自身も「ローマはパパラッチの巣窟《そうくつ》だ」と言ってはばからなかった。

九九―二〇〇〇シーズン、ローマは六位に甘んじた。

突然の移籍、ホテルでの生活、ビッグクラブゆえ受けるプレッシャー。それに加え、トルシエにより日本代表にもたびたび招集されていた中田は、母国を離れて活躍する多くの選手が経験する「休みなし」の状態を甘受しなければならなかった。

二〇〇〇―〇一シーズンを迎えると、十七年間も遠ざかっている優勝を手中にすることがローマの至上命令になっていた。前年にも勝る補強を試みたローマは、フィオレンティーナのエースストライカーであるバティストゥータを獲得する。

二年目を迎える中田もまた、「昨シーズンの経験を通しローマのサッカーを体現する責任を感じている」と語っていた。

優勝しか考えていないローマは、オフの間に莫大《ばくだい》な金額を投じて最強のチームを作り上げるための移籍を遂行していた。シーズン直前の合宿に臨んでいたカペッロは、ゲームに出場することができる登録選手二十二人のうち誰が出場してもベストの戦いができるシステムを作る、と言っていた。そのシステムは「ターンオーバー制」と呼ばれ、ひとつのチームにふたつのトップチームを作り上げることを意味した。

ビッグクラブだけが実現できるこのターンオーバー制により、トッティと中田のポジション争いが熾烈《しれつ》になるのは必至だった。

中田のコンディションは移籍時に比べ格段に良くなっており、ローマのファンたちはトッティとトップ下を競う中田に注目したのである。

ところが、金に糸目をつけない選手補強は、中田に大きな弊害をもたらした。

ローマは、バティストゥータや中田を含め六人の外国人を抱えていた。しかし、UEFA（欧州サッカー協会）の規約では「一試合に登録できる外国人選手は三人まで」とある。それ以外の外国人選手はベンチにも入れない。

十月一日の開幕戦、登録された外国人選手は、アルゼンチンのFWのバティストゥータとDFサムエル、それにブラジルのMFのアスンソンだ。中田は、この規約のせいで開幕戦から四ゲームもベンチから弾き出された。

こうした状況にも文句を言わず耐えていた中田の顔を次原は覚えていた。

「優勝を願うクラブの補強がもたらした結果とはいえ、ベンチにも入れない試合があって、それは苦しかったと思う。でも、中田は『規則だから仕方がない』と言って、愚痴をこぼすことはなかったの。むしろ、練習の量を増やして体を鍛え上げていたわね。クラブでの練習が終わってもジムで走っていた。前のシーズンが終わった直後、二〇〇〇年七月にはシドニーオリンピックがあったでしょう。二〇〇〇年の夏から秋は、肉体的にも精神的にも、彼にとっては負担が大きかったと思う」

カペッロは日本の記者たちに、「メンバーから外してはいるが、中田はトッティと同じくチームになくてはならない司令塔だ」と言って、二人の攻撃的MFがどれほど重要であるかを語っていた。

日本人ばかりでなく、イタリア人のジャーナリストやファンの中にも「トッティが不調のときには中田を入れるべきだ」と言う者がいた。しかし、ローマ生え抜きのトッティがベンチに下がることは、怪我でもなければあり得ないことだった。

フジタは、この頃、ブランキーニが中田にかける言葉を聞いていた。

「ブランキーニは、中田に『エージェントとしてではなく、公平な目で見ても、あなたが外されるのは理解できない』と、よく言っていました。そして『ゲームに出ている選手より、あなたのプレーにどれだけ魅力を感じることか。ローマの先発メンバーとしてピッチに立つべき選手はあなただ。だから、どうかファイトして欲しい。あなたこそが必要な選手であることを監督やチームメイトにもっとアピールして欲しい』と注文をつけたんです」

ブランキーニの言葉は中田の背中を押した。中田は、クラブでの練習中に際立った集中力を見せ、キレのある動きで先発選手たちをきりきり舞いさせていた。

しかし、外国人枠の壁は高かった。ベンチに入れない試合が続き、ようやく登録されても九十分を通してプレーすることは許されない。ポジションも固定されないままだった。

ついに中田が解き放たれたのは、〇一年の四月下旬に入ってからである。四月二十二日、九試合ぶりに先発した中田は、一年以上の時を経てゴールを奪った。中田の不在がどんなにローマに不利益を与えていたか、そのプレーで示したのだった。

そして、あの五月六日を迎える。

トリノでユベントスと対戦したローマは、デル・ピエーロとジダンにゴールを決められ0―2と追い詰められていた。二位のユベントスに勝ち点二ポイント差まで追い上げられた首位のローマは、この日負ければ、そのまま優勝をユベントスにさらわれる可能性もあった。

絶体絶命で迎えた後半十五分、カペッロは疲れの見えたトッティに代え、トップ下に中田を送り込んだ。

一人ローマに残り練習していた中田が急遽トリノへ飛んでチームに合流したのは前日のことだ。五月四日に「一試合に登録できる外国人選手は三人まで」というUEFAの規約が、突如撤廃されたからである。

晴れて二十二人に名を連ねることができた中田は、ローマが最大のピンチを迎えたそのときに登場した。中田は、「ここで絶対に結果を出してみせる」と自らに誓い、ゴールだけを狙う。

後半三十四分、ユベントスのタッキナルディからボールを奪うとそのまま右足で強烈なミドルシュートを打った。ゴールまで二十五メートルもあったが、中田のシュートはそのままゴールネットに突き刺さった。中田は胸の前で握り拳をつくり「ヨッシャー!」と天に叫んだ。

その一点で中田が満足するはずがなかった。一点差でも負ければスクデット獲得が危うくなる。中田は攻撃の手を緩めなかった。

ゲームが終わろうとしている後半四十四分、左サイド、カンデラからのパスを受けた中田が体をしならせながら再びシュートを打つ。GKの左手がかろうじて弾いたボールをゴール前に詰めていたモンテッラが押し込んだ。

奇跡の同点劇を演出したのも中田だった。

ジダンは、ゲームが終わったあともピッチから去ろうとせず、腰に手を当てて足元の芝生を見つめ続けていた。記者たちに囲まれたジダンは、彼らしからぬ口調でぼやいてみせた。

「中田一人にやられてしまった。もし、彼がこのゲームに出場していなかったら、ユベントスが首位になっていた。さらに言えば、ユベントスの最大の敗因は二日前の外国人枠の撤廃だ。あの決定がもう少し遅かったら、われわれは勝利していたんだ」

このゲームをテレビで観ていたローマ市民は、まるで優勝したように喜び、夜を徹して騒いだ。日本でテレビを観ていた次原も、試合後の彼の弾んだ声を聴き、胸を熱くした。

「中田もあのゲームでそれまで蓄積していたストレスを発散できた。中田のゴールがローマを救ってくれたとファンが彼にお礼を言い、おめでとうと声をかけてくれた。私も、おめでとう、ついにやったわね、と言いました。中田は、わざとすねたような声を出して、『この日のプレーがすべてみたいな言い方して、これまでのおれは評価されていないような気がして、悲しかった』と、言ってたわね」

このあと三試合を戦って日本に帰りコンフェデレーションズカップを準決勝まで戦った中田は、とんぼ返りでローマに戻りセリエAの最終戦に臨んだ。

六月十七日、パルマを3―1でくだしたローマは十八年ぶりにスクデットを手にすることができた。後半三十五分からピッチに登場した中田は、十八年ぶりの優勝の歓喜を恐怖とともに知ることになる。試合終了まであと数分というとき、フィールドと客席を仕切る高いプラスチックの塀をよじ登り、ウォーという唸《うな》り声をあげながらサポーターが次々にピッチに駆け込んできたのだ。サポーターたちは選手たちのユニフォームやスパイクやトランクスまでも奪い去った。辛うじてユニフォームを奪われることなく逃げ切った中田も、頬と額を殴られ擦《かす》り傷を負った。

ようやくピッチから人々が追い出され、選手たちが再びユニフォームやスパイクを身につけてゲームが再開されるが、すぐに試合終了の笛が吹かれる。中田は、日本人で初めてセリエA優勝を経験した選手になった。

ゲーム終了後、ロッカーでシャンパンファイトを楽しんだ選手たちを待ち受けていたのは何万人ものファンだった。スタジオ・オリンピコを囲んだ人垣は何重にもなって動かない。閉じ込められた選手たちはその人波が引けるまで、スタジアムで足止めを食っていた。

次原は、過ぎたことだから言えるのだけれどと言って、中田の脱出劇を話してくれた。

「あの日は、私たちをはじめ友人や知人が大勢ローマへ応援に駆けつけていて、ゲームのあと中田に会うことになっていたのよ。だけど、彼はファンに囲まれてスタジアムの外に出ることはできない。他の選手は諦めたんだけど、中田だけは脱出を試みたのよ。スタジアムに配備されていた消防車を見た中田は、駆け寄って中にいた消防士に『もしよかったら街まで乗せていってくれないかな』と、声をかけたの。消防士は、『今日のユニフォームをくれるんなら、乗せていくよ』と答え、中田はスクデットを獲得した記念すべきユニフォームを、彼にあげてしまったのよ。サイレンを鳴らした消防車に中田が乗っているなんて、誰も思わないでしょう。スタジアムにいるとばかり思っていた私たちは、『消防車に乗せてもらって帰ってきた』と聞いて、唖然としたわ」

華麗なる優勝とともに、ローマは二〇〇〇―〇一のシーズンを終えた。ローマというビッグクラブに所属しカペッロという闘将のもとで戦った中田は、ある達成感を覚えていた。だからこそ、彼は新たなる移籍を望んだのだった。私も中田からこんな言葉を聞いていた。

「ローマというクラブで経験できたことは本当に大きかった。でも、自分は九十分ピッチにいてプレーしたいんだよ。体もキレているし、コンディションもいい。トップ下でゲームを作るおれのプレーを必要としてくれるクラブがあれば、ローマやユベントスやACミランのようなチームでなくてもいいと思っている。また移籍するのは大変だけど、サッカー選手はそうやって自分の世界を切り開かなきゃいけないと思っているよ」

次原もフジタも、ローマの優勝を見届けた瞬間、「また移籍の季節が来たのだ」と思わずにはいられなかった。フジタは言った。

「ブランキーニと話し合った中田は、私たちに『やはり移籍をしたい』と言いました。ローマは素晴らしいチームです。けれど、トッティから完全にトップ下のポジションを奪うことは難しい。外国人枠が撤廃されてもベンチスタートは変わらず、ローマでは先発フル出場はなかなか叶わない。中田は、自分のプレーを必要としてくれるチームで九十分間戦いたい、と強く願っていたんです。ブランキーニも、次原と私も中田の気持ちを理解していましたから、すぐに移籍のための準備を始めました」

サッカーの世界で生きていく選手にはふたつのタイプがある。ひとつは、安定したクラブで長期契約のもとにプレーする選手、もうひとつは、自分の納得のいくプレーや環境を目指し、安定と引き換えにしても新天地を求める選手。中田は、自分の信念を貫き、後者の生き方を選択したのだった。

中田には心を動かされるチームがあった。そのチームは二〇〇〇—〇一シーズンに四位になっていたパルマである。FWアモローゾ、GKブッフォン、MFセルジオ・コンセイソン、DFカンナバーロやテュラムといった主力選手が素晴らしいチームを作り上げていた。一人の選手が派手に活躍して勝利するタイプのチームではないが、手堅い守備を基盤にディフェンスラインから前を向いてパスをつなぎ攻撃を仕掛けていくサッカーを展開するのだ。

中田はスクデット獲得のあと、密かにパルマを訪れ街の様子やスタジアムを見て回っていた。もちろん移籍を視野に入れての行動だ。

私は中田から、パルマというチームの魅力をこう聞いていた。

「ローマ時代、一番対戦していて嫌なチームがパルマだったんだ。選手ひとりひとりの意識が高い。まずDFラインが常に整然と機能していて、なかなか攻め入る隙を見せない。カンナバーロのディフェンスは凄いよ。彼に一度当たられたら、その衝撃を忘れられない。次に彼と向き合っても突破は無理だ、と思ってしまうほどなんだ。さらに、中盤から攻撃に転じるときの速さがある。サイドチェンジもできてゲームを動かす力を持っている。本当にいいチームだね」

五月六日のユベントス戦以降、各クラブのGMや監督、スカウトたちが中田を「欲しい選手」としてマークしていた。ローマのセンシ会長は中田を手放すことに難色を示したが、中田の意志は固かった。ブランキーニと次原、フジタは、中田の力が最大限に発揮できるチームをいくつか選出し交渉に当たった。移籍先となるクラブがローマへの莫大な移籍金を払えるかどうかも、クラブ選出の大きな鍵だった。

中田が「いいチームだ」と言ったパルマは、中田獲得のために資金を用意し、一番意欲を示していた。パルマは地元企業パルマラットがスポンサーのクラブであり、九〇年にセリエAに昇格して以来、常に上位に名を連ねている。

六月、休暇をニューヨークやロサンジェルスで過ごしていた中田は、ブランキーニからパルマとの交渉が順調であることを聞いていた。七月イタリアに戻ると、パルマの監督レンツォ・ウリビエリと面会する機会を得る。ウリビエリは中田に目指すサッカーの姿を話し、そのために中田が必要なのだと言った。監督のチーム構想は、中田にとっても魅力的なものだった。

七月六日、パルマとの契約書にサインし、ローマからの移籍がついに実現したのである。記者会見に臨んだ中田は次のように語った。

「ローマではプレーする機会が少なかった。自分はもっともっとサッカーがしたいんです。パルマでも必ずレギュラーになれるとは言えないが、努力すればチャンスをくれるチームだと思ったのでサインしました」

ステファーノ・タンツィ会長から手渡された紺と黄色のストライプのユニホーム。その背番号は「10」だ。ゲームメーカーであり、攻撃の要を象徴するその背番号を背負うことに中田は思いを巡らせていた。

「僕の背番号は、今までずっと7番でした。だから自分では今度も7番になると思っていたんです。10の背番号の責任は重いですよ。10番をつけてプレーするのだから、頑張りたいです。自分自身にとってのチャレンジになるでしょう」

この頃、中田はすでに通訳を必要としていなかった。イタリア語で誰とでもコミュニケーションを取れるようになっていたのである。記者たちの質問にユーモアを交えたイタリア語で答える中田の姿は、ファンを熱狂させるジョカトーレそのものだった。

ローマの市民は移籍した中田を「わが将軍」と言って讃えた。ローマの街のあちこちに、「中田は優勝したローマの恩人。あのゴールは忘れない」という落書きがあった。

中田がパルマへ移籍する際、実はある事件が起こっていたという。次原は、今でも笑いを堪えられないと、その顚末《てんまつ》を聞かせてくれた。

「中田はアメリカから直接ミラノに飛びそこからパルマに向かったんだけど、着替える時間もなく、パルマに到着したときにはアメリカを飛び立ったときのままの格好だったの。金髪、Tシャツ、ヴィンテージのジーンズ、そして裸足にスワロフスキーのクリスタルがちりばめられたサンダルを履いていたのね。パルマで待っていたのは、オーナーである前会長カリスト・タンツィとその息子で現会長のタンツィファミリー、そしてGM。みんなスーツを着て中田を出迎えてくれた。その彼らが、中田の格好を見て声を失った。クリスタルのサンダルを履くなんて中田はそういう趣味があるのか？　と本気で疑ったらしい。会長やGMは中田と正式にサインする前に、ブランキーニに本当はどうなんだ、彼はゲイなのか？　と尋ねたんですって。パルマはとってもコンサバティブな都市で、中田がしていたラフな格好は許容しなかったのね。ブランキーニが、パルマの会長にそうした事実はない、私が保証するといって、真顔で噂を否定しなければならなかったのよ。あのサンダルのせいで、移籍の契約がなくなるところだったわ」

ブランキーニは、次原に「こんな問い合わせに答えたのは、エージェントになって初めての経験だった」と言い、「この記念に中田のスワロフスキーのサンダルを欲しい」と頼んだ。中田のサンダルは、現在、ブランキーニのオフィスに飾られている。

前途は輝いていたはずだった。ところが、〇一年八月、〇一―〇二シーズンが始まると、中田はこれまで以上の苦しみを味わうことになってしまう。

後にブランキーニは、「残念ながらこの時期の中田には、バッドラック（不運）が続いたと言わざるを得ない。本人のせいではないが、サッカー選手はときにこうした不運に巻き込まれてしまうのだ」と、話していた。

その不運とはいかなるものだったのか。

まず、パルマは大きなリストラを行っていた。クラブ運営の資金調達のためと思われるが、中田が素晴らしいと絶賛した選手たち、FWアモローゾ、GKブッフォン、MFセルジオ・コンセイソン、DFテュラムが一気に放出されてしまったのだ。監督は、一から新しいチームを作らなければならなかった。

新メンバーでスタートを切るも、なかなか勝利を掴むことができない。中田がどんなに走ってもパスをつないでも、結果は出なかった。「チームメイトの特徴をまだ捉えきれていないし、パルマでの自分のやり方を模索している」と言った彼は、勝利の得られない責任の一端を負わされていくのである。

パルマの迷走は監督の交代劇とも相まっていた。中田が意思を確認し合ったウリビエリは開幕から二カ月で解任され、次の監督にはアルゼンチン人のダニエル・パサレラが就いた。ところが、十二月にはさらに順位を落とした責任をとってこのパサレラも更迭される。次の監督にはGKコーチのピエトロ・カルミニャーニが選出され、テクニカルディレクターとして元イタリア代表監督でありパルマの監督でもあったアリゴ・サッキが就任していた。

こうした渦中、中田は日本からの嵐のような批判にさらされていった。中田を評価していたジャーナリストや一部のファンが手のひらを返し、「結果を出せない」「プレーが冴えない」「偉そうだ」と、意味もなく中傷の言葉を発するようになる。

この時期、中田は「おれの中で何かが壊れた」とメールに書いている。彼は、サッカーが楽しめなくなった自分を必死に鼓舞しなければならなかった。

フジタは、孤独な中田を見るのが切なかった、と言った。

「クラブは中田のために大きな移籍金を支払った。だからこそ活躍を期待される。そのことを十分わかっていた中田は、勝てない状況の中で大きな責任を感じていましたね。これまでなら自分の信じたサッカーを貫いていたのに、周囲の意見を聞かなければと自分を追い詰めることもあった。それでさらに混乱が募っていったと思います。〇二年を迎える頃ですが、彼は自分から、昔持っていたサッカーを楽しむ心を取り戻そう、焦らずに自分ができることを全力でやろう、そう話していました」

〇二年五月五日、〇一―〇二シーズンが終わってみればパルマは十位であった。一時はセリエB降格の危機にもさらされたが、チームは仕切り直し、次のシーズンに備えることになる。カルミニャーニに代わる新たな指揮官も決まった。シーズン終了と同時にチェーザレ・プランデッリが監督に就任したのである。

厳しいシーズンを終えた中田は、ワールドカップ日韓大会に気持ちを切り替え、日本代表のために戦うんだと、集中力を高めていった。

次原は中田が日本代表に懸ける気持ちがどれほど大きいかを感じていたという。

「中田は、自国で開催されるワールドカップを本当に誇りに思っていた。パルマで結果を出せなかったことの悔しさもバネにしていた。当時、彼がイタリアへ移籍して四年が経っていたけれど、自分が日本人であること、そして日本代表に選ばれていることを、強く意識していたのよね。ワールドカップ前もトルシエの要請に応えて日本とイタリアをずいぶん行き来したけど、代表の一員として戦うことが中田を奮い立たせていたわ」

一次リーグを突破した日本代表の戦いは、〇二年六月十八日、決勝トーナメント一回戦のトルコ戦で幕を閉じた。トルシエの発言や行動にときに疑問を感じた中田も、「一応、誇れる結果を出せたと思う」と話し、ホスト国の選手としての責任をその肩からそっと下ろした。

ワールドカップを戦い終えた中田は、欧州でのバカンスを楽しんでいた。その後、アメリカへ移動し、自主トレーニングを開始する。イタリア北部の避暑地モルジェで行われるパルマの合宿に合流したのは七月下旬。これまで以上にハードな自主トレーニングに挑んでいた中田は、前シーズンの雪辱を果たすことを誓っていたのである。

ところが、チームからはまたも実力ある選手が去っていた。DFカンナバーロ、MFミクー、FWハカン・シュキールとディバイオ、彼らはもう中田のチームメイトではなかった。

新チームを作り上げることが急務のプランデッリは、チームの核である中田に〝ひとつの駒《こま》〟になることを求めた。司令塔であった彼を中盤の左サイドにつかせたこともある。プランデッリは記者たちの質問に答え、「中田は確かにトップ下の選手として優れているが、それだけの仕事で手一杯の選手ではない。守備もできるし攻守の切り替えも速い」と、中田の起用をトップ下に限定しないことを明言していた。

〇二年九月、〇二—〇三シーズンが開幕すると、プランデッリは中田を左ではなく右のサイドに置いた。パルマが獲得した新しいムトゥとアドリアーノというＦＷのすぐ後ろの右側である。

中田は慣れないそのポジションで懸命にプレーした。ＦＷが二人前にいる状況では、中田が好きな、後ろからスペースに走り込むプレーはほとんどできなくなってしまうが、それでも、チームが効率的に機能するならと我慢した。

間近で中田を見ていたモラーナはこう解説してくれた。

「プランデッリは４－３－３のシステムを組んでいた。攻撃にも守備にも力を発揮する中田を中盤の右に置くことで、システムの切り替えが自由にできると考えたんだ。中盤が左に少しずつ動き、右サイドの中田が空いたスペースに下がれば、すぐに４－４－２のシステムが完成するからね。しかし、僕が知る限り、中田ほど視野の広いトップ下はいないんだよ。彼はこれまでピッチの中央に立って、いつも三百六十度を見回してプレーしてきた。そんな彼が右サイドに置かれるということは、常に自分の右側にタッチラインという壁を感じることになる。中田は、自分の可能性を狭められ、自由を失った、という思いを抱えなければならなかったんだ」

モラーナの言葉どおり、中田はシーズン開幕から半年後の〇三年三月になると、「自分の能力を殺してしまっている」と感じていた。そして、プランデッリとの話し合いを求めた。中田は、そのときの様子をメールにこう書いている。

〈これまで右のＦＷとＭＦの間をやってきた。確かに自分の力が活かせ、チームが機能した良いゲームもあったが、総括すると良くないときのほうが多いと思う。このままだとおれがこのポジションをやっている意味はないし、自分の長所を出すことは難しい。現在、おれがやっているプレーを望むなら、他にもっと上手くやれる選手がいる。おれは自分の特徴を活かせる中盤のポジションをやりたい。

それがチームに最も貢献できる一番良い方法だと思っている。トップ下を望んだ結果、試合への出場機会が減ったとしても、おれとしてはその考えは変わらない〉

決意を示した中田に、プランデッリは「今のポジションは将来的にも有効だし、さらに良い選手になれる。そんなに急いで結論を出さないで欲しい。次の試合を休み、よく考えてくれ。また来週話をしよう」と答えたのだった。

しかし、その後も、プランデッリとテクニカルディレクターのサッキは、中田をそれまでと同じポジションにつけ、「右サイドに張っていろ」と同じ指示だけを出すことになる。中田は「監督からの指示で覚えているのは、〝とにかく右サイドに張っていろ〟ということだけだった」とまで言っていた。

シーズンが終盤に入り、業を煮やした中田は好機と見て右サイドから大きく動くこともあった。ところが、プランデッリは、中田が自分の言いつけにそむいたと怒り、交代させてピッチから出してしまうのである。

中田には、プランデッリとの溝が埋めようがないように思われた。一方、マスコミは、中田が監督に猛烈な抗議に出たために確執が起こった、と騒ぎ立てていた。

〇三―〇四シーズンに入っても状況はたいして好転しなかった。リーグ戦では十二月二十四日の第十四節までに十二試合出場したが、相変わらず右サイドで起用され、途中交代や途中出場ばかりで、フル出場したのはUEFAカップの二試合のみであった。

ブランキーニは「経験と実力があるから周囲は厳しい目を向ける。見方を変えれば、それは名誉なことだ」と言ったが、中田には慰めにしか聞こえなかった。

中田の顔からは表情が消え、笑顔はおろか声を発することもなくなっていた。次原はこれほどまでに追い込まれた中田を見たことがなかった。

「自分の可能性と力を信じている中田には、チームの方針を完全に理解することができなかった。もちろん過去にもそうしたことがあったけど、パルマのあの時期の中田は誰も信じることができなくなっていたのかもしれないわ」

フジタが当時の中田の暗い表情を覚えている。

「マスコミだけでなくスタッフとも口を利かない。笑顔が消えて無口になってしまった。サッカーの話はもちろん、チームメイトのことも話さなくなった。練習に行くときも試合に行くときにも顔が引きつっていて、いつも瞳が翳っていました。あるとき、試合が終わって、彼の家を訪ねると、電気もついていない、音楽も流れていない部屋で椅子に座り、ただじっと天井を見続けていることがありました」

当時の中田は、練習が終わるとミラノにまで車で出かけ、深夜まで友人と食事をしたりお茶を飲んだりすることがたまにあった。気分を紛らわすためだが、これまでのシーズン中にはあり得ないことだった。黙っていたが、フジタの心配は大きかった。

「サッカーのことを考えたくなかったのか、よく外へ出かけていましたね。ゲームを戦う、素晴らしいプレーを見せるというモチベーションも失っていました。もちろん、練習では決して手を抜いたりしないのだけれど、寝不足になったりすれば最高のコンディションでいられるわけがない。集中力を欠いていた中田を見ていたブランキーニが、『このままならサッカー選手を辞めたほうがいい』とまで言ったこともありました。もちろん、本人もそのままではいけないと焦っていたと思います」

中田がサッカーに集中できなくなっていたこの頃、パルマのクラブ経営は窮地に追い込まれていた。クラブのオーナーであり親会社パルマラットの創業者でもあるカリスト・タンツィが、約五億ユーロの資金を家族が経営する旅行会社などに流用し、逮捕されてしまったのだ。パルマラットの欠損金額は約百億ユーロに達し、クラブは売却される運びとなった。

選手のコンディションを案じたり勝利のためにサポートしたりする態勢は、もはやこのクラブにはなかった。

そんなとき、レンタル移籍のオファーが入る。中田のペルージャ時代の監督であるマッツォーネがボローニャの監督に就任し、中田に力を貸して欲しい、と言ってきたのだ。ボローニャはセリエB降格の危機にあった。マッツォーネは、セリエA生き残りをかけた後半の戦いに、どうしても中田が必要だと訴えていた。

マッツォーネから直接電話をもらい、「一緒に戦ってくれないか」と告げられた中田もまた心を動かされていた。自分の求めたポジションで九十分間出場したい。自分を信頼してくれる監督のもとでプレーしたい。その思いを自ら確認すると、彼もボローニャ行きを望んだ。ブランキーニがパルマと交渉し、ボローニャへの六カ月の期限付きレンタル移籍が決定するのである。

〇四年一月、中田はボローニャのユニフォームを着てピッチに立っていた。一月十一日の十六節から五月九日の三十三節まで、中田はそれまでのフラストレーションを発散するようにフル稼働で戦った。自分の力を信じ求めてくれたマッツォーネのために、ボローニャのセリエA残留のために、中田は戦った。

さらには、その合間の〇四年二月、三月に行われたワールドカップアジア地区第一次予選の二試合にも出場している。

疲労の蓄積が原因なのか、股関節に歩くこともままならないほどの痛みがあったが、休むことをせず走り続けた。その結果、深刻な事態が彼を襲う。常に痛みを覚えるグロインペイン症候群を発症してしまうのである。

〇四年四月二十六日、中田は、東欧遠征を行う日本代表に合流するためにプラハへ飛んでいた。前日のハンガリー戦には間に合わなかったが、チェコ代表との戦いには参戦する予定だった。

しかし、ホテルへ到着後チームドクターの診察を受けた中田は、チェコ戦の欠場を告げられた。ドクターは「怪我ではないし、急性の痛みではないが、下半身の疲労による痛みが残っている状態では出場を見合わせたほうがいい」とジーコに伝え、ジーコが中田に欠場させると言ったのだった。ジーコは、五月のイングランド遠征にも中田を呼ばないことを明言していた。ジーコから話を聞かされた中田は、監督の意向を了承する。

会見に臨んだジーコは「中田のゲームに出たいという意欲には感謝するが、今は無理をせずこの故障が長引かないよう治療に専念して欲しい。これまで無理をしながらやってくれていた分、ここでは休んでもらいたい」と、語っていた。

四月二十八日、日本代表対チェコの一戦をスタンドで観た中田は、翌二十九日にボローニャへ戻ってチームと合流する。その後も、痛みに耐えながら堪えてボローニャのゲームには出場したのだった。

〇三―〇四シーズンが終わり、レンタル先であるボローニャで〝セリエA残留のための仕事〟を終えた中田は、次原に「もうパルマへは戻らない」と告げていた。痛みに耐えてピッチを走る中田の姿を見ていた次原も、パルマに戻ったのでは中田はサッカーをやめてしまうかもしれない、と考えていた。

「中田が求めるサッカーができるクラブ、そこを探し出さなければと思っていたわ。すぐにブランキーニと私とフジタは、中田の移籍先を探し始めたんです。その間、中田は治療に専念し、治療が一段落すると、気分転換のためにスケジュールを決めないで旅に出ていたわね」

オフの旅行を終えた中田は、六月に入ると日本へ戻っていた。九日、アジア地区一次予選第三戦目となる日本対インドのゲームを観戦するためだ。ひっそりと埼玉スタジアムのスタンドでゲームを観た中田は、いつピッチに戻れるのかと、内心焦りを募らせていた。

中田が抱えるグロインペイン症候群が瞬時に好転することなどあり得ない。度重なる精密検査を受けていた中田は、その症状が改善するまでには少なくとも数カ月が必要なことを医師から聞かされていた。今はただサッカーから離れ、痛みが和らぐのを待つしかない。中田は自分にそう言い聞かせるしかなかった。

一方、ブランキーニ、次原、フジタが進める中田の移籍も容易ではなかった。ボローニャのマッツォーネは、早い時期から中田の獲得を表明していた。が、ボローニャには、パルマが提示した金額を支払うことができず、交渉は立ちゆかなくなった。

そこで名乗りを上げたのがセリエBからAに返り咲くことが決まっていたフィオレンティーナである。フィレンツェの名門クラブ、フィオレンティーナは九〇年代に経営に失敗し倒産の憂き目をみていた。その結果、二〇〇二年にはセリエC2に降格させられ、間もなくチームは解散となる。その後、新しい企業がオーナーとなりリーグへの復帰を果たしたのだ。

監督のエミリアーノ・モンドニコは、即戦力として中田のトップ下での仕事を高く評価していた。モンドニコとともに中田獲得を推し進めたのは、フィオレンティーナのGM、ルッケージだった。ルッケージは、中田がペルージャからローマに移籍した二〇〇〇年一月にローマでGMを務めていた人物で、中田の成長とその仕事を最もよく知る存在だった。

七月十七日、中田とフィオレンティーナとの正式契約が交わされる。期間は三年。翌日の十八日には、フィオレンティーナ入団発表の記者会見が開かれていた。

中田は流暢なイタリア語で、「新しいチームで新しい経験ができることが嬉しい。フィオレンティーナはサッカーでは常に中心にいたクラブです。街も美しく、ここに来られて幸せに思っています」と笑顔で語った。新たな環境でサッカーに向き合える安堵が自然にその顔に表れていた。

〇四年九月、〇四―〇五シーズンが始まると、モンドニコはその言葉どおり中田をトップ下で使った。しかし、当の中田は、両足から股関節、骨盤、腰、背中までを覆う強烈な痛みを堪えてプレーしなければならなかった。

中田のグロインペイン症候群が治る気配はなかった。治るどころか、ますます痛みが増していった。治療をしながらでは、百パーセントのパフォーマンスは見せられない。そのもどかしさが、これまで以上に中田を苦しめていった。

中田が「痛い」と発するのを聞いたのはこのときが初めてだったとフジタは言う。

「中田は意地っ張りな上に我慢強く、怪我を負っても『痛い』とは言わないんです。あまりに痛みを我慢するので、選手生命に差し支えると、ブランキーニも『痛みを感じたら休まなければ駄目だ』と、注意をするほどでした。でも、この時期は、四六時中、痛みに顔がゆがんでいました。それでも、自分の目指したサッカーができると勇んでいたときなので、自分から休むとは言いませんでしたね」

十月、新監督にセルジョ・ブーゾが就任するが、中田のコンディションは戻らない。それと比例するようにチームは勝ち星から見放されていった。

フィオレンティーナはまた監督を交代する。〇五年一月、ユベントスとイタリア代表のGKとして数々の栄誉に輝いたディノ・ゾフが監督に就任したのである。

皮肉なことに、就任早々のゾフは、痛みを堪えてプレーする中田をゲームに出場させ、春になってようやく復調した中田をピッチに立たせることをしなかった。

〇五年三月、中田は怪我が治っていることを実感していた。どんなに走っても体を貫くあの痛みは襲ってこない。一年ぶりに日本代表に招集され戦ったアジア地区最終予選でも中田は三試合を戦い抜いた。

ワールドカップ出場を決め、フィレンツェに戻った中田は、今こそ戦術や自分自身の起用についてゾフと話し合いたい、と思っていた。ゾフは、四月、五月と中田をベンチに縛りつけ、完全にチームの構想から外していた。

しかし、中田が話し合う機会を望んでも、ついにその機会はシーズン終了までの間に一度も与えられなかった。モラーナもその状況に驚きを隠せなかった、と言った。

「ゾフは中田だけでなく選手とは誰とも話し合わなかった。というより、完全な無視に近かった。チームは監督のもので周囲はそれに従うしかないが、あの状況が健全だとは思えなかった」

中田は、次原に「監督との間には、コミュニケーションを妨げる見えない壁がある」と告白していた。次原はその頃を振り返り、溜息をついた。

「移籍先のクラブの考え方、監督と選手との相性、長いシーズンを戦ううえでの肉体と精神のコンディションの作り方……、すべてが選手のプレーに影響を与えるでしょう。新しい環境になれば我慢も必要になる。でも、我慢しすぎていてはモチベーションも下がる。すべてが満点であることなどあり得ないのよ。でも、中田はよく踏ん張っていた。故障が治ってまた走れるようになったことの自信が、苦しい状況をも跳ね返す強さを作っていたんだと思います」

〇四―〇五のシーズンが終了すると、中田とスタッフは次のシーズンに向けてミーティングを重ねていく。中田は「来シーズンこそ腰をすえて戦う」と言い、なんとかセリエAに残ったフィオレンティーナで全力を尽くそうと、決めていた。

中田にとっては衝撃的なニュースが飛び込んできたのはそれから間もなくだった。〇五年六月、フィオレンティーナの監督が、ゾフからあのプランデッリに代わることが伝えられたのだ。中田は、あまりに驚いて絶句した。フジタはそのときの様子をこう話していた。

「どうして、と驚き、そして最後は皆で笑ってしまいましたね。だって、中田がリスクを冒してまで距離を置いた監督が、後からついてくるんですから。中田は、サッカー哲学の違うプランデッリのもとではできない、と思っていましたし、ブランキーニや私たちも中田の気持ちを理解していました。フィオレンティーナとの契約は、あの時点であと二年残っており、移籍が困難なことは分かっていましたよ。それでも、私たちはまた移籍を考えなければなりませんでした」

〇五年七月下旬から八月上旬、中田はフィオレンティーナの一員としてジャパンツアーに参加していた。長居スタジアム、広島ビッグアーチ、味の素スタジアムで、それぞれセレッソ大阪、サンフレッチェ広島、東京ヴェルディ1969と対戦したのである。

すでにチームを率いていたプランデッリは、日本で中田と話し合う機会を持った。「フィオレンティーナでは中盤トップ下で出場する機会はある」とプランデッリは中田を引き止めたが、話を聞いた中田は、どうしても彼の言葉を信じることができなかった。次原に「来年はワールドカップがあるし、ゲームに出場できるクラブでプレーしたい」と伝えたのである。その直後、次原は、彼の考えを支持していた。

「移籍は中田にとっても大きな負担。できることならフィオレンティーナに残りたかった。でも、中田の気持ちが一番大切ですから、私も移籍のために全力を尽くすことを誓ったのよ」

中田は、気持ちをリセットして心機一転プレーに邁進《まいしん》するために、思い切ってリーグを変えるという決断も下していた。フジタが移籍の経緯を逐一教えてくれた。

「オファーがあるクラブを軒並み当たりました。ブランキーニのところには、スペイン、フランスやオーストリアのチームの話まで持ち込まれていました。ボルトンからのオファーが来たのは、ジャパンツアーの途中でしたね。パスを回すサッカーを目指すチームに、質の良いMFを探しているという。イタリア語に近いほど英語を学んでいた中田は、イギリス行きを望んだんです」

〇五年八月十日、フィオレンティーナとボルトンが話し合いを終了し、基本的な合意を見た。一年間のレンタル移籍が決まったのである。ボルトンは、中田がプレミアリーグのシーズン開幕からプレーできるよう、労働許可証の発行を申請していることも明らかにした。

十六日、記者会見に臨んだ中田は、通訳を使わず英語で挨拶し、質疑応答にも答えた。

「新しいチャレンジにとても興奮しています。サッカーを楽しみたいですね。プレミアリーグのレベルの高さは理解しているつもりです。でも、イタリアも結構、タフでしたよ。今は、自分のやれることを精一杯やるだけです。選手として常にさまざまな経験を積むことは大切なことだと思っています。でも、今の僕は、キャリアが欲しいから移籍したのではありません。ボルトンで、サッカーを楽しみたいんです」

記者からの質問に答える中田の言葉は、希望に満ちたものだった。

中田は、九月十八日、第六節からゲームに出場した。そして、十月二十三日、第十節のゲームでゴールを決めた。次原もフジタも、九八年九月、ペルージャのデビュー戦を思い出していた。中田自身も、煌《きらめ》く情熱を取り戻すためにこのチームで走ることを誓っていた。

しかし、そうして臨んだ〇五―〇六のシーズン、中田はボルトンでプレーする最中に引退を決めてしまうのだ。〇五年十二月、中田は意を決し現役を退くことを次原とフジタに伝えた。

中田が引退を決めた時期、私も彼からこんなメールをもらっていた。

〈ある日、練習中にトラップをしたんだよ。するとね、思った通りのところにボールが落ちなかった。十センチぐらいずれたんだよ。そのときに、もう辞める時期が近づいている、そう思ったんだ〉

これまで移籍を繰り返し、「次のクラブ」に夢をつなぐことでプレーを続けた中田は、自分の体から発せられる声を受け入れ、「次のクラブ」を探さない選択をした。

「もう一度、移籍先を探すから」と声をあげ、ブランキーニとともに行動を起こそうとした次原とフジタを、中田はこう言って静かに制したのだ。

「ありがとう、でも、もう十分なんだよ」


なんと長い旅だったのだろう。なんと過酷な道程であったろう。

まだ、引退など遠い未来のことでしかない頃、私は中田に「どんなふうに現役を退いていくのだろう」と、聞いたことがあった。笑った中田は、とても元気な声でこう答えた。

「そうだね、台風のようにあっという間に去りたいね」

この欧州での八年は中田に何をもたらしたのか。何年か先、私は中田に問いかけてみようと思っていた。

5 ブラジル戦

六月二十一日、午前の練習をボンで行った日本代表は、翌日試合が行われるドルトムントへ移動した。「ブラジルに勝つことしか考えていない」と言い切った中田は、nakata.net に決意表明のメールをアップしていた。


〈対ブラジル戦!!

明日は第3戦、ブラジル戦。

現在、日本代表が置かれている状況は、誰よりも分かっているつもり。がしかし、今、やるべき事、やれる事がはっきりしているだけに、逆に悩んだり悲観する事もなく、気持ちは実にすっきりしている。

〝全力でブラジルを倒しに行く〟

これが俺がやるべき事であり、やれる事。

(中略)

ともかく、守らなければならないものは唯一
〝誇り〟

これまでの自分の人生のために、これまでの自分に関わってきてくれた人の為《ため》に、そして、最後の

最後まで、自分を信じ続けてくれているみんなの為に、すべてを尽くして戦っていきたいと思う!!

この試合が最後にならないことを信じ続けて……〉

お昼前、サニーサイドアップの部屋を訪ね、次原とフジタに会った。そして、次原から中田の引退の決意が覆らなかったことを聞いた。

「このワールドカップを最後にプロサッカーと決別する。その彼の気持ちは変わらなかったわ。心が揺れたこともあっただろうけど、どうしてもここをターニングポイントにして新しい道に進みたいと言ってる。まだまだ説得したい気持ちもあるんだけど、今は中田の決断を支持しようと思う。中田を止められなかったことを非難されるかもしれないけど、彼のこうした決断を受け入れるのが私の仕事だと思っているから」

覚悟を決めた彼女の顔からは不安の影が消えていた。中田を引退させることの寂しさは、彼女を滅《め》入《い》らせているはずだが、そのことを決して表には出さない。

フジタは、私がリクエストしていた代理人、ジョバンニ・ブランキーニのインタビューをセッティングし、アポイントを入れてくれていた。

「ジョバンニは毎日仕事で飛び回っていて、分刻みのスケジュールで動いているんです。やっとスケジュールを押さえました。明日です。午後二時にデュッセルドルフの nakata.net cafe でいかがですか」

仕事でデュッセルドルフにいるブランキーニは、私のインタビューを受けたあと、近くのホテルの部屋に入り、ハンブルクで午後四時から行われるチェコ対イタリアのゲームをテレビで観るのだという。

イタリアは十七日の対アメリカ戦を1－1で引き分けており、決勝トーナメント進出を決定的にするには明日の勝利が不可欠だ。イタリア人にとって、イタリア代表のゲームは何にも勝る最優先事項である。

私はデュッセルドルフでの取材を承知し、フジタに礼を言った。中田の引退が先に延びることを期待していたフジタもまた、気丈に振舞っている。

「次原は別の場所にいますけど、インタビューには私が付き合います。中田の理解者であるジョバンニは引退という中田の決断を、今は認めてくれましたが、当初は誰よりも熱心に彼を引き止めていた。現役を続けるためのいろいろなプランも提示してくれたんだけど、最後には、選手には次なる人生を模索する権利があるんだよ、と言って中田の考え方を肯定してくれました。そのジョバンニが、ブラジル戦の日、何を思っているかたっぷり聞いてくださいね」

フジタに礼を言った私は部屋を出た。自分の部屋に向かう廊下を歩きながら、ブラジル戦までの時間を数え、鼓動の高鳴りを抑えられなくなっていた。


六月二十二日、晴天だがさわやかな風が吹き抜けている。デュッセルドルフまではアウトバーンを走り、一時間と少しで到着した。

nakata.net cafe の前には青いユニフォームに身を包んだ日本人サポーターが群れている。店内は、パンを食べコーヒーを飲みながら、インターネットでサッカー情報を検索する人たちで混雑していた。

その店の経営者である女性に案内され、奥にあるオフィスでブランキーニの到着を待った。午後二時から少し遅れ、立派な体格の彼とフジタが連れ立ってやってきた。黒いジャケットを羽織ったブランキーニは数年前に会ったときに比べれば、ずいぶんと痩せていた。

「貴重な時間をありがとうございます。今日、イタリアが勝って決勝トーナメントに進めることを祈っていますよ」

私の言葉にブランキーニが笑顔で答えた。

「ありがとう。私も彼らが全力で戦い、勝ち抜いてくれることを信じています」

私は、さっそく日本代表の二試合について聞いた。

「これまでの戦いについて、どう思われましたか？」

「そうだね、確かに日本のファンを悲しませる結果になってしまったね……。いいプレーもあったが落胆のほうが大きいだろう。ジーコは、日本の力を二十五パーセントは引き出したが、残り七十五パーセントはミスを犯してしまった。選手交代のタイミングや暑さ対策など細かな不備もあるが、ワールドカップで勝利するためのマネジメントに失敗したということだ。もちろん、この経験が日本にとっては財産になるのだろうが」

私は中田について問うた。

「あなたのクライアントはどうですか？」

「中田は、ベストを尽くしている。オーストラリア戦でもクロアチア戦でもチームに忠実に、しかし自分にしかできないプレーに挑んでいた。よくやっているが、結果が出ないことに彼は満足していないはずだ」

中田から引退を聞いたそのとき、ブランキーニはどう思ったのか。彼は冷厳な態度で話しだす。

「三カ月前には、彼の口から聞いていたよ。それ以前も、彼がプロサッカーと決別する時期を考えていることは感じていたが、彼自身からはっきり引退したいと聞いたのは三月だね」

「あなたはそれになんと答えたのでしょう」

「その気持ちは尊重するが、もっと冷静に時間をかけて今後のことを考えたらどうだろう、と言った。引退は決めればいつでもできることだが、一度引退してしまえば撤回することはできない。後悔がないように時間をかけることが重要なんだ、と伝えた。彼はまだまだやれるし、もっと良いパフォーマンスを見せる可能性のある選手だから、最初はなんとか考え直して欲しいと願っていた」

プロサッカーにはさまざまな環境がある。ブランキーニはそのことを何度も中田に示唆したという。

「イタリアとイングランドでプレーした彼が、スペインやフランス、ドイツのリーグに移籍することは現実的だ。また、中東などアジアでプレーを続けるということも考えられる。実際、このワールドカップが始まってから、多くのクラブが彼にオファーを出してきた。フィオレンティーナから中田をレンタルしているボルトンも、正式契約の話をしてきたからね」

ブランキーニは何度も、サッカーを続けるならいろいろな選択肢がある、と中田に言った。

「私の話を彼は注意深く聞いていたし、実際、いろいろなことを考えたと思う。だが、中田は考えを変えなかった。それは自分の人生に正直に誠実に向き合っているからだよ。まだ十分に素晴らしいプレーができるが、その時期に自分の人生を選び取ることを決断したんだ。今では私は彼の出した答えを理解したし、それを重んじているよ」

エージェントであるブランキーニは、数年前から中田は引退の時期を模索しているのかもしれない、と思っていた。

「中田という選手は、私の知る限り、最もゲームで力を尽くし、練習にも没頭する人間だ。私が担当する若者たちは皆サッカーが好きで飛びぬけた才能を持っている。中田もそうした選手の一人だが、誰よりも自分の人生に向き合い自分の手でプロデュースしようとする気持ちを持っている。そのことでは、他の選手とは少し違った個性を持っているよ。ここ数年の彼は、このままの気持ちでサッカーを続けていけるのかどうか恐れているようだった。サッカーを続ける動機が、彼の中で曖昧になっていたのかもしれないな。動機が曖昧なまま、サッカーを続けるくらいならやめたほうがいい、と考えたのだろう。それほど中田は潔かった」

フィオレンティーナと契約が残っている中田は、そのまま選手であり続ければ一年分の高額なサラリーを手に入れることができた。しかし、彼はその大金を返上してまで、契約を解消することを選んだのだ。

「プロとしてプレーする限り、心に一点の曇りも持ってはならない。中田はそう考えていたと思う。サッカーから離れて新しい世界へ飛び込んでいきたいと思った彼に打算は必要なかったんだよ」

「ここ数年の怪我やチーム戦略による戦線離脱が中田の心をサッカーから遠のかせたのでしょうか」

私の言葉に、ブランキーニは相槌を打った。

「それは確かにそうだね。パルマに所属していた時代、中田と監督のプランデッリとは戦術に関する意見が対立したことがある。プランデッリは中田を先発から外した。彼はほとんどの時間、ベンチからゲームを観るようになり、パルマでサッカーをすることへの情熱を失っていた」

フィオレンティーナへの移籍は、中田がパルマで失ったサッカーへの情熱をいま一度取り戻すための手段だった。

「ところが、今度はグロインペイン症候群に苦しむことになってしまった。サッカー選手にはよく起こり得る怪我だが、彼は痛みに耐えるだけでなく、『プレーできない』というストレスにも耐えなければならなかった。やがて怪我が回復し、フィオレンティーナで再起を図ろうとしたそのとき、監督にプランデッリが就任することが発表されたんだ。プランデッリのもとではパルマと同じ苦しみを味わうことになる。彼は、ボルトンという新天地を求めることで、サッカーへのモチベーションをつなぎとめたんだよ」

しかし、プレミアリーグのボルトンで一シーズンを過ごした中田は、これまでとは違った世界を求める気持ちを抑えられなくなってしまった。ブランキーニは自分に言い聞かせるように言った。

「彼は自分の内なる可能性を見つけることに興味を持ち始めた。サッカーの世界から飛び出すことを望んだ彼の気持ちを、誰も止めることはできなかった」

私は話題を変えた。

「彼と過ごした年月の中で、最も印象に残っている出来事はなんですか？」

そう聞くとブランキーニは少し考え、答えを出した。

「やっぱり、二〇〇〇－〇一シーズンの、ローマが優勝を懸けて戦ったユベントスとのゲームだね。トッティと交代して登場した彼がゴールを決めた瞬間は、忘れることができない」

「クライアントでなくなった彼とは、どんな付き合いをしていきたいですか」

ブランキーニは声をあげて笑いだした。

「輝く太陽と、青い海と、美味しい酒のあるところで会いたいね。彼がサッカー選手でなくなることは寂しいが、友人であることは変わらないので、これからも長い付き合いを続けていくよ」

私は最後に、これからの中田に望むことがあるか、と彼に聞いた。ブランキーニは両手を広げ、高らかに言う。

「自由を楽しんで欲しい！　今はそれだけだよ」

何人ものサッカー選手の人生に関わり、代理人として良き理解者としてその生活に寄り添うブランキーニ。彼は、「なかでも中田との信頼は特別なものだったよ」と言い残し、その場所から去っていった。


デュッセルドルフから再びアウトバーンを飛ばし、夕方の五時にはドルトムントの旧市街に到着した。ここはルール工業地帯の主要都市である。人口は六十万人ほどで、鉄鋼と石炭、そしてビール生産が主要産業だ。

まず、FIFAワールドカップスタジアム・ドルトムントを目指した。スタジアムに程近い駐車場に車を止め、通りに出てタクシーを拾う。タクシーの運転手に「旨《うま》いレストランはないか」と聞き、そのまま運転手おすすめの店へ連れて行ってもらうことにした。

古いレストランの重いドアを開けると、店内には、テーブルごとにブラジル人サポーターと日本人サポーターが座り食事をしている。互いに和やかに声をかけ合い、夜の試合までの時間を穏やかに過ごしていた。

注文したソーセージやシュニッツェルはボリュームがあり、すぐに満腹になる。店を出て目抜き通りに出た私は、ワールドカップの情報を伝えてくれるボランティアに地図をもらい、移動遊園地やファン・フェスタ会場や地元の商店街を、疲れ果てるまで歩き続けた。

初詣《はつもうで》のような人の波の中でブラジル人は手拍子でサンバを踊り、日本人は肩を組み歌劇「アイーダ」の凱旋の歌をうたっている。途中、チケットを違法販売するダフ屋が警察に取り押さえられている現場に出くわしたが、それ以外、街はいたって華々しい雰囲気に包まれていた。

午後八時、再びタクシーでスタジアムへ向かう。セキュリティーは緩やかで、長時間並ぶこともなく中へ入れた。私は階段を上がる前に、プレスセンターか記者席にいるはずのマシュノーに電話をかけた。電話に出た彼は早口でまくし立てている。

「いよいよ、日本にとって最も重要で最も困難な試合が始まるね。ブラジル選手は本当にリラックスして、笑ったり歌ったりしているよ。でも、私が言ったことを覚えているだろう。日本のチャンスは、十パーセントはないだろうが、ゼロじゃない」

マシュノーの言葉を喜んでいいのか悲しんでいいのか、考えながらスタンドに出ると、スタジアムを支える八本の黄色い鉄塔が目を引いた。七四年のワールドカップ西ドイツ大会のときに建設された八万席を持つこのスタジアムは、サッカー専用としては世界で五番目の大きさを誇るものだ。改築を繰り返し、現在はすっかり新しいスタジアムに生まれ変わっている。

観客席は満員だった。モザイクとなった黄色と青のユニフォームがスタンドをカラフルにしている。すでに決勝トーナメントに進む切符を摑んでいるブラジル代表に声援を送る人々は、余裕があり高らかな声があちこちから響いていた。

一方、このゲームに二点差以上で勝たなければ先に進む道のない日本代表のサポーターたちは祈るような表情でピッチを見つめている。

午後九時、ピッチに両国の選手たちが歩み出て整列する。国歌斉唱が終わり、記念撮影が終わると芝生に散った二十二人は、ジャンプをしたり小刻みにステップを踏んだり腕を回したりしてホイッスルを待っている。

ノートに先発メンバーとそのポジションを書き込んでいく。日本は加地、中澤、坪井、三都主の4バック。出場停止の宮本に代わってキャプテンマークは中澤がつけている。ジーコはボランチの福西を稲本に代え、FWには玉田と巻誠一郎を抜擢《ばってき》していた。

続いてブラジル代表の選手を目で追った。すぐにいつものセレソンでないことが分かった。パレイラは決勝トーナメントに備えるためか、若手に経験を積ませるためなのか、メンバーを五人も入れ替えてきた。カカとロナウジーニョはいるが、両サイドのベテラン、カフーとロベルト・カルロスがいない。右サイドにはシシーニョ、左サイドにはジウベルトという若手の成長株が入っている。

日本ボールで前半が始まった。

中田は完全に前を向いて玉田と巻を見ている。開始早々、フィールド中央付近から最終ラインの裏に鋭いパスを送った。玉田が合わせたように足を差し出すが、つま先に触ったただけでシュートにはならない。GKがキャッチしたのを見た中田はその強い視線で玉田に「走れ」と言っている。

五分が過ぎた頃からブラジルが本領を発揮、日本は劣勢に陥っていた。セレソンの攻撃は容赦なく日本ゴールに襲いかかる。シシーニョのクロスからロナウドのヘディングシュート、ロナウジーニョのスルーパスからロナウドのシュート、カカのドリブルからのミドルシュート、ロビーニョ、ジュニーニョ・ペルナンブカーノの華麗かつ豪快なシュート——。まるで彼らの攻撃は、永遠に終わらないかのようだ。

しかし、日本は必死にブラジルの猛襲に耐えていた。川口がスーパーセーブを連発し、ひとつひとつ窮地を脱している。守備陣の集中力も高かった。ロナウド、ロビーニョ、カカ、ロナウジーニョに対峙しながら高い位置でボールに迫り、プレスをかけていく。緻密でキレのある守備陣のパスコースを切る動きと、要所要所のプレッシャーは、マジシャンのような彼らのボールさばき、そのコースを微妙に狂わせていた。

　日本もなんとか攻撃に転じようとボールをつなぐ。前半二十四分過ぎ、右サイドでボールを持った加地がペナルティーエリア手前にまで上がっていた小笠原とワンツーのパスを交わしグラウンダーのクロスを入れる。ジウベルト・シウバの素晴らしいスライディングによるカットがなければ絶好の先制点のチャンスだった。それで得た中村のＣＫはゴール前中央に届き、巻がヘディングを見せるが、ボールは左に大きく逸れていった。

　続く二十五分、坪井がブラジルのパスをインターセプトし、そのままブラジル陣内に素早いパスを送る。巻が胸トラップからミドルシュート、しかしゴールの上に外れてしまう。

　その後も、日本は守備に力を尽くす時間を過ごさなければならなかった。立て続けにロナウドに集まるクロスに緊張が走る。日本のＤＦは懸命にパスコースへ体を入れ、ゴール直前でシュートをブロックする。日本はブラジルにゴールだけは決めさせまいと集中力を高めていた。ブラジルの個人技とスピードが日本代表に緊張をもたらし、選手たちの動きにキレと冴えを与えていく。

　攻め疲れた感のあるブラジル。対する日本は、わずかなチャンスをものにしようと走り続ける。稲本はファールも恐れず体を張り、セレソンが嫌がるタイミングでボールを奪った。またボールを持つたびに前を向きパスの起点となったのは小笠原だ。選手たちはなんとかブラジル陣地へ切り込もうと、強い気持ちで挑みかかっていた。

そして前半三十四分、日本のドラマチックなゴールが生まれた。中盤から左サイドに沿って懸命にロングパスを送ったのは稲本だった。受けた三都主は、相手のＤＦを引きつけるように体を揺らしながらドリブルで切り込んでいきスルーパスを出す。左サイドにぽっかりと空いたスペースへ、回り込むようにして玉田が走り込む。左足のシュートは鋭い角度でゴールに向かいＧＫジダの右上に吸い込まれた。

日本の先制点にスタジアムが揺れた。玉田の思いきりのよさを信じてパスを送り続けた中田も両手を広げて彼の仕事を讃えている。

渋い顔をしたブラジルの選手たちに向かって、パレイラが激昂し叫んでいる。若いセレソンたちの顔からは薄笑いが消え、途端に厳しい表情が浮かび上がった。

前半は残すところ五分。すさまじい攻撃の嵐に日本は防戦一方になる。ラストパスを待っていたロナウドは下がってパスを受けドリブルでの前線突破を試み、それまでパス回しとスルーパスに徹していたロナウジーニョがシュートを放った。

前へ張り出していた日本の守備は、この頃になるとじりじりと後退し始めていた。中田は集中を促そうと終始、声を出している。

日本は九人がゴール前に入り、セレソンのシュートを跳ね返していた。中田は腕を動かしながら個々の選手のマークに気を配り、注意を呼びかけた。そして、何度も右手で左の手首を叩いている。それは、時計を指すしぐさだった。中田は「前半の残り時間はあとわずかだ、今は守りきるんだ」と、言っているに違いなかった。

私はハンガリー人記者がメールで送ってくれた言葉を思い出していた。

〈残り五、六分から、日本は一点を守ることに全神経を注がなければならなかった。つまり、ボールをキープして相手に触らせないことだ〉

日本はそうできるのか。息を呑んでいると四十五分が過ぎ、ロスタイムが一分と表示された。一分なら、たとえ相手がブラジルでもボールをキープできるかもしれない。そう思った刹那、ボールを回し始めたのは日本ではなくブラジルだった。

ペナルティーエリアの手前で小さくつないだボールをロナウジーニョが右側で待っていたシシーニョへ送る。シシーニョがヘディングでセンターへ折り返すとこれが絶好のラストパスになった。ゴール前で待ちかまえていたロナウド。彼に密着していた中澤がこのときには後ろを向いていた。坪井もわずかに離れたところで足を止め動けない。ロナウドはフリーとなり、悠々とヘディングシュートを決めたのだ。

前へ出ていた川口も動けず、前半終了間際に1－1の同点にされてしまった。中田は、ゴールに腕を差し出し「キーパー！」と、叫んでいた。ロナウドが満面の笑みを浮かべチームメイトに囲まれているときにも、中田は悔しさのあまり叫び続けている。

リードをしたまま前半を終えることのできなかった日本代表の選手たちは、まるでゲームに惨敗したかのごとく俯き、通路へ消えていった。

ハーフタイム、親しい記者が携帯に電話をくれた。同じく午後九時からシュツットガルトで始まっているクロアチア対オーストラリアは、クロアチアが先制したものの、オーストラリアが追いつき、前半を1－1で終えたとのことだった。オーストラリアはクロアチアに勝てば、日本がブラジルに勝ったとしても、決勝トーナメント進出が決まる。クロアチアが一点差でオーストラリアに勝てば、日本にチャンスが残されるが、その場合でも、ブラジルからあと二点を奪って勝たなければならない。

希望は薄く、半ば絶望に近い気持ちがこみ上げてくる。ロスタイムの同点劇に、オーストラリア戦の残り九分の悲劇がまた繰り返されたという気持ちになった。空《むな》しいことだと分かっていても、前半が1―0で終わっていれば、と考えずにはいられない。スタジアムの半分を埋める日本人サポーターのすべてがそうした気持ちを共有していた。

オーストラリア戦、クロアチア戦とは打って変わり、夜のドルトムントは気温が上がらない。スタジアムには冷たい風が吹きつけ、スタンドに座る観客の肩をすぼめさせた。

あっという間にハーフタイムが過ぎ、後半戦が始まる時間が来た。ピッチに進み出た中田の左手には白いテーピングがなされている。双眼鏡で確認すると、左の親指と手首が保護されていた。軽い怪我だといいが、その詳細は分からない。

中田がプレーする最後の四十五分になるかもしれない。戦慄《せんりつ》が背中を駆け上がり、私は大きく息を吸い込んだ。

ブラジルボールでのキックオフ。日本に先行されたときに見せたブラジル選手の険しい表情が消えていた。後半開始直後、カカのミドルシュートにひやりとさせられる。

六分には、ロナウドとロナウジーニョの絢爛《けんらん》たる連携プレーにスタジアムがどよめいた。ロナウジーニョがゴール前のロナウドにパスを出し、ロナウドが再びペナルティーエリアへ向かって走るロナウジーニョに戻す。そのロナウジーニョがロナウドへヒールパスを送り、ロナウドがシュートを打つ。

ゴールは大きく外れたが、思うままの軽やかなパス交換は彼らを調子づかせていた。

その後も続くブラジルの攻撃は、どのプレーもシュートに至った。フィニッシュを決めようとする彼らは、ついに結果を出す。後半八分、ピッチ中ほどでフリーになったジュニーニョ・ペルナンブカーノがいきなりミドルシュートを打った。回転を抑えたボールはスピードに乗ってゴール左に突き刺さる。逆転したセレソン。彼らは攻めるサッカーを楽しんでいた。

後半十一分、小笠原に代わり中田浩二が入る。

意気消沈したチームのムードを盛り上げようと動いたのは中田英寿だった。後半十二分、右サイドでボールを受けた中田は、迷わずミドルシュートを見せる。GKジダにキャッチされたが、中田のゴールへの執念はまだ途切れてはいなかった。

しかし、日本が必死に出すパスも滑らかに継続しない。日本のボールはハーフウェーラインを過ぎると、その奥へはなかなか進めなかった。とくにゲームメーカーであるはずの中村の動きは鈍く、ブラジル選手のプレッシャーを前にポジションを少しも上げることができない。

波に乗ったブラジルは手がつけられなかった。ロナウジーニョがセンターサークル付近で日本選手をフェイントでかわし、最終ラインの後ろにパスを送る。左サイドに走り込んできたジウベルトがそのままゴールに運び、三点目が決まった。

ジーコは、なんとか一矢《いっし》を報いようと後半十五分、巻に代え高原を投入する。が、その高原は五分後に怪我で走れなくなり、代わりに大黒が入る。

後半二十六分、ブラジルはカカとロナウジーニョを下げ、ゼ・ロベルトとリカルジーニョという控え選手をピッチに送り込んだ。

運動量が落ちた日本はペナルティーエリア間際でブラジルの選手につききれなくなっている。後半三十六分、ゴール前でパスを受けたロナウドはマークをらくらくと外して豪快にシュート。ブラジルは四点目を奪ったのである。

中田は大きく後ろへ反り返り、顎《あご》を上げ、暗くなった空を見上げている。彼はもう奇跡など起こらないことを理解したのだ。

後半三十七分、パレイラはGKのジダに代えて控えのGKロジェリオ・セニを出場させた。ジダに怪我を負わない限り出場する機会がない選手の登場に、もはやゲームは練習試合の様相を呈していた。攻守が鬩《せめ》ぎ合うスリリングなプレーなどもう必要なかった。ブラジルは、終了まで十分を切ったところで攻めることをぱたりとやめてしまった。終了のホイッスルが鳴るのを待ちながら、ただボールを回している。

中田はそのボールを追いかけたが、触ることすらもできない。彼は、走り、倒れ、立ち上がり、また走った。

惨めな負け試合を見つめる悲しさを、肩で激しく息をする中田の姿だけが打ち消してくれた。三分のロスタイムが終わると、スタンドのブラジル人サポーターが一斉に立ち上がり歓喜に沸く。同時に日本代表はワールドカップ・ドイツ大会から姿を消すことになった。

そして、中田は——。十二年という歳月、掲げてきたプロサッカー選手という肩書きを、ごくわずかな人を除くと誰にも知らせないまま、そのピッチに静かに置いたのだった。

十分も芝生の上で放心していた中田が立ち上がり、スタンドに挨拶をして姿を消すと、残っていた日本人サポーターものろのろと通路へ向かった。このドルトムントで、日本のサッカーは死んだのだ。そうした思いが誰をも無言にしている。打ちひしがれた選手たちを目の当たりにした彼らの中には、涙を流す者もいた。

私も人の波の流れのままに駐車場に向かって歩きだした。しかし、中田の最後のゲームが終わったのだという衝撃が、思考能力を奪っていた。何度も何度も駐車場への道を間違え、十五分もあれば到着できる駐車場を探し当てたのは一時間以上もあとのことだった。

夜のアウトバーンは空《す》いていた。ボンまでは二時間もかからずに到着する。午前二時半、部屋に戻り、冷蔵庫にあった水をボトルのまま飲んだ。カラカラになった喉を潤すため、何度もボトルを口に運びながらパソコンを立ち上げ、メールボックスをチェックする。そこには次原からのメールが届いていた。

それは、ブラジル戦の三時間ほど前に送信されたもので、開くと「中田を応援してくださるごく親しい関係者の皆様へ」と、題された文章があった。すでに引退を知らせていた一部の関係者や知人への感謝の言葉が綴られ、引退の報告を後日、本人がメールで行うことなどが記されていた。

午前三時、ホテルの電話が鳴った。次原だとすぐに分かった。

「終わりましたね」

私の言葉を聞いて、次原は大きく息をついた。

「終わったわね。彼の最後のゲームがこんなに壮絶になるなんて……。中田があんなふうに自分をコントロールできなくなるなんて、思ってもいなかった。でも、これほど好きなサッカーと別れるのだから、平静でいられるはずがないのよ」

ゲームを終えた中田が最初に電話をする相手は、どんなときでも次原だった。

「彼は、どんな様子でしたか」

「実は、試合の寸前に、サッカーとはまったく関係ない些細《ささい》なことで彼と喧嘩したのよね。二人で言い合って、その後、連絡が取れなくなってしまった。だから、試合が終わって電話に出ると、お互いなんとなく面映《おもは》ゆくて、私はとっさに冗談を言ったの。『あの涙、アカデミー賞ものの演技だったわね！』って。そうしたら、中田も朗らかな声で『そうでしょう』と、笑ってくれた。改めて、『本当にお疲れさま』と告げると、こちらこそと言って、二人とも長い間黙っていた。でも、すぐに『これからもいろんなことやってもらわないと困るんだけど』と、憎まれ口を叩いていたわ」

次原は、中田の引退を発表するまでどんな道筋をたどるのか、まだ定かではないと言った。

「中田は、現役引退を nakata.net へのメールで報告しようと考えている。それがいつになるかは、正式には決まっていないのよ。フィオレンティーナからはすでに『中田はいつチームに合流するんだ』という問い合わせが来ているんだけれど、契約解消を申し入れればすぐにニュースになって知れ渡ってしまうから、その前にはなんとしてもファンの方たちに報告しなければならない。とにかく、現役最後のインタビューの時間を用意するから、時間を作ってくださいね。詳しいことは明日、相談しましょう」

電話を切った私は、中田に後悔とは無縁な穏やかな時間が訪れていることを願っていた。

翌日、日本代表はボンの宿舎で解散し、選手はそれぞれ帰路につくことになった。日本代表のほとんどの選手と日本サッカー協会のスタッフは、午後九時五分の日航機で東京へ飛ぶことになっていた。

欧州組はボンから現在の自宅へと帰る。

ジーコと選手たちの記者会見が行われないことも発表され、マスコミ陣からは「これでは逃げ帰ったと言われても仕方ない」と、異議が唱えられていた。

日中、フジタから私の部屋に電話があり、彼女たちの部屋へ行くと次原からこう告げられた。

「明日、中田と私と、スタッフも一緒にプラハに発つんです。彼の休暇の始まりの地なんだけど、そこでインタビューも行いたいと思っているのよ。だから明日、プラハに来てくれないかしら。インタビューは二十五日、私たちが宿泊しているフォーシーズンズホテルで行いたいと思っています」

リクエストを受けた私は、急いで部屋に戻り、プラハとボンの往復航空券をインターネットで予約した。すでに観光シーズンが始まっていてプラハ行きのチケットは残り少なかったが、なんとか確保することができた。

再びフジタから電話が入った。

「今晩、彼を支えたスタッフと親しい友人だけを集めた食事会があるんですが、ぜひ参加していただけませんか」

私は申し出に感謝しながら、誘いを固辞した。親しい仲間内のパーティーの邪魔をしたくなかったからだ。フジタは続けた。

「いいえ、中田からの伝言なんですよ。スタッフと友人だけですから本当に気にしないでください。和食レストランの『上條』はご存知ですよね。そこで八時からです」

午後八時、約束の時間に到着すると、店の主人がこう言った。

「さっきまで小野選手がいたんですよ。入れ違いに今、帰ったところです」

間もなく、左手の親指に小さな板を当ててテーピングをした中田がやって来た。挨拶よりも先に、テーピングの手に見入った私に中田はその手を振ってこう言った。

「単なる突き指だよ。ハーフタイムにちょっと痛くって、それでテーピングしたんだけど、どのプレーでやったかも覚えていないんだ」

中田の隣には前園真聖がいる。

そこに集ったのは、次原とフジタ、マネージャーのモラーナ、中田の身の回りで彼を手助けした村上とシゲ、nakata.net TV の映像を撮り続けた藤沼、中田の髪を切るデュッセルドルフ在住の美容師、デュッセルドルフで nakata.net.cafe の場所となったパン屋の女性店主、昔から中田と前園を取材してきたフリーの編集者などである。中田を囲む彼らは、彼が引退する寂しさを払拭しようと陽気に振舞っている。

中田は、不自由な左手を庇《かば》いながらビデオを持ってスタッフの姿を撮影している。みな子供のようにはしゃいでいたが、それはどこかに寂しさを押し込めるためだ。中田からビデオを受け取った次原は、肩を組んで笑い合う中田と前園の姿を撮影し始める。次原は、二人をフレームに収めるとこう言った。

「これで終わりじゃないんだから。今日からスタートなんだからね」

中田は運ばれてくる料理をすすめ、テーブルを飛び回り、皆に酒を注《つ》いで回っている。

私の前に立った中田は、小さく会釈し前の席に座った。

「本当に決めたんだね」

私の問いかけに中田はこくりと頷いた。

「そうだよ。おれが一度決めたことを変えないのは知っているでしょ」

今度は私が頷いた。そして、ブラジル戦の終盤のプレーに話を向けずにはいられなかった。

「最後尾で守っていたと思ったら、FWの横を走りぬけ、最前列でパスを待っている。あれはいったいなんというポジションなの」

中田は声をあげて笑う。

「守るフォワード。またの名を、攻めるディフェンダー」

すぐに真顔になって彼はこう続けた。

「4−1になって、逆転なんてあるわけもないし、それでも走る自分がピエロに思えていた。でも、あそこで諦めたら、これまでやってきたことの意味がなくなってしまう気がしたんだよ。おれは、あのピッチでなんにもできなかった。ボールも奪えない、パスも送れない。あそこでできたことといえば、走ることだけなんだ」

「また体重が減った？」

「五キロほど。でも大丈夫だよ、これからバカンスが始まるんだから、すぐに戻るさ」

中田は、長期間の旅を計画していると言って、訪れてみたい国や都市の名前を列挙した。

「サッカーで世界中を回っていたし、オフの間には旅もしたけど、その国や都市に暮らす人たちのことをもっと知りたいんだよ。文化や言語、その地域の宗教など、人間と人間の生活について知りたいんだ」

その旅の最初の街がチェコの首都、プラハなのである。

「プラハでのラストインタビュー、よろしくね」

中田の明るい声で、気持ちが少し軽くなる。

午前零時を回る頃、食事会は終わり、私は二十五日にプラハで会う約束をして中田と別れた。

深夜部屋に戻り、パソコンを開き、次原から「ぜひ読んでみて」と言われていた前園のブログを検索した。

前園はブラジル戦の前日、次原から中田の引退を聞かされた。押し黙っていた前園は、一言「ヒデの代表ユニフォーム、控えのものでいいから一枚欲しいんだ」と次原に言った。彼は、スタッフが予備として持ってきていた中田のユニフォームを着て、ブラジル戦を観ていたのだという。ブログのタイトルには「中田英寿」とある。

〈アトランタから10年……

またブラジルと戦うことになった。

ワールドカップ前にヒデは〝自分のイメージした通りにプレーしてサッカーを楽しみたい〟と言っていた。

イメージ通りのプレーが1つでもできただろうか？

サッカーを楽しめたのだろうか？

ヒデのやりたいサッカーはできたのだろうか？

答えは〝NO〟だろう。

ヒデ自身もそれが難しいのはわかっていたんだと思う。

自分のプレーを犠牲にしてチームの為に体を張り、攻撃に守備にピッチを走り回る3試合だった。

このチームで守備の負担が少なくより攻撃的なポジションでやれたならば、状況は変わっていたと俺は思う。

ただヒデが攻撃に専念できるだけの余裕のあるチームではなかった。

試合中にへとへとになりながらボールを追いかけ、試合後のグランドに倒れこむ姿は今まで見たことがなかった。

試合後のピッチで倒れこみしばらく動かなかった……

その時何を思い何を考えていたのだろう……


今回のワールドカップでわかったことは、日本は今のままでは世界と戦えないということ。

パス、パスのスピード、トラップの精度、すべてのプレーの判断、そしてプレッシャーの中でも前を向けること、そして何よりボールを持ったら〝ドリブル〟で仕掛けられる選手！

世界と戦うにはどういったサッカー、戦い方、選手が必要なのか？

そして目先のことではなく先を見据えた強化、指導。

世界ではどこの国も20代前半の選手がチームの中心になっている。

次のワールドカップで今の代表選手が果たして何人プレーしているだろうか？

一度もワールドカップを経験してない選手が何人選ばれるだろうか？
今回の結果を次にどう活かしていけるかで、これからの日本のサッカーは決まってくると思う。
そうでなければ2010年はないだろう……

今日は現役の時に代表で付けてた背番号〝7〟を自分が代表から外れてから初めて着てみた。

背中には〝NAKATA〟

ブラジルには勝てなかったけど俺にとっては忘れられない日だ〉

自分の目指すサッカーを得られないことにもがき苦しんだ前園。彼は、やはり誰にも相談せず引退を決めていた。そんな前園だからこそ、中田と心をぴったり重ね合わせることができる。中田はもう、孤独ではなかった。

眠らぬまま朝を迎え、ホテルの窓から明けていく東の空を見ていた。
日本サッカーの再生の前には険しい山が立ちはだかっている。打ちのめされた日本代表が、再起を図るのは簡単なことではないだろう。しかし、マシュノーが昨夜メールで送ってくれた言葉を、私は信じることができた。
〈また日本は大きな失敗をし、サッカーが困難なスポーツであることを知った。しかし、日本はこの失敗を必ず大きな力に変えることだろう。一段と大きくなり弾力を持った日本のサッカー。それを披露できる次のワールドカップが、君も待ち遠しいだろう？〉

中田のいない日本代表が、八月にはスタートを切る。ひとつの時代の終焉《しゅうえん》は、新しい時代の訪れであることを、私は信じていた。

6 ラストインタビュー

六月二十五日、チェコの首都プラハは晴れ上がっていた。丘の上に黒く聳えるプラハ城を見上げていると、一カ月もの間ドイツに滞在したことが遠い昔のように感じられる。ときおり、欄干《らんかん》から体を乗り出し水面を覗き込みながらカレル橋を行き交う観光客は、ワールドカップなど別世界のことだと思っているようだ。

フォーシーズンズホテルのオープンテラス。そこがラストインタビューの場所だった。

午前十時、白いフォーマルなシャツと黒いタイトなパンツをまとった中田は、突き抜けるような青さの空を見上げ、手の甲で眩しさをさえぎっていた。

この日はテレビ番組の収録も同時に行われていたために、太陽光線だけでなく撮影用照明ライトが彼の顔を直撃している。

「しかし暑いな、もう真夏だね」

私は中田の左手を見た。親指の副木《そえぎ》が外され、テーピングだけになっている。

「指、大丈夫?」

「もう、ぜんぜん痛まないよ」

そう言って空を見上げた彼に聞いた。

「プラハを訪れるのは何回目?」

「五、六回目かな」

「ここが定宿なの？」

「いや、いろんなホテルに泊まってみたいから、毎回替えているよ」

私はこのまま中田が好きな東欧の古都やその思い出について語り合いたいと思っていた。しかし、彼が命を賭したその競技について話さないわけにはいかなかった。サッカー選手である中田英寿に会う、最後の日なのだから——。

私は正面に座った中田に、どんな些細なことも思い出して答えて欲しい、と告げた。中田は「もちろん」と強く言って頷いた。

私はまず、にわかに取沙汰《とりざた》された日本代表の次期監督の話題に触れた。

「ジェフユナイテッドのオシム監督の名前が挙がったことを聞いた？」

「そうらしいね。おれもインターネットのニュースで読んだよ」

前日、ドイツのケルン・ボン空港でプラハ行きの飛行機を待っている間、私はその事実を日本からの一報で知った。二十四日、日本代表とともに帰国し記者会見に臨んだ川淵会長が、五輪監督が同一人物なのか別々の人物なのかを質問され、「ワールドカップの前からオシムと交渉している」と語り、新監督人事を公表したのだった。

「サッカーの潮流は止まらない。次の大会に向けて、動きだすのは当然だよ」

しかし、と言って中田は声を低めた。

「このドイツで日本代表がどんな問題に直面し、何を見失ったのか、その検証だけは忘れちゃいけないと思う。次の戦いのために、ね」

私は、八年前、中田が「経験こそ勝利の神だ」と言っていたことを思い出していた。

「検証し、問題を浮き彫りにして対策を講じれば、ドイツ大会の雪辱は果たせるのかな？」

「そうだよ。自分たちのサッカーをついに実践できなかった今回の経験から、次に目指すサッカーが導き出されるはずだよ。敗北を前へ進むための力にすることが、きっとできる」

傷つきながらそれでも前進することを目指す。その日本代表には中田がいない。寂しさが心に押し寄せるが、それを懸命に払いのけた。

私は、改めて日本代表のワールドカップを振り返って欲しい、と彼に告げた。

「そうだね……、あっという間に過ぎてしまった、というのが正直な感想かな。今、考えてみても三試合は瞬く間に終わってしまったよ。イギリスから帰国して国内合宿に参加するときから、ホテルで過ごす時間は膨大だと覚悟して、本とか漫画とかＤＶＤとかいろんなものを持っていったんだよ。しかし実際は、その半分も必要としなかったね」

Ｊヴィレッジの合宿からワールドカップの一次リーグが終わるまで、中田が真にリラックスした時間はほとんどなかった。

常に神経を尖らせて挑んだ三度目のワールドカップは、中田に何をもたらしたのか。前回、前々回と比べてどうだったのだろうか。

「残ったのは悔しさだけ。この結果に対する悔しさは、先の二大会と比べて比較にならないよ。でも、そういう意味でも、今回は自分にとっての本当のワールドカップだったんじゃあないかな、という気がしている」

「それはビギナーズラックやホームの利益を排して挑む大会だった、ということ？」

私は分かりきったことを敢えて聞いた。

「うん、そうだよ。ワールドカップの厳しさに直面し、現時点での日本代表の位置を知った大会だった。ぼろぼろになって、自分たちの力のなさを認めることになった。力と力がぶつかり合うワールドカップだからこそ、この結果が明らかになったんだと思う」

〇二年日韓大会が終わった直後に会った中田が、トルコ戦を振り返り「不完全燃焼のまま終わってしまった」と、言ったことが思い起こされる。

ドイツ大会は二敗一分けという結果に終わったが、中田は持てる限りの情熱をピッチに放出していた。

「ドイツでは完全燃焼できた？」

中田は、微かに首を横に振った。

「走ることに関しては足が攣るまで走ったよ。でも、自分のプレーにはまったく満足していない。最後までわがままになれなかった自分が、悔しくて仕方ないんだ」

わがままになれなかった——。つまり中田は自己の主張を抑え、自分を殺してプレーしたというのだろうか。

「年長でもあるし、チームの中の自分とチームの中での役割を意識したね。わがままなプレーというか、自分が本当にやりたいプレーはなかなかできなかった。自分が前に行ったあと、ボールを取られたらと考えると、出足が鈍ることもあったよ。自分を抑えるというストレスがなかったといったら嘘になるよね。ただ、おれがやりたいプレーを実践するには、それを理解してくれる選手の存在が必要になるでしょう。ある意味、本当の信頼が必要なんだよ。今回の日本代表の中でそこまでの関係が築けなかったことは否めない。もちろん、それは自分のせいでもあるんだけど」

中盤の底でチームを支え、ゲームを作る役目をジーコから与えられた中田は、本当はトップ下でゴールを演出する仕事を望んでいた。私には、そう思えた。

中田は、攻撃的ＭＦとして縦横無尽に動いたフランス大会を振り返った。

「九八年は歳も下から二番目だったし、日本代表メンバーとしての経験も浅かったけど、あのチームには大きな安心感があったんだよ。俺がどんなプレーを仕掛けても、それを理解してくれる信頼があった」

中田がある選手の名を告げた途端、その表情が柔らかくなった。

「フランスで戦ったチームには、名波浩がいたんだ。ナナとは年齢も違うし、個人的に親しいわけでも、サッカー以外の話をするわけでもなかったけど、ピッチ上で同じビジョンを持てる選手だと知っていた。だから、彼がいるだけで安心できたんだよね。プレーについておれが考えを言えば、瞬時にそれに答えてくれるのが彼だった。おれが好きなように動けばパスを出したいところで待っていてくれる。リスクを負ってでも仕掛けて動くときには、最高のタイミングでフォローに入ってくれる。彼がいてくれたから、おれはリスクを負ってでも前に行けた。信頼で結ばれたチームの強さを実感できたよね」

過去を振り返ることを否定してきた中田。彼は、ドイツでたった一度だけ「もしもこの日本代表に名波がいればと、考えてしまったんだよ」と、告白した。

「ナナがテレビの仕事でリポーターをするとかで、ドイツに来ていた。ボンの練習場にも足を運んでくれて、取材用のミックスゾーンで本当に久しぶりに顔を合わせたんだ」

日本代表の練習をじっと見つめる名波の姿を、私もスタジアムで見た。現役Jリーガーである彼は、静かに佇んでピッチの選手たちをじっと見つめていた。

「直接会って言葉を交わすのは四年ぶりだったかな」

名波の顔を見た中田は思わず「名波がいればね」と、言ってしまったのだという。

「おれのわがままをすっかり引き受けてくれた名波のような選手がピッチにいてくれたらと、思ったから。彼なら、そのプレーやしぐさで『いいよ、ヒデ。好きにやれよ。あとは任せておけよ』と、言ってくれたはずだから」

私は愕然とした。選手に高度なプレーを要求する中田の心は、実は「おれを分かって欲しい、おれのサッカーを理解してビジョンを共有して欲しい」と、叫んでいたのである。ドイツでの中田の孤独が、よりいっそう色濃く縁取られて見えた。

中田が、ピッチにいてくれたらと願った名波は、リポートしたブラジル戦の翌日のテレビ中継の中でこう語っている。

「ヒデはずっと日本サッカーを引っ張って、戦ってきた。昨日、ああしてピッチに倒れる姿を見て、代表に初めて入った年齢から、年齢以上の重荷をずっと背負ってここまで走ってきたんだと改めて感じた。絶対に人に弱みは見せなかったし、メディアに話をすることもなかった。けれども、彼がどれほどの功績を残したのか近くで見た若い選手たちは忘れちゃいけない」

ともにセリエAに在籍し戦ったことのある二人は、声にしなくとも互いの気持ちを通じ合わせることができる。遠い目をした中田がそう考えていることが、私にも分かった。

私は、中田に聞いた。

「メールにあった唯一守るべきもの、つまり〝誇り〟とは？」

彼は、瞬時に答えた。

「全力を尽くす、ということ。ワールドカップという場所で自分自身が妥協せずに戦うことだよ」

「その誇りは、守ることができた？」

中田は膝の上で組んだ指先を見つめ、少しの間をおいて言った。

「おれ自身、最後のエネルギーの一滴まで使い尽くして走ったという実感はある。だから、そういう意味では守れたのかな」

負けゲームであっても投げ出すことはなかった。

「走ることすらやめてしまったら、自分に負けてしまうことになると思って。でも、その走りは本来、勝利に貢献するものでなければいけなかった。日本はついに勝利を手にすることができなかったわけで、応援してくれた皆に本当に申し訳ない気持ちでいっぱいだった。悔しい気持ちは消せないよ」

悔しさが唇を固く結ばせている。私は、話をブラジル戦に移した。

「最後のゲームとなったブラジル戦をどう振り返る？」

ドルトムントのピッチ上の光景をその眼前に浮かべている中田は、体をぴくりと動かした。

「ブラジル戦で最大の問題だったのは、ラインが低かったことだね。集中力も体力もある最初のうちは、相手よりも走ってどうにかボールを追ってプレッシャーかけていけたけど、前半の終盤から、疲れてくると徐々に動きがルーズになって、ボールを追いきれなくなってしまった」

前半三十四分の玉田のファインゴール。中田は、このゲームでも日本に流れが傾いていることを感じていた。

「あれだけ攻め込まれていながらワンチャンスを完璧な形でものにできた。玉田の良さが爆発したね。あのゴールがブラジルに焦りを生むことも予測できたから、瞬時に守ることと追加点を奪うこと、両方を考えた」

　ブラジルに度重なる攻撃を許しながらも、ゴールを許さなかった時間帯、中田は何を考えていたのだろうか。

「玉田のゴールの前も、そのあとも、攻め込まれる状態は続いたから、とにかくディフェンスに集中しようという意識は強かった。だけど実際は、ブラジルの足を止めるほどの守備はできていなかったね。マークにはついているんだけど、ボールを見ているだけで当たりに行かない。その結果、パスを回されてしまう。おれは、そこが危険だと思っていた。どんなに瀬戸際でゴールを防いだとしても、ボールを自在に回されていればいつかDFラインを突破されてしまう、と思っていたから。だからおれ自身、できる限り走って、相手にプレッシャーをかけ、最後は当たってボールを取りに行っていたんだ。徹底的に追って、なおかつ体で当たっていけば、ボールを奪うチャンスも出てくるし、敵はドリブルで逃げるようになる。ドリブルで逃げてくれればボールを奪うチャンスもできるからね。実際、ブラジルがドリブルでサイドを逃げようとするような場面では、奪い取ってカウンターに転じることも何度かできていたんだ」

　中田は自己の経験則から、ブラジルのようなチームとの戦い方を知っていた。そして、それをピッチ上で実践していたのだ。チームに自分のプレーを見せつけることで、「マークするだけじゃなく、最後は体を当ててでもボールを奪いに行け」と、チームメイトに伝えようとしていた。

「そんなプレーを続けていれば、皆、分かってくれるかなと思いながらプレーしていたんだけど、なかなかそれは上手く伝わらなかったね。結局、走り回るだけになってしまい、前半でかなりの体力を消耗させられてしまった」

それでも、ロスタイム直前までは、日本の集中力は保たれていた。

「前半の終盤まで集中力を持って走れていたし、いい形で一点取れて、ブラジルをゼロに抑えて、そのまま前半を終えられれば、勝利に一歩でも二歩でも近づける、という思いがあった。ベンチからも『あと何分！』『ロスタイム！』という声も聞こえていたので、周りのメンバーには、『ここを守りきろう。前半はもうすぐ終わる』と、言っていたんだ」

中田は右手で左の手首を叩き周囲に残り時間を意識させていた。繰り返し、「もう終わりだ、ここ集中しよう」と叫んでいたのだ。

「なのに……、ロスタイムの最後に一点取られてしまった。ブラジル戦の勝敗の分かれ目は、前半ロスタイムで一点取られたところだね。本当に残念だけど、あの場面で日本が勝利するために積み重ねてきたサッカーは、終わってしまった」

なぜ、あの数十秒、それまでの集中力が持続できなかったのだろうか。そう聞くと中田の表情が曇った。

「今大会の問題点は、笛が鳴るまで緊張を保ち集中できないことにあった。オーストラリア戦も最後の数分で点取られたし、クロアチア戦も残り時間が少なくなってきたところで、危ないシーンがあった。なぜか……。今回の代表は、最後まで集中力を保つことが不得手だったんだ。とくにあのブラジル戦は、1―0で折り返すことが非常に大事だったので、あそこでは後半に使うはずの体力を使い切ってでも、守りきらなきゃいけなかったんだよ。でもそれができなかった」

ロナウドのゴールが入り、キックオフでゲームが再開されたそのすぐあとにハーフタイムが訪れた。

「日本に先制されて余裕を失い、焦ることすらあったブラジルは、微妙にシュートの精度が落ちていた。しかし、前半終了間際にイーブンになり、ブラジルは完全に息を吹き返したからね」

中田は、ピッチ上にあった心理戦について説いていた。

「1―0で折り返してれば、後半ブラジルは同点、逆転を目指して攻めてくる。負けても決勝トーナメントに進めるとはいえ、彼らのプライドが敗者となることを許さないよ。そうすればさらに日本のチャンスは大きくなる。日本は〝攻めるブラジル〟に対応すればいいわけだ。そうなれば、玉田のゴールのような機会もまた訪れるかもしれない。ところが、同点になったところで、ブラジルに余裕を取り戻させてしまったよね。1―0から日本がもう一点奪える可能性はあったが、1―1からあと二点、三点を取ることはもはや至難の業だ。ロナウドがゴールを決めた瞬間、ブラジルの選手たちの顔が変わった。ホッとした顔をしていたんだ。後半戦、どちらが二点目を取るかがあの試合でのふたつ目の大きな焦点だったのだけれど、それもブラジルに取られてしまった。さらに三点目、四点目が入り、最後はもう、ゲームになっていなかったよ」

何度か問いかけている質問を、私はもう一度した。

「どうして、残り数分を耐え切れなかったのか。良いサッカーをしながら、ある瞬間に足が止まってしまうのはなぜなのだろう」

中田は少し考え込み、思いを吐き出すように話し始めた。

「うーん……、明確な答えはないけれど、おれが思うのは、この日本代表がどういうチームであるか、そのイメージを共有できなかったことにあると思う。自分たちがいいサッカーをやるときのイメージと、悪いサッカーをやっているときのイメージをはっきりと持てないまま本番に臨んでしまった。何が良くて、何が問題か、どんなときには良いサッカーができて、どんな状況になれば悪くなるのか、それを選手みんなが把握できなかったんだ。同じイメージが持てれば、弱点に対処し、他をサポートすることもできたはずだよ」

中田の語気が強まった。

「一次リーグの三試合では、四年間の膿《うみ》が出ていたんだと思う。問題点がありながら、それを突き詰めることができなかった。顕著だったのは練習時の態度。たとえば八対七で攻撃と守備に分かれる練習でも、攻撃をするほうは本気で攻撃していないし、いつもなんとなく攻めているだけ。それがそのまま試合に出ている気がするよ。なんとなくパスを回して、なんとなく攻めて、なんとなくやられちゃう……。練習のうちから五本、十本のうち、一本でもいいから『これは絶対に決めに行く』という気持ちでいけていたら、違う結果になっていたと思う」

中田は、〇二年から日本代表の危うさを見つめてきた。

「ジーコは、トルシエ型の明確な戦術を与えるわけじゃあない。『攻撃はこうやってやりなさい』と言うわけじゃないし、『ディフェンスはこうやってやりなさい』とも言わなかった。だから、選手たちが、場面、場面で、どうしたらいいのかと考えることが必要になったことは事実なんだ。しかし、だからこそ、自分たちのプレーや試合を振り返って、分析して、自分たちがどんなサッカーをしていくのか、どんなパターンで攻め、守るのか、どんな弱点を持っているのか、しっかり摑み、理解しなければならなかった。ジーコはおれたちの力を信じ、そうすることを求めたわけだからね。ピッチで何が起こっているか、それが分かるのは選手だけだし、そのためのプレーをするのは選手なんだ、とジーコは強く思っていた。でも、おれたちはジーコの要求には、完全には応えられなかった」

中田は改めて日本サッカーの現状を語った。

「今回この四年間ジーコのもとでやってきて、この代表の中でプレーして最終的に思ったのは、現時点ではあのトルシエ時代のようにすべてをオーダーされるほうがよかったのかもしれない、ということ。前にもそう言ったと思うけど、自分たちが責任を持ち自分たちのサッカーを構築していくのは、まだちょっと早かったのかなと思う。ブラジル戦が終わって最初に思ったのは、そのことだった」

単にひとつのプレーに対するイメージを摺《す》り合わせることはできても、日本代表のサッカーという全体像を共有できなかった。だからこそ中田は、同じイメージを持とうと「ラインが高いほうがいいサッカーができる」「相手より走ってパスをつなぐことが日本の持ち味だ」と、言葉にし続けた。

「ひとつひとつのプレーに対しても、同じイマジネーションを持って欲しいと願っていた。そのために、選手各々の良いところを引き出しそれが連なっていけるよう、ボールを出したんだ。あるときにはチーム状況を優先してパスを展開した。おれが、そうしたいからじゃない。チームに必要なプレーだからだよ」

このチームに厳しさをもたらす役目を負っていた。

「もしも、選手が『欲しい』と思うボールだけを出していたら、大きな展開はできないままになる。チームの前進はなかったと思う。たとえ、パスミスになろうが、これこそが最良だと思うコースにおれはパスを出した。それをずっとやり続けてきたことは確か。でも結局、最後までそれが上手くいかなかったのだから、おれの責任は大きいよ」

中田がチームに求めた「意思の疎通」の本当の意味が、私にはようやく理解できたのだった。

「やはり、最後まで良好なコミュニケーションが取れなかった?」

「この四年間を通して、その苦しみはあった。やっぱり最後まで伝わらなかったのかなぁっていう気持ちはあるね」

心の奥にある気持ちを、中田は解いていった。

「こんな言い方は不遜に聞こえるかもしれないけれど、おれは誰よりも日本代表を誇りに思っているし、選手たちの技術が高いことも知っている。海外に出ても活躍できる選手が大勢いるよ。それだけの選手が集まっているのに、力を結集できなかった。それがとにかく悔しいんだ。みんないい選手だけれど、自身の力を百パーセント出す方法を知らなかった。どうすれば力を引き出せるのか、それを四年間考えてきた。この選手はこうすればもっと力を発揮できる、そう思えば、ダイレクトに伝えてきたつもりだった。でも、結局、それがおれの押しつけと取られてしまったんだね」

中田は一匹狼《いっぴきおおかみ》などではない。無愛想な表情の下には、チームへの愛情と抑えきれぬリーダーシップを隠し持っていた。

「ドイツ大会にしても、本来のパワーを発揮できたら、一次リーグ突破どころかもっと上まで行ける力があったと思う。その力を出し切れずに終わってしまったけど、だからといって日本のサッカーが世界に通用しないなどと思わないで欲しい。今、気づくべきことは、自分たちの力を百パーセント出し切れぬまま終わったんだ、ということ。チームメイトに何か伝えるとしたら、おれは、それを一番に言いたい」

全力を出し切る術があるのならそれを教えて欲しい。私がそう言うと、中田は体を前に乗り出した。

「おれが考えるに、百パーセントの力を出せない原因は、すべてメンタルの部分にあると思う。強い精神力を持てれば、どんな状況になろうと今の二倍ぐらいの力を出していける。技術は高い。だからこそ、世界に太刀打ちできるハートの強さを持とう。それに気づいて欲しかったんだけど……、おれの言い方が悪かったのか、上手く伝わらなかった。それは、一番悔やむところではある。実力がなくて負けたなら受け入れるしかないんだけど、実力があってそれが出せずに負けてしまうことほど残念なことはないからね」

中田はそう言って唇を嚙んだ。私は、険しい表情の中田に、ゲームオーバーから十分間、ピッチから動かなかったそのときの思いを聞いた。

「肉体的な疲労もあっただろうし、ワールドカップが終わったんだという脱力感もあった。そして、プロ選手としての終焉に対する感慨も大きかったと思う。ピッチに倒れ込んで、一人で空を仰いでいた瞬間、何を思っていた？」

「うーん……何を思っていたか、正確に思い返すのはちょっと難しいけど。まぁまずはそのすべてが終わってしまったという……、まあ、喪失感じゃあないけどね。こういう結果で終わってしまったことに対する哀《かな》しさと、自分はすべて持てる力を出し切れていたのかという後悔と、諸々《もろもろ》の感情が交錯していた。格好のいい幕切れじゃあないし、応援してくれたみんなに申し訳ない気持ちだったし、何かいろんな感情が一緒に出てきて、自分でも戸惑っていた。その感情を整理するのにあの時間が必要だったんだ」

「このゲームで現役を離れるという現実に、さまざまな思いが喚起された？」

「ゲームの残り十分ぐらいからは、本当にこれで最後なんだ、と考えてた。もう疲れて動けない状態だったけど、それでも最後まで走り切れたのは、ここで終わりなんだという思いがあったから」

「そのときの感情を言葉にすると？」

私の質問に中田は困ったような顔をした。

「それを表現するのは難しいね。どういう気持ちというよりも、何かすべてごっちゃ混ぜで……。そのときに出てきた感情は作り出すものじゃあなくて、勝手に下から湧き出てくるものだから、だからどういう感情だと言い表せないよ」

「立ち上がってサポーターのところへ行ったね」

中田の目が輝いた。

「嬉しかったよ。最後までサポーターも残って声援を送ってくれた。おれは普段感情をあんまり表に出さなかったし、クールを装っていて、サポーターとの距離も近くはなかったと思う。でも、本当はいつもみんなの応援があるから戦えたんだ。それだけは自信を持って言えるよ」

ブラジル戦が不甲斐ない結果で終わったにもかかわらず、最後までいて応援してくれたサポーターの姿が中田に特別な幸福感をもたらしていた。

「十分経って、やっと落ち着いて、ゴール前のサポーターのところへ行って挨拶しようとしたら、また胸の奥からこみ上げてくるものがあって、本当はもうちょっと挨拶していようと思ったんだけど、これ以上不格好な姿を見せられないと思って、それで軽く手を挙げて、ロッカーへと続く通路に戻ったんだよ」

中田は、本心を上手く伝えられない自分を責めていた。

「今回ほどサポートの力を強く感じたことはなかったね。自分を支えてくれた人たちに、その場で引退を伝えたい気持ちもあった。あのままピッチを去ることを冷たいな、と見る人たちもいるだろうけど、おれが皆の応援を力にしていたことだけは、分かってもらいたいんだよ」

一次リーグを戦っている間、中田を奮い立たせたものは唯一、nakata.net に届くファンからのメールだった。

「オーストラリア戦、クロアチア戦が終わって、おれのホームページには信じられないくらいたくさんのメールが届いたんだ。メールの多くには、『結果より中田の姿勢にエネルギーをもらった、勇気づけられた』と書いてあった。おれはそれを読みながら、プロとして、勝利という結果を得られないことを情けないと思った。同時に、おれがサッカーに懸ける思いは伝わっていたんだ、と非常に嬉しかった。そういうメールはブラジル戦のあとも続いている。こんな終わり方だから、批判や文句のメールだけだっておかしくないのに、誰もが『ありがとう』と書いてくれる。酷いゲームしか見せられず、意味のない大会になりそうだったけれど、皆のメールによって救われた。こんな言葉をかけてもらえる自分は、本当に幸せであったと思うね」

新しく生まれ変わらなければならない日本代表に言い残すことはないのか。私がそう聞くと、中田の声が少し掠《かす》れた。

「心配はもちろんあるよ。自分が辞めるからといって関係ないというわけにはいかない。二十歳からずっと代表にいて、おれ自身、監督やコーチ、ジャーナリストより選手のことを知っているという自負もある……。ひとつは、日本のサッカーに対し自信を失う必要はない、ということ。この技術の高さと緻密さ、足の速さは世界に引けをとらないのだから。言葉だけじゃなく、心底『このゲームに命を懸ける』という覚悟を持てれば、苦しい局面も乗り越えられる。今大会、覚悟を持ってやっているなと思えたのは、能活だよね。それから、ブラジル戦で途中出場した中田浩二。覚悟がないと力を百パーセント出し切ることはできない。余計なお世話だって言われるかもしれないけど、これからの日本代表に選出された全員が、覚悟を持って戦って欲しいと願っているよ」

ブラジル戦が終わった直後のロッカールーム、ジーコは選手に対し四年間一緒にやってきたことへの感謝を述べ、これからも今まで以上に頑張って欲しいという激励の言葉を伝えていた。

「ジーコとは個人的に何か話した？」

中田は小さく頷いた。

「ジーコにはロッカールームで『おれはもうこれでサッカーやめるんだよ』と伝えた。ジーコはびっくりして、最初は『どうしてなんだ』と何度も聞かれ、自分と一緒にやってみないかとまで言ってくれた。おれが『決めたことなんだ』と話すと、『そうか』と言ってこう続けたんだ。『とにかく、この先何をやるにしても、自分の好きなことをやれ。自分の気持ちが入って好きになれるものをやるんだよ』と」

「ジーコにはいつでも会えるよね？」

「そうだね。これからも連絡を頻繁に取り合うと思うよ」

中田はジーコへの思いを改めて言葉にした。

「ジーコのやり方に対しては多くの批判があったことは認めるよ。ワールドカップのアジア地区予選のときには、おれ自身、『チームのためにはやり方を変えたほうがいいんじゃないか』と思ったことすらあった。けれど、ジーコの人間性に対する尊敬が揺らいだことは一度もなかったし、人としてジーコが好きなんだ。監督と選手という関係は終わったけれど、この先もずっといい友人でいたいと思う」

惨敗したブラジル戦と、敗者となった日本代表について話す中田の表情はどこか痛々しかった。負けたことへの後悔や、もっとやれるはずだという自分への怒りを、ぶつける「次のゲーム」がないことが、中田の表情をゆがませている。

私はいま一度、中田になぜ引退するのかと聞かなければならないと思っていた。

「ブラジル戦が終わったあと、現役を引退するという気持ちは少しも揺らがなかったの？」

「そうだね。一度決めた気持ちは変わらなかったね」

ロッカールームの前では、ブラジル代表の一人が中田に声をかけた。「お前さ、次のシーズンはサンパウロに来いよ。入れてやるから」と言って誘ったのだ。中田は笑顔で「いいよ、いいよ」と断ったのだという。

私は、中田への周囲の高い評価が、引退の歯止めにはならなかったのか知りたかった。

「欧州のリーグからいくつも移籍の話が持ちかけられていたよね」

「オファーについては、ワールドカップ前から聞いていたし、期間中にもあったよ。でも、詳しいことはついに聞かなかった。聞けば気持ちが揺らぎそうだし、ただそれが一時の甘い汁だっていうことも分かっていたからね」

一時の甘い汁——。その言葉を聞いて、私はどきりとしていた。どんなに理想のサッカーを目指しても、実現できないもどかしさは中田の体内に染み込んでいる。

「プロとしてやっている以上、みんなの期待に百パーセント応えられなければならない。ただ単にプロとしてやるだけでは自分は納得しない。やっぱり最高のプレーを見せて、みんなが納得できる結果を出して、初めてプロとしてやっていく意味があるんだと思う。二〇〇五年の十二月頃、『常に百パーセントできるのか』と、何度も自分に問いかけた。そのとき、ほんの一瞬、自分が躊躇したことに気づいて、プロから離れなければならない時期が来たのかもしれないと思ったんだ」

もちろん自問自答がなかったわけではない。

「身体的には問題ないよ。二十代も今年で終わりだけど、気合を入れりゃあ三十代後半まではいけると思っている。でも、それはおれのスタイルじゃない。自分も納得して、他の人も納得させられることが大事。単にお金を稼ぐためにサッカーをやるならできるかもしれないけど、それでは嫌なんだ」

中田の完璧主義は、サッカーはもとよりその生活すべてに表れていた。何事にも妥協しない、自分の言ったことを決して翻さない、とことん自分を追い込んでいく——。完璧主義であるがゆえに、張り詰めた心をときに弛緩させ、体調を慮ることを許さなかった。

「おれは自分のことを今でも完璧主義者だと思っている。理想がほんの少しでも崩れるようだったら、どんなことでもやめるしかないんだ」

理想のサッカーがあり、それを追い求め実践することが中田のプロとしての在《あ》り方だった。しかし、理想のサッカーは日々進化する。中田は、頭の片隅で、理想のサッカーに追いつけないのではないか、と考えた自分に衝撃を受けた、と二度言った。

私は単刀直入に聞いた。

「理想のサッカーと現実のプレーのギャップにかなり苦しんだのかな？」

中田も正直だ。

「そうだね。経験を積めば積むほど、自分の求め続けるプレーは高度になっていくよね。たとえば自分が思い描いた理想のプレーを、理屈で考えれば十分すぎるくらい理解できるのに、実際に自分の中で表現できないことがある。これまではそのギャップを埋めようと思ってきたけど、最近はジレンマを感じることのほうが多くなっていった。これは引退を決めた大きな要因だからね」

私はジダンの話を持ち出していた。チームの苦境を見たジダンは、一度退いた代表に戻った。ドイツ大会をもって引退を表明している彼の力は、全盛期に比べれば当然落ちている。

「しかし、燃え尽きるまでピッチに立つ選手もいる、ジダンのように」

中田は小さく首を振った

「普段まったくサッカーを観ないおれに、サッカーを観ようと思わせた選手がジダンだよ。彼の試合だけはテレビをつけて観ていたし、そのプレーにはいつも心を動かされてきた。でも、今大会のジダンを見ていると辛くなってしまうな……。それでも最後までやり遂げるジダンはおれの憧れであるし、彼の美学を讃えたい。けれど、おれの考え方は、ジダンとは逆なんだよ」

「常に百かゼロに振れている」

「うん。本当に何をするにも百かゼロ。でも、それが自分のスタイルだと思う。別にサッカーだからこう考えるのではなく、何に関しても手を抜かないっていうのは自分のやり方なんだ。遊ぶときは目いっぱい遊ぶし、仕事するときは目いっぱい仕事するし、そういうメリハリをつけてやらないと、何かすべてがなあなあになってしまう。一回、妥協を始めたら、何か人生においてずっと妥協をしていってしまう。完璧にこだわってきた弊害かもしれないけど、そういう怖さが自分の中に何かあるんだよ」

自分が妥協するのではないか、百パーセントを維持できなくなるのではないか、と考え始めたのはいつだったのか。それを聞くと、中田は目を伏せながら回想し始めた。

「フィオレンティーナに移籍したあと、股関節の痛みに苦しんで長い間、体調が戻らなかったでしょう。あのとき、このまま戻らないんだったらプロとしては駄目だなぁと思いながら、代理人のブランキーニと話をした。『この状況が続くのであれば、おれ自身戦っていけるのかどうか疑問がある』と。するとと、ブランキーニからは『焦らずにまず怪我を治すことだ。そうすればまたサッカーが楽しくなるはずだ』と言われたんだ。そのときは納得して、もう一度自分の理想を目指そうと、プレミアリーグのボルトンに行った。しかし、ボルトンでプレーすると今度は体調の面だけでなく、気持ちの面で完全に熱しきれていない自分が見えてきた。追い求めるサッカーができないというストレスにも苛まれたしね。それならスパッと今の立場から去ったほうがよい、そう考えたんだよ」

物事を断ち切る潔さが中田にはある。しかし、サッカーを断ち切ったことで、本当に後悔することはないのだろうか。

「それは考えたけど、辞める時期がいつになったとしても考えることであって、それが早いか遅いかの話だと思ったんだよ。誰かに助言されて決めるんじゃなく、自分自身が率先して決めることが重要だった」

中田が新しい道に歩み出すことをこれほどまでに切望していることを知り、私は残念だという気持ちを封じ込めた。

「サッカーなしでは今の自分は存在しないし、感謝している。サッカー選手だから出会えた人たちがたくさんいるし、多くの人たちにおれという存在を知ってもらえたんだからね」

中田は下を向いてくすりと笑った。

「あれはキューバに遊びに行ったときのことなんだけどね。キューバの本当に小さな地方の空港で会ったキューバ人に『おお中田じゃないか。こんなところで何をやっているんだ』と、話しかけられたんだ。こんなところにもおれを知ってくれている人がいるんだって、嬉しかったよ」

つられて笑った私に向かい、中田は驚くべきことを話しだした。

「でも、サッカーやサッカーがもたらした環境によって失ったものもある。たとえば、感情を素直に出すということができなくなってしまったんだ。多くの人に見られるっていうのが仕事だったし、プロとして自分の感情を露にしてはいけないと、自分を戒めてきた。徐々に自分の感情を包み隠すことが通例となってしまったんだ。それが何年にもわたっていたので、今度は自分の感情をどう表現すればいいのか、分からなくなってしまった」

中田は自由に笑ったり、泣いたりすることができなくなっていた、と言うのだ。

「やっぱりその状態のまま生きていくのは、不健康だと思うんだよ。自分にとって感情を表に出せないことはマイナスだと思っている。今、こうして引退をしたあとは、自分を素《す》に戻したいんだ。どんなときでも感情を顔や体で表現できるようになりたいんだよ、子供の頃のようにね」

スーパースターとなった中田が求めていたものは、ささやかな、けれど人間にとっては最も大切な感情であった。

「そのためにも、人と出会って言葉を交わし、知らなかった世界を知りたい。おれをサッカー選手だと知らない人たちの中に入って、普通の人間として会い、お互いを理解し合いたい。そうすれば、自然に感情も戻ってくると思うから」

新しい道を歩きだす決意を、中田は固めていたのだった。

「何か、新しいビジョンは描けている？」

私の質問に中田は首を傾げて考え、未来のことをゆっくりと話しだした。

「旅をしたいと思っているんだよ。これまでサッカーのゲームのために世界中を旅してきた。これからは普通の旅をする人になってこれまで見られなかった世界を歩きたいと思っている」

その旅の始まりが、このプラハだ。

「具体的な計画はあるの？」

中田の顔が朗らかになる。

「具体的な計画はないよ。これから立てていくつもりだけど。今まではね、サッカー選手である自分が中心で世界を回っていたけれど、これからは、今そこにある世界を自分の足で回っていきたい。そこで自分に何ができるか考えてみたいんだ。だから、まったくのフリースケジュールで、できる限り多くの国や街を訪ねたい」

中田が思い描く次なる生活は、どのような色や形をしているのか。

「しばらくはどこかに定住することはないな。これから始まる旅は、おれの人生の中で大きな分岐点になると思うんだ。自分自身を見つめ直すっていう意味で、非常に重要なものだと思っている。だから焦らずゆっくりと、数年をかけて世界を見ていきたい。当分の間はそれがおれの生活になる。何に興味があり、どんな場所を目指したいのか、それが見つかるまで続けるつもりだよ。世界を回るための航空券は、もう用意したんだ。トランクをひとつ持って、自由自在に知らない街を訪ねてみるよ」

私は、前日に次原とフジタから、ブラジル戦の翌日、中田とブランキーニがヒルトンホテルの一室で会ったことを聞いていた。

「ブランキーニはなんと言った？」

中田はその会話を思い出し教えてくれた。

「ジョバンニは、引退の決意を曲げなかったおれを受け止めてくれた。そして最後にこう言った。『サッカー選手である中田は守られていた。しかし、これからは個人として生きなければならない。プールの中で泳ぐのと、大洋に出て泳ぐのとでは違うんだよ。その覚悟はあるな』と。おれは『もちろん、覚悟している。今はどんなことがあっても、一人で大きな海に出て泳ぎたいんだ』と言ったよ」

中田はブランキーニに答えたその言葉の意味を解説してくれた。

「自然の海は厳しいよね。大きくて深くて、何があるか分からない恐怖もある。でも、逆に言えば未知なる可能性が存在するということだよ。何があるか分からないし何が起こるかも分からない。けれど、そういうところに出ていかないと、やっぱり自分っていうのは変えられないだろうなと思うんだよ」

二人は別れ際、お互いをこう呼んだ。

「Good by　Ex-agent！（さよなら、かつてのエージェント！）」

「Good by　Ex-player！（さよなら、かつてのプレイヤー！）」

そう言って肩を抱き、彼らは笑顔のまま別れたのだった。

中田は、これまで身につけたユニフォームも、スパイクも自分には必要ないと言った。

「思い出は心に刻まれるだけで十分だから、物とか写真とか、おれにはいらないんだよ」

十一年のプロサッカー選手としての日常を振り返っても感傷的になることはない。

「寂しいと思うかもしれないけど、もう過去へは戻れないんだ。どのゲームが一番印象に残っているとか、どの勝利が一番嬉しかったとか、そんなふうに考えることもない。すべてが等しく大切な瞬間だったからね」

未知なる世界へ飛び出していこうとしている中田に私は聞いた。将来、中田がサッカーに携わる可能性はあるだろうか、と。中田はからからと笑った。

「それはないよ。ない、ない」

もちろん選手として戻ることはないだろう、しかし……。

「監督としてだったらどう？」

彼はすぐにこう切り返した。

「ありません。だって、ここまで自分の思いを伝える難しさを経験しているんだよ。そんなにコミュニケーション能力が高いわけでもないし、監督になったら、もっと大変だっていうの」

中田がサッカー界から完全に姿を消してしまうことが惜しい。しかし、彼がサッカーをこれからも楽しむことは間違いない。

「旅先でサッカーはやるでしょう？」

「もちろんだよ。サッカーは世界で一番競技人口が多いスポーツだし、最高のコミュニケーションの方法なんだ。言葉が喋れなくてもサッカーをやれば仲良くなって、お互いを知ることもできるし、その相手が大人だろうが子供だろうが関係ないし。おれは、日本語も喋るし、イタリア語と英語も少し喋るけど、それ以上に豊かなサッカーという言語を持っている。サッカーというスポーツができることが、おれにとって一番大きな財産だったと思ってる」

中田は、そういえばね、と言って、アフリカでの思い出を話し始めた。

「アフリカに友人と旅行に行ったときのことだよ。草原の中にネットもないゴールの枠だけがあって、そこでボールを蹴っていたら、どこからともなく人が集まってきた。子供もいれば大人もいて、いつの間にか十三人対十三人のゲームが始まった。なかには裸足の人もいれば、片方しか靴履いてない人もいたな。みんなおれが誰だか知らないんだけど、一瞬にして仲間になれた。中東のドバイや南米でもそうした経験があるよ。土の上だろうが、砂利《じゃり》がある空き地だろうが、みんなが笑って楽しんでやれるサッカーがあるんだよね。ボールを蹴るという行為は、おれが喋る以上に力強い会話になるし、人間関係を築くうえでの大きな手段を持ったんだと喜んでいるよ」

ここから始まる旅にボールは携えていくのだろうか。

「ボールは持っていかなくてもどこにでもあるよ。それに、ボールがなくてもサッカーはできるからね。それが石ころだろうが、缶だろうが、ボールの代わりになる。靴下を丸めただけでも、サッカーはできるよ」

長いラストインタビュー。それを終え、中田は白いシャツの袖《そで》に通した右腕を空に伸ばしこう言った。

「じゃあまた。どこかの街で」

あとがき

六月二十五日、プラハで中田のラストインタビューを終えた私は、その日の午後ベルリンへ向かった。

翌日、中田からのメールには、プラハ城や聖ヴィート大聖堂や旧市庁舎など、旧市街を散策した様子が綴られ、こう続いていた。

〈明日、プラハを出発するよ。プロサッカー選手である自分は消えたけど、この旅で新たな自分に会えると信じている〉

七月三日、nakata.net に引退を告げるメールが掲載された。

「人生は旅であり、旅とは人生である」と題された長文のメールには、サッカーへの思いやファンへの感謝が記されていた。

サブタイトルにある〝1985年12月1日～2006年6月22日〟とは、小学生の中田がサッカーに出会った日から、二十九歳になった中田の最後のゲームまでの日付である。

〈おれが「サッカー」という旅に出てからおよそ20年の月日が経った。

8歳の冬、寒空のもと山梨のとある小学校の片隅でその旅は始まった〉

この書き出しの二行を読んだ私は、二十歳の中田が溌剌とした表情でこう言ったことを思い出していた。

「おれさ、小学生の頃が一番サッカー上手かったんだよね。後ろを振り向かなくてもすべてが見えたんだ。誰がボールを持っていて、どこにボールが飛んでくるのか、全部わかっていたんだから。おれのライバルはね、他の誰でもない、小学生の自分自身なんだよ」

長い旅の途中、中田はその当時の自分に出会うことだろう。

街角の広場でボールを蹴る少年に交じり、サッカーに興じれば、ボールを蹴ることに夢中になり、ひたすらゲームを楽しんだあの日の記憶を完全に取り戻すことができる。


七月十日、ベルリンのオリンピック・スタジアムでは、イタリア代表対フランス代表の決勝戦が行われた。イタリアがＰＫ戦を制し、ドイツ大会の王者となった。

〇六年十二月の末、私は中田に宛て「今、どこですか」と題したメールを書いた。旅の様子と、彼の現在の気持ちを聞くためだった。数日後、返信メールが届く。


〈今どこにいますか？　暑い？　寒い？〉

〈マレーシアでの次のアジアカップのドロー（抽選）をやってから、今はジーコの息子さんの結婚式のためにブラジルに向かっているところです。そのあとは、カリブ海にバカンスに行く予定〉

〈これまで本当にたくさんの国を訪れたと思うけれど、一番印象に残っている出来事はなんです

か？〉

〈ひとつだけ「コレ!!」とはあげられないけど、一番嬉しかったのは、行ったほとんどの国で自分のことが知られていて、本当によく声をかけられたこと。サッカーというスポーツの大きさを実感したし、サッカーをやっていてよかったな、と思ったよ。それこそ、ベトナムやカンボジアなんかで、サングラスをして歩いていても、みんなが「ナカタ！」と声をかけてきてくれたり、とても優しくしてくれたり……。いろんなところで歓迎してくれました〉

〈フィリピン・マニラのストリートでサッカーをしていましたね。また、中国の北京《ペキン》では児童施設を訪ねて一緒に餃子《ギョーザ》を作る様子を映像で見ました。カンボジアでは地雷撤去も見学して、地雷の被害に遭った子供たちにも会ったんだね。子供たちと一緒に笑っていた顔が、とても印象的でした〉

〈フィリピンのスラム街の子供たち、カンボジアで地雷の犠牲になった子供たち、北京児童施設の子供たち——。みんな本当に純粋で、笑顔がかわいい。一緒にいるだけで楽しくなるし、言葉が通じなくても心が通じるっていうのはこういうことなんだな、と思ったよ。もっともっと子供たちと触れ合える機会を作りたい。結婚して自分の子供を持つことは、相変わらず、ぜんぜん想像できないんだけどね（笑）〉

〈新聞に写真が載っていたけどムエタイはどうだった？　あのキックは、プロにレッスンを受けたのかな？〉

〈その行く先々で、その国の文化を知るために、特有のスポーツをやってみたいんだよね。それでムエタイにもチャレンジした。中国でも少林寺拳法《けんぽう》を習いに行きたかったんだけど、ちょっと時間がなくて……、次回の楽しみにしてる。これからブラジルに行くけど、カポエラをやってみようと思っています〉

〈モスクワからサンクトペテルブルクまでの列車の旅はどうでしたか？〉

〈列車の旅はとても情緒があった。でも本当の意味でロシアの鉄道旅行を経験するなら、シベリアを通ってハバロフスクからモスクワまで乗らないとね。いずれ乗ってみたいと思っています〉

〈バリ島での食中毒も忘れられないよね〉

〈本当に（笑）〉

〈ニューヨークのビルはいつ完成するのかな？〉

〈ニューヨークには夏に行ってきたんだけど、今のところ、〇七年の春に完成する予定ですよ〉

〈たくさんの国に行って、文化や価値観の違いを改めて受け止めているでしょうね〉

〈ほんとにそうだね。実際に行ってみて初めて分かることばかりだよ。やっぱり聞くと見るとでは大きく違う〉

〈これからの予定は？〉

〈２００７年は南米やアフリカとかに行ってみようと思っていたんだけど、今は考えを変えて、まずはもっとアジアを訪れることにしたよ。ミャンマーとかラオスとかブルネイに行ってみたい。あとは中東の国々も。時間はかかるなぁ〉

またメールします、そんな結びには彼の弾む心がそのまま表れていた。なんと闊達で、なんと軽やかなことか。

○七年一月二十二日、中田は三十歳の誕生日をパリで迎えた。行きつけのレストランで内輪のバースデーパーティーが行われた。二十五人の友人たちは、香港、台湾、上海、インドネシア、ロンドン、ミラノ、ストックホルム、ドイツ、東京から駆けつけ、久しく会えなかった中田の旅の話に耳を傾けた。

早春を迎え、中田はなお精力的に各地を訪ね歩いていた。
〈おれは、相変わらずずっと旅をしていて、最近ではチベットなんかにも行った。素晴らしい場所だったよ。山岳地帯にまで行ったんだけど、自然が圧倒的な勢いで迫ってくる。山も川も何千年も変わらないままそこにあるようで、本当に美しかった。そして、そこで暮らす人たちの心も美しいんだ。みんな笑顔で、すぐにうち解けることができた。寺院を訪ねて僧侶たちとサッカーもやったよ。僧侶やその村で暮らす子供たちにサッカーボールをプレゼントすることができた。スケジュールを調整してすぐにでもまた行ってみたい。もし行ったことがなかったら、ぜひ、一度訪れてください〉

この旅を始める直前、中田は、「旅に目的は作らない。旅をすること自体が目的なんだからね」と、話していた。新しい土地に足を踏み入れ、そこで暮らす人とふれあい、土地の食べ物を摂り、知らなかった言語や文化や芸術を見聞きする。そうして、心にできた空洞を少しずつ埋めようとしたのである。

もちろん、そうした本来の思いは今も遂行されているのだが、私には、中田の気持ちに微かな変化が兆しているように思えてならなかった。

唐突に送られてくるメールには、サッカーが触媒となって心の交流が生まれたその時々の様子が綴られており、中田は呟くように、何度かこんな一文を書いていた。

〈どこに行っても、出会う人たちとはサッカーで繋がっているんだと実感できる〉

過去十年、戦いの手段としてサッカーに対峙した彼は、そのスポーツが心の扉を開き、魂を結び付けることを日々体感している。

二年目に入る中田の旅が、これまでどおり、世界を縦横無尽に駆けめぐることは変わらないだろう。しかし、そこにはサッカーという交流があれば、ささやかでも何かが変えられるかも知れない、という思いが込められている。私には、中田が、小さな、しかしとても鮮明な目的を手にしたように思えてならなかった。

旅先からの便りは、その後も続いた。

ニューヨーク、シンガポール、ミラノ、シドニー――。

中田からの新たなメールには、六月九日に、ポルトガルのリスボンで行われる親善試合「ルイス・フィーゴ チャリティマッチ２００７」への出場を決めたとあった。ポルトガルが生んだ不世出のサッカー選手フィーゴから直接参加を求められた中田は、フィーゴ・チームの一員としてピッチに立つことにしたのである。ともにピッチでボールを追いかける選手には、やはりドイツ大会を最後に引退したジネディーヌ・ジダンのほかに、ルイ・コスタ、ダーヴィッツ、マケレレらがいる。

すでに百数十都市を巡った中田。彼からのメールには再びユニフォームに袖を通す思いがこう綴られていた。

〈どんな国に行っても、どんな場所を訪ねても、サッカーはそこにあり人々を夢中にさせている。そんな光景を何度となく目にしたし、気がつくとボールを無心に追いかけている自分に驚いたこともあった。サッカーをする子供のいきいきとした瞳に触れていると、サッカーが持つ可能性を信じることができる。勝利だけを目的にしたゲームに戻ることはないけれど、これからもこうした機会があればプレーをしたいと思っている。サッカーを通して何かを伝え、残していきたい。もし、おれにできることがあるのなら、その役割を果たしたいんだ〉

中田は、その目で見た世界の現実から目を背けることなく、誰かのために、そして自分のために、これからもピッチを全力で駆けるのだろう。

〈そんな気持ちを確かめながら、旅を続けていくよ〉

中田は今、どの街の空の下にいるのだろうか。

二〇〇七年六月七日　　小松成美

〈主要参考資料〉
『nakata.net 98-99』『nakata.net 2000』『nakata.net 2001』『nakata.net 2002』『nakata.net 2003』『nakata.net 04-05』『nakata.net 05-06』中田英寿・著　新潮社刊
『山本昌邦備忘録』　山本昌邦・著　講談社刊
「nakata.net TV」
　その他、新聞、スポーツ新聞、サッカー誌、スポーツ誌、スポーツサイト、ワールドカップ特別番組、スポーツニュースなど多数参考にさせていただきました。

　執筆に際し、取材にご協力いただいたすべての方々へ感謝の意を表します。また、本書の編集をしてくださった舘野晴彦さん、菊地朱雅子さん、取材や資料集めなどに力を貸してくださった二本柳陵介さん、石田桂子さんに心より御礼を申し上げます。

この作品は書き下ろしです。原稿枚数812枚（400字詰め）。

〈著者紹介〉
小松成美　1962年横浜市生まれ。広告代理店勤務などを経て89年より執筆を開始。主題は多岐にわたり、人物ルポルタージュ、ノンフィクション、インタビュー等の作品を発表。著書に『中田英寿　鼓動』(幻冬舎文庫)、『青の肖像』(文春文庫)、『イチロー・オン・イチロー』『「一流」であり続けるために。』(新潮社)、『歌舞伎未来形』(マガジンハウス)、『さらば勘九郎　十八代目中村勘三郎襲名』(幻冬舎)などがある。

中田英寿　誇り
2007年6月30日　第1刷発行

GENTOSHA

著　者　小松成美
発行者　見城 徹

発行所　株式会社 幻冬舎
〒151-0051 東京都渋谷区千駄ヶ谷4-9-7

電話:03(5411)6211(編集)
03(5411)6222(営業)
振替:00120-8-767643
印刷・製本所:中央精版印刷株式会社

検印廃止

ISBN978-4-344-01339-1 C0095
幻冬舎ホームページアドレス　http://www.gentosha.co.jp/

この本に関するご意見・ご感想をメールでお寄せいただく場合は、comment@gentosha.co.jpまで。